民國歷史與文化研究

八 編

第 6 冊

近代中國電化教育學發展研究（上）

李 斌 著

花木蘭文化事業有限公司

國家圖書館出版品預行編目資料

近代中國電化教育學發展研究（上）／李斌 著—初版—新
北市：花木蘭文化事業有限公司，2018〔民107〕
目 8+244 面；19×26 公分
（民國歷史與文化研究 八編；第6冊）
ISBN 978-986-485-496-7（精裝）
1. 教育史 2. 電化教學 3. 中國
628.08   107011560

ISBN-978-986-485-496-7

9 789864 854967

民國歷史與文化研究
八 編 第 六 冊   ISBN：978-986-485-496-7

近代中國電化教育學發展研究（上）

作　　者　李斌
總 編 輯　杜潔祥
副總編輯　楊嘉樂
編　　輯　許郁翎、王 筑　美術編輯　陳逸婷
出　　版　花木蘭文化事業有限公司
發 行 人　高小娟
聯絡地址　235 新北市中和區中安街七二號十三樓
　　　　　電話：02-2923-1455／傳眞：02-2923-1452
網　　址　http://www.huamulan.tw 信箱 hml810518@gmail.com
印　　刷　普羅文化出版廣告事業
初　　版　2018 年 9 月
全書字數　398093 字
定　　價　八編 10 冊（精裝）台幣 18,000 元

版權所有‧請勿翻印

近代中國電化教育學發展研究（上）

李斌　著

作者簡介

李斌，男，1987 年生，福建福州人。現於華南師範大學教育學博士後流動站從事博士後研究工作。先後求學於天津職業技術師範大學、福建師範大學及浙江大學，於 2012 年獲福建師範大學教育學碩士學位、2016 年獲浙江大學教育學博士學位。長期從事中國近代教育學術史及電化教育史研究，近年來曾在《高等教育研究》、《華中師範大學學報（人文社會科學版）》、《電化教育研究》等國內重要學術期刊上發表相關論文十餘篇。

提　　要

　　電化教育學是近代中國教育學的分支學科之一，系統研究近代中國電化教育學的發展，既可瞭解和把握近代中國電化教育學自身的歷史進程，又能從一個側面反映出中國教育現代化的特點，並爲當代教育技術學的學科建設和發展提供歷史借鑒。近代中國電化教育學的發展和學科建設取得了明顯的成績，形成了自身的學科領域、研究路徑及理論特色，開設了各種層次的電化教育專業、課程。但較之其他教育學分支學科，其發展仍較緩慢，學科建設力度較差。本書除緒論外分爲六章。

　　第一章論述清末民初電化媒體及設備的運用、電化教育相關學科的建立對電化教育學醞釀及創立的奠基作用。

　　第二章考察了近代中國電化教育學發展早期（1918～1935）民營出版機構、民眾教育館、電影函授學校、大學等開展教育電影及電化教育理論研究、人才培養的工作和活動，並揭示了電化教育學發展早期的階段性特徵。

　　第三章檢視近代中國電化教育學發展中期第一階段（1936～1941）大學大規模介入電化教育的理論研究、人才培養和社會服務，電化教育學學科兩大研究領域和三大研究路徑初步形成，以及南京國民政府加強電化教育管理和掌控的狀況。

　　第四章探討近代中國電化教育學發展中期第二階段（1942～1946）在南京國民政府強化電化教育管理舉措的背景下，大學電化教育專業開設和課程設置取得新進展，並說明這一階段電化教育學專業期刊的發展拓寬了近代中國電化教育學的學科領域，豐富了其研究內容。

　　第五章描繪了近代中國電化教育學發展晚期（1947～1949）大學電化教育學學科建設和課程設置相對繁榮的局面，強調了特別是多種電化教育學專著的相繼問世意味著電化教育學理論研究進一步深化，學科體系初步確立。

　　第六章在總結全書的基礎上，對近代中國電化教育學的若干重要理論及學科問題進行評析和探討，力求揭示近代中國電化教育學學科建設的基本特點。

緒　論

一、選題的緣起及意義

　　電化教育旨在將現代電子技術手段應用於教育領域，從而使得教學過程的效率大大提升。電化教育起源於美國，初名「視聽教育」（Audiovisual Education）。杜維濤在譯介美國視聽教育大師戴爾的《視聽教學法之理論》時認爲：「美國視聽教育大師戴爾博士（Dr .Edgar Dale）著有視聽教學法（Audio Visual Method In Teaching）一書，風行全美，各大學多採用作教本，已印至第十四版，內容第一篇爲理論，第二篇爲教材教具，第三篇上半部爲課室應用教法，下半部爲行政方面管理與實施，爲視聽教育最完整的著作。」〔註1〕電化教育在世界各國都產生了較大影響，在中國亦如是。在清末的教會學校和通俗教育館中已出現傳播設備和相關的技術，進入民國以大學爲主要平臺和基地的電化教育機構逐漸成型，理論逐漸成熟。近代中國電化教育學是伴隨著電化教育的實踐而發展起來的，也是伴隨著近代中國教育學科的發展而發展起來的。21 世紀以來，學界開始普遍關注和研討我國人文社會科學各分支學科百年來產生、發展和演變的歷史進程，總結其取得的成就，揭示其存在的不足，從而掀起了學術史研究的熱潮，作爲教育學分支學科的電化教育學也不能例外。有鑒於此，本選題的意義可歸納爲以下三個方面：

　　其一，電化教育學作爲近代中國教育學的分支學科之一，回顧和梳理其發展、演變的歷史軌跡，揭示其基本特徵和內在規律，具有學術史和學科史

〔註 1〕E，戴爾著，杜維濤譯，視聽教學法之理論〔M〕，上海：中華書局，1949：1。

的意義。但已有的關於電化教育的研究，多集中在個別代表人物的研究上，整體上把握中國電化教育的研究並不多見，而對於學科的理論發展只是稍有提及，欠缺具體而系統的論述。一門學科如果沒有了自身的歷史，也就無法看清自身的未來。俗話說，「窺一斑而知全豹」，梳理清楚電化教育學的發展史，近代中國教育學的發展歷程也將愈發清晰。

其二，電化教育是中國教育現代化的組成部分，因此研究近代中國電化教育學的發展可以從一個重要的側面反映出中國教育現代化的特點。自從鴉片戰爭以來，中國教育經歷了巨大的變革。尤其到了20世紀，電化教育作為改進教育的工具越來越受到教育專家們的重視，他們積極構建各種學術平臺進行電化教育學的研究，旨在進一步為電化教育實踐做指導。教育作為社會的一種現象，應該置於宏觀的社會環境中進行考察。電化教育是一種教育活動，也是一種教育手段。李澤厚認為，近代中國教育具有「啓蒙」和「救亡」的雙重目標，電化教育在國民革命和抗日戰爭階段發展的趨向性就明顯地表現出這一點。所以，通過探討電化教育學在近代中國發展的過程，將有助於人們進一步瞭解中國教育現代化的歷史進程及其基本特徵。

其三，在研究近代中國電化教育學的基礎上總結其成敗得失的經驗教訓，可為當代中國教育技術學等學科的建設和發展提供歷史的借鑒。事實上，電化教育學在近代中國半個世紀的發展過程中無論在學科建設、課程設置、人才培養、科學研究等方面都處在摸索和發展的過程，雖取得了巨大的成就，但也存在不少的問題，其留下的經驗教訓足以為中國教育技術學等學科所借鑒。儘管當代教育技術學學科有了長足的發展，但歸根結底都是在過去的技術和理論的基礎上建立起來的。

二、文獻綜述

關於近代中國電化教育及電化教育學的發展歷程，學界已開展了大量的研究工作並積累了不少文獻資料，其中既有史料彙編，也有研究論著，這些文獻資料成為本書寫作的重要基礎。

（一）研究史料

1. 基本史料

基本史料涉及各電化教育機構的年鑒、統計資料、會務報告、檔案材料

等。根據出版單位的不同，可以分為：（1）由教育部和各地教育廳編纂的教育統計、年鑒等出版物。如教育部編《全國高等教育統計》〔註 2〕、《全國高等教育統計民國十七年八月至二十年七月》〔註 3〕、《二十年度全國高等教育統計》〔註 4〕、《二十一年度高等教育統計》〔註 5〕、《二十三年度高等教育統計》〔註 6〕、《教育部二十四年度上學期教育播音節目一覽》〔註 7〕、《教育部二十五年度（上、下）學期教育播音節目一覽》〔註 8〕、《社會教育法令彙編》〔註9〕、《教育播音講演集・第 1 輯》〔註 10〕、《教育播音講演集中等教育篇・第 2 輯》〔註 11〕、《教育播音講演集民眾教育篇・第 2 輯》〔註 12〕、《教育法令彙編・第 1 輯》〔註 13〕、《教育法令彙編・第 3 輯》〔註 14〕、《電化教育重要法令》〔註 15〕，江西省教育廳編纂《現行社會教育法令彙編》〔註 16〕等。（2）由各電化教育機構發行的一覽和會議報告。如中國教育電影協會發行的《中國教育電影協會工作計劃書》〔註 17〕、《中國教育電影協會上海分會年刊中華民國二十四年度》〔註 18〕、《中國電影年鑒 1934》〔註 19〕、《中

〔註 2〕　教育部高等教育司，全國高等教育統計〔M〕，南京：教育部高等教育司，1928。
〔註 3〕　教育部高等教育司，全國高等教育統計民國十七年八月至二十年七月〔M〕，上海：商務印書館，1932。
〔註 4〕　教育部高等教育司，二十年度全國高等教育統計〔M〕，上海：商務印書館，1933。
〔註 5〕　教育部，二十一年度全國高等教育統計〔M〕，上海：商務印書館，1935。
〔註 6〕　教育部統計室，二十三年度全國高等教育統計〔M〕，上海：商務印書館，1936。
〔註 7〕　教育部社會教育司，教育部二十四年度上學期教育播音節目一覽〔G〕，南京：教育部，1935。
〔註 8〕　教育部社會教育司，教育部二十五年度（上、下）學期教育播音節目一覽〔G〕，南京：教育部社會教育司，1936。
〔註 9〕　教育部社會教育司，社會教育法令彙編〔M〕，上海：商務印書館，1936。
〔註 10〕　教育部社會教育司，教育播音講演集・第 1 輯〔G〕，上海：商務印書館，1936。
〔註 11〕　教育部社會教育司，教育播音講演集中等教育篇・第 2 輯〔G〕，上海：商務印書館，1937。
〔註 12〕　教育部社會教育司，教育播音講演集民眾教育篇・第 2 輯〔G〕，上海：商務印書館，1940。
〔註 13〕　教育部，教育法令彙編・第 1 輯〔G〕，上海：商務印書館，1936。
〔註 14〕　教育部，教育法令彙編・第 3 輯〔G〕，重慶：正中書局，1938。
〔註 15〕　教育部社會教育司，電化教育重要法令〔M〕，重慶：教育部社會教育司，1942。
〔註 16〕　現行社會教育法令彙編〔M〕，南昌：江西省政府教育廳第四科，1942。
〔註 17〕　中國教育電影協會，中國教育電影協會工作計劃書〔R〕，南京：中國教育電影協會，1933。
〔註 18〕　中國教育電影協會總務部，中國教育電影協會上海分會年刊中華民國二十四

國教育電影協會第四屆年會專刊》〔註 20〕、《中國教育電影協會第五屆年會專刊》〔註 21〕、《中國教育電影協會第六屆年會專刊》〔註 22〕、《中國教育電影協會會務報告》〔註 23〕，鎮江民眾教育館發行的《江蘇省立鎮江民眾教育館現行規程彙編》〔註 24〕、《四年來之江蘇省立鎮江民眾教育館》〔註 25〕、《教育電影研究集》〔註 26〕、《江蘇省立鎮江民眾教育館實施電化教育之概述》〔註 27〕，江蘇省立教育學院發行的《江蘇省立教育學院一覽》〔註 28〕，大夏大學發行的《大夏大學一覽》〔註 29〕，金陵大學發行的《私立金陵大學要覽》〔註 30〕，中華教育電影製片廠編印的《教育部教育電影製片廠概況》〔註 31〕，國立社會教育學院編撰的《國立社會教育學院設立旨趣和研究實驗》〔註 32〕、《國立社會教育學院概況》〔註 33〕等。（3）當代教育學者編纂

年度〔M〕，南京：中國教育電影協會總務部，1935。

〔註 19〕中國教育電影協會，中國電影年鑒：1934（影印本）〔M〕，北京：中國廣播電視出版社，2008。

〔註 20〕中國教育電影協會，中國教育電影協會第四屆年會專刊〔M〕，南京：中國教育電影協會，1935。

〔註 21〕中國教育電影協會，中國教育電影協會第五屆年會專刊〔M〕，南京：中國教育電影協會，1936。

〔註 22〕中國教育電影協會，中國教育電影協會第六屆年會專刊〔M〕，南京：中國教育電影協會，1937。

〔註 23〕中國教育電影協會會務組，中國教育電影協會會務報告〔R〕，南京：中國教育電影協會會務組，1943。

〔註 24〕江蘇省立鎮江民眾教育館，江蘇省立鎮江民眾教育館現行規程彙編〔M〕，鎮江：江蘇省立鎮江民眾教育館，1931。

〔註 25〕江蘇省立民眾教育館，四年來之江蘇省立鎮江民眾教育館〔R〕，鎮江：江蘇省立鎮江民眾教育館，1934。

〔註 26〕江蘇省立鎮江民眾教育館，教育電影研究集第一集〔C〕，鎮江：江蘇省立鎮江民眾教育館，1935。

〔註 27〕趙鴻謙，江蘇省立鎮江民眾教育館實施電化教育之概述〔R〕，鎮江：江蘇省立鎮江民眾教育館，1937。

〔註 28〕江蘇省立教育學院總務部文書股，江蘇省立教育學院一覽〔Z〕，無錫：江蘇省立教育學院，1934。

〔註 29〕大夏大學，大夏大學一覽〔G〕，上海：大夏大學，1928。

〔註 30〕金陵大學總務處，私立金陵大學要覽〔Z〕，南京：金陵大學總務處，1947。

〔註 31〕教育部中華教育電影製片廠，教育部中華教育電影製片廠概況〔M〕，重慶：教育部中華教育電影製片廠，1942。

〔註 32〕國立社會教育學院研究部，國立社會教育學設立旨趣和研究實驗〔M〕，重慶：國立社會教育學院研究部，1947。

〔註 33〕國立社會教育學院，國立社會教育學院概況〔Z〕，蘇州：國立社會教育學院，

的相關史料。如朱有瓛主編的《中國近代學制史料》〔註 34〕，陳學詢主編
的《中國近代教育史教學參考資料》〔註 35〕，潘懋元、劉海峰主編的《中
國高等教育史資料彙編》〔註 36〕，中國第二歷史檔案館主編的《中國民國
史檔案資料彙編》〔註 37〕，《南大百年實錄》編輯組編的《南大百年實錄·
中央大學史料選（上、下）》〔註 38〕，宋恩榮、章咸主編的《中華民國教育
法規選編》〔註 39〕，孫健三編的《中國電影，你不知道的那些事兒——中國
早期電影高等教育史料文獻拾穗》〔註 40〕等，其中均包含了近代中國電化
教育及電化教育學的相關史料。

2. 近代教育家、學者原著

　　對近代中國電化教育學起到推動作用的電化教育學家專家主要由官員
和學者兩種群體構成，他們均留下了一些電化教育學或電化教育的論著。官
員群體中，如陳立夫著《中國電影事業》〔註 41〕，郭有守著《我國之教育
電影運動》〔註 42〕。相比之下，學者群體的論著顯得更為豐富，理論性更
強，如朱其清著《無線電報及無線電話》〔註 43〕，劉之常、蔣社村著《電
影教育實施法》〔註 44〕，谷劍塵著《教育電影》〔註 45〕，徐公美著《非常

　　　　　1948。
〔註 34〕 朱有瓛，中國近代學制史料（第 1～3 輯）〔G〕，上海：華東師範大學出版社，
　　　　　1983～1992。
〔註 35〕 陳學詢，中國近代教育史教學參考資料（上、中、下）〔M〕，北京：人民教
　　　　　育出版社，1986～1987。
〔註 36〕 潘懋元、劉海峰，中國高等教育史資料彙編〔M〕，上海：上海教育出版社，
　　　　　1993。
〔註 37〕 中國第二歷史檔案館，中華民國史檔案資料彙編·第 5 輯第 2～3 編〔M〕，
　　　　　南京：江蘇古籍出版社，1997～2000。
〔註 38〕 《南大百年實錄》編輯組，南大百年實錄·中央大學史料選（上、下）〔M〕，
　　　　　南京：南京大學出版社，2012。
〔註 39〕 宋恩榮、章咸，中華民國教育法規選編〔M〕，南京：江蘇教育出版社，2005。
〔註 40〕 孫健三編，中國電影，你不知道的那些事兒——中國早期電影高等教育史料
　　　　　文獻拾穗〔M〕，北京：世界圖書北京出版公司，2010。
〔註 41〕 陳立夫，中國電影事業〔M〕，北平：晨報社，1933。
〔註 42〕 郭有守，我國之教育電影運動〔M〕，南京：中國教育電影協會，1935。
〔註 43〕 朱其清，無線電報及無線電話〔M〕，上海：商務印書館，1933。
〔註 44〕 劉之常、蔣社村，電影教育實施法〔M〕，鎮江：江蘇省立鎮江民眾教育館，
　　　　　1934。
〔註 45〕 谷劍塵，教育電影〔M〕，上海：中華書局，1937。

時期的電影教育》〔註 46〕、《電影場》〔註 47〕、《電影概論》〔註 48〕，馬宗榮著《社會教育綱要》〔註 49〕，趙光濤著《電化教育概論》〔註 50〕等。另有少數人兼有官員和學者兩種身份，如陳禮江編著了《江西實施民眾補習教育辦法》〔註 51〕、《社會教育的意義及其事業》〔註 52〕、《抗戰期中之中國社會教育》〔註 53〕、《社會教育機關訓導實施法》〔註 54〕等，陳友松編著了《有聲的教育電影》〔註 55〕等。

綜而述之，兩種群體研究電化教育學或關注電化教育的視角不同，對於官員群體來講，他們更關注電化教育如何在社會教育中應用；而對於學者群體來講，他們則更關注電化教育學的理論研究，如教育電影理論、教育播音理論、電化教育學理論等。

3. 近代報刊

就近代中國電化教育及電化教育學而言，近代報刊可大致分為兩種，一種是以時事報導為主的報紙，如《申報》、《大公報》、《晨鐘報》、《晨報》、《益世報》等，其及時有效的報導為論文寫作提供了大量素材，但由於報紙報導容易受到政治和輿論的左右，故採用時需要仔細辨析；另一種是民間出版機構和電化教育機關出版的期刊，如商務印書館出版的《東方雜誌》、《教育雜誌》，鎮江民眾教育館出版的《教育電影研究集》，江蘇省立民眾教育館出版的《教育與民眾》及其電影專刊，山東省立民眾教育館研究實驗部出版的《山東民眾教育》，中國教育電影協會上海分會出版的《電化教育》，金陵大學理學院出版的《電影與播音》，國立社會教育學院出版的《電教通訊》、《教育與社會》，這類刊物由於受到出版單位的影響較大，經常存在著出版時間上的斷裂和出版地點的變更等現象。

可以說，無論何種史料，都有其長處和短處，本書的研究力圖充分利用

〔註 46〕徐公美，非常時期的電影教育〔M〕，南京：正中書局，1937。

〔註 47〕徐公美，電影場〔M〕，上海：商務印書館，1937。

〔註 48〕徐公美，電影概論〔M〕，上海：商務印書館，1938。

〔註 49〕馬宗榮，社會教育綱要〔M〕，上海：商務印書館，1947。

〔註 50〕趙光濤，電化教育概論〔M〕，上海：商務印書館，1948、

〔註 51〕陳禮江，江西實施民眾補習教育的計劃〔M〕，南昌：江西省教育廳，1928。

〔註 52〕陳禮江，社會教育的意義及其事業〔M〕，重慶：正中書局，1937。

〔註 53〕陳禮江，抗戰期中之中國社會教育〔M〕，重慶：正中書局，1938。

〔註 54〕陳禮江，社會教育機關訓導實施法〔M〕，重慶：正中書局，1944。

〔註 55〕陳友松，有聲的教育電影〔M〕，上海：商務印書館，1937。

不同史料之長，以彌補其相應之短，努力做到客觀、公正。

（二）研究成果

1. 近代中國電化教育史研究成果

　　近代中國電化教育學科的發展蘊含在電化教育史之中。總體而言，電化教育學科發展的載體是電教機構和高等教育機構，電化教育學學科發展的重要節點又幾乎與電化教育興衰的重要節點相一致。南國農在《中國電化教育（教育技術）史》中提出，中國電化教育（教育技術）具有電化教育（技術）事業、電化教育（教育技術）學科、電化教育（教育技術）產業和電化教育（教育技術）學人等四大範疇，並認爲民國時期的電化教育（教育技術）爲中國電化教育（教育技術）發展的第一時期。〔註 56〕彭驕雪在《民國時期教育電影發展簡史》中將教育電影理論和活動的發展歸併在一起，實際上也是將學科發展與教育活動本身結合爲一體的一種嘗試。她認爲，教育電影的發展經過三個時期，分別爲：「初步發展期（1918～1937 年）、相對繁榮期（1937年 7 月～1946 年 5 月）、衰弱期（1946～1949 年）」。〔註 57〕吳在揚在《中國電化教育簡史》中將 1920～1948 年間作爲一個長時段進行研究，認爲在此期間電化教育經歷了近代歷史上的首次興衰。〔註 58〕崔丹莉的《近代中國大學電化教育研究》認爲近代大學電化教育分爲萌芽時期（1899～1921）、起步時期（1922～1931）、形成時期（1932～1949）三個階段，分段的節點爲 1922年金陵大學郭仁風教授拍攝農林教育影片和 1932 年郭有守創建中國教育電影協會〔註 59〕。李寧、黃秋嘯的《近代中國電化教育的發展歷程述論》一文對近代中國電化教育發展階段的劃分與崔丹莉相同。〔註 60〕張炳林在《民國時期電影教育的起源與發展——兼論我國早期電化教育歷史階段的劃分》一文中認爲「『1949 年以前的發展』統稱爲『早期電化教育』的說法比較恰當、合理，但不再細分，一概而論不夠妥當。早期電化教育從誕生、繁榮，再到抗

〔註 56〕 南國農，中國電化教育（教育技術）史〔M〕，北京：人民教育出版社，2013：前言。

〔註 57〕 彭驕雪，民國時期教育電影發展簡史〔M〕，北京：中國傳媒大學出版社，2009：目錄。

〔註 58〕 吳在揚，中國電化教育簡史〔M〕，北京：高等教育出版社，1994。

〔註 59〕 崔丹莉，近代中國大學電化教育研究〔D〕，浙江大學碩士學位論文，2010：11。

〔註 60〕 李寧、黃秋嘯，近代中國電化教育的發展歷程述論〔J〕，教育發展與研究，2009（4）。

戰爆發，最後到新中國成立，每個階段均有自己的發展特點。」〔註61〕本書在對電化教育學發展階段進行劃分之時，必須充分借鑒前人對電化教育發展階段的劃分。

除了關於全國電化教育史研究（如南國農的《中國電化教育（教育技術）史》、吳在揚的《中國電化教育簡史》）之外，還有一些關於某省的電化教育史研究論著。孫順霖、董丞明著《河南電化教育發展史》一書詳細刻畫了河南省電化教育發展的圖譜，認爲舊中國河南電化教育時期（1927～1949）爲近代河南電化教育的起步時期。〔註62〕杜光勝的博士論文《民國時期江蘇省電化教育發展研究》圍繞江蘇省電化教育人才培養、學術研究、社會服務等專題考察了江蘇省電化教育發展歷程。〔註63〕

2. 近代中國電化教育典型個案研究成果

近代中國從事電化教育學或電化教育研究的學術群體，大致可以分爲高等教育機構、官方或半官方的電教機構和個人三類，以往研究均有所涉及。首先，關於高等教育機構的研究，如侯懷銀、李豔莉的《大夏大學教育系科的發展及啓示》一文介紹了大夏大學社會教育系的電化教育學研究〔註64〕；張同道《被遺忘的輝煌——論孫明經與金陵大學教育電影》較爲全面地描繪了金陵大學教育電影部主任孫明經在中國電影史的活動畫面〔註65〕；張憲文主編的《金陵大學史》中詳細地論述了金陵大學理學院創辦的過程、金陵大學教育電影部創辦的過程等〔註66〕；《教育電影化的先驅——金陵大學電教軟件編製與推廣事業紀實》一文以大量史實爲依據，主要考察了金陵大學以前瞻性的目光率先倡導「教育電影化、電影教育化」，把電影引入教育教學之中，攝製教育教學電影，成爲我國早期電化教育軟件編製和推廣的中心〔註67〕；

〔註61〕 張炳林，民國時期電影教育的起源與發展——兼論我國早期電化教育歷史階段劃分〔J〕，電化教育研究，2012（11）：111～112。

〔註62〕 孫順霖、董丞明，河南電化教育發展史〔M〕，開封：河南大學出版社，2005。

〔註63〕 杜光勝，民國時期江蘇省電化教育發展研究〔D〕，內蒙古師範大學博士學位論文，2013：6～7。

〔註64〕 侯懷銀、李豔莉，大夏大學教育系科的發展及啓示〔J〕，華東師範大學學報（教育科學版），2011（3）：82～90。

〔註65〕 張同道，被遺忘的輝煌——論孫明經與金陵大學教育電影〔J〕，北京：北京電影學院學報，2005（4）。

〔註66〕 張憲文主編，金陵大學史〔M〕，南京：南京大學出版社，2002。

〔註67〕 李金萍、辛顯銘，教育電影化的先驅——金陵大學電教軟件編製與推廣事業

　　黃小英在《專業與學者：解讀金陵大學電化教育專業創辦史》中認爲金陵大學爲我國早期培養了大量電化教育的人才，並創辦了持續時間最長、影響最大的電化教育專業〔註 68〕；朱敬著的《影音教育中國之路探源——關於中國早期電化教育史的理解與解釋》一書以各高等教育機構的電化教育學研究爲側重點作了評析。〔註 69〕

　　其次，關於官方或半官方的電教機構、民眾教育館的研究，如《中國科教電影史》一書提供了不少以往極少關注的官方電化教育機構的材料，如上海的「全國教育電影推廣處」、全國教育電影供給中心、國民黨中央宣傳部主辦的「中央電影攝影場」，國民黨軍事委員會政治部主辦的「中國電影製片廠」，國民黨教育部主辦的「中華教育電影製片廠」〔註 70〕。汪朝光在《影藝的政治——民國電影檢查制度研究》中描述了中央電影檢查委員會的權利形成過程。〔註 71〕關於中國教育電影協會的研究，有松丹玲的碩士論文《中國教育電影協會研究（1932～1937）——兼論 1930 年代國民黨電影文化政策》〔註 72〕、馬宗培的碩士論文《民國時期中國教育電影協會之研究》〔註 73〕。在民眾教育館教育電影事業研究方面，朱煜在《民眾教育館與基層社會現代改造（1928～1937）》〔註 74〕中專門論述了 20 世紀 30 年代江蘇的教育電影，周慧梅在《近代民眾教育館研究》〔註 75〕中將開展電化教育作爲民眾教育館發揮其社會功能的重要工具；另外，還有一些碩士論文也稍有涉及，如張鵬的《山東省立民眾教育館研究（1929～1937）》〔註 76〕。

　　　　　紀實〔J〕電化教育研究，2007（4）：88～96。

〔註 68〕黃小英，專業與學者：解讀金陵大學電化教育專業創辦史〔J〕，電化教育研究，2009（11）：118。

〔註 69〕朱敬，影音教育中國之路探源——關於中國早期電化教育史的理解與解釋〔M〕，天津：天津大學出版社，2010：50～51

〔註 70〕趙慧康、賈磊磊，中國科教電影史〔M〕，北京：中國電影出版社，2005：29。

〔註 71〕汪朝光，影藝的政治——民國電影檢查制度研究〔M〕，北京：中國人民大學出版社，2013：110～139。

〔註 72〕松丹玲，中國教育電影協會研究（1932～1937）〔D〕，華中師範大學碩士學位論文，2011。

〔註 73〕馬宗培，民國時期中國教育電影協會之研究〔D〕，河南大學碩士學位論文，2012。

〔註 74〕朱煜，民眾教育館與基層社會現代改造（1928～1937）〔M〕，北京：社會科學文獻出版社，2012。

〔註 75〕周慧梅，近代民眾教育館研究〔M〕，北京：北京師範大學出版社，2012。

〔註 76〕張鵬，山東省立民眾教育館研究（1929～1937）〔D〕，山東師範大學碩士學位

再次，關於一些重要電教人物的電化教育思想的研究，如馮永華、陳曦在《谷劍塵電化教育思想探析》一文中系統論述了作爲中國早期電化教育研究者之一的谷劍塵的教育電影思想，並歸納爲哲學觀、教育觀和媒體觀三個方面；〔註77〕劉寶兒在《舒新城：早期電化教育研究的「業餘愛好者」》一文中對舒新城的電化教育研究有較客觀的評價。〔註78〕張炳林、姬權利、李熔明等的論文《徐公美：民國時期電影教育的倡導者》初步論述了徐公美的電影教育思想。〔註79〕李興德、張所娟在《陶行知的電化教育思想解讀》一文中介紹了陶行知在開展平民教育過程中曾廣泛使用幻燈片等視聽教具。〔註80〕尤其值得一提的是，汪基德等著《中國早期電化教育人物學術思想及其當代價值》遴選了陶行知、郭有守、舒新城、晏初陽、孫明經、徐公美等12位對近代中國電化教育產生重大影響的早期電化教育人物，還原了其電化教育學術思想產生、發展的眞實歷程，揭示其電化教育學術思想的內容和特點，在此基礎上以古爲今用的視角分析其電化教育學術思想的當代價值。〔註81〕

3. 近代中國大學校史研究成果

近代中國電化教育學學科產生於大學，故大學校史研究中常涉及該校從事電化教育或電化教育學研究的事實描述。李寧在《近代中國電化教育的由來探源》中認爲，教會大學的興辦與電影傳入有密切關係。〔註82〕孫健三在《南京大學早期的電化教育實踐》中用敘事的文筆講述了南京大學早期的電影教育事蹟，認爲「它的最突出的特點是：教學和實踐緊密結合、電影教育和國家的命運緊緊相扣」〔註83〕。楊登峰在碩士論文《中國電化教育早

論文，2008。
〔註77〕馮永華、陳曦，谷劍塵電化教育思想探析〔J〕，現代教育技術，2011（9）：5。
〔註78〕劉寶兒，舒新城：早期電化教育研究的「業餘愛好者」〔J〕，現代教育技術，2011（6）：5。
〔註79〕張炳林、姬權利、李熔明，徐公美：民國時期電影教育的倡導者〔J〕，現代教育技術，2011（5）。
〔註80〕李興德、張所娟，陶行知的電化教育思想解讀〔J〕，電化教育研究，2006（12）：60。
〔註81〕汪基德，中國早期電化教育人物學術思想及其當代價值〔M〕，北京：中國社會科學出版社，2013。
〔註82〕李寧，近代中國電化教育的由來探源〔J〕，時代人物，2008（4）：26～27。
〔註83〕孫健三，南京大學早期的電化教育實踐〔J〕，電化教育研究，2006（1）：68～72。

期歷史的研究》中追尋金陵大學電化教育開展的歷史足跡。〔註84〕《河南
大學校史》一書詳細記載了1930年該校已有的電教設備〔註85〕。武瑤的碩
士論文《河南省高等院校電化教育發展研究》考察了河南省高等院校（1920
至今）的電化教育開展情況，認爲它是社會（外因）、教育（內因）共同作
用的結果。〔註86〕蘇州大學社會教育學院編的《國立社會教育學院簡史崢
嶸歲月》中亦涉及國立社會教育學院電化教育專修科和電化教育系的相關情
況。〔註87〕

　　近年，華東師範大學出版社出版了篇幅宏大的《大夏大學編年事輯》，
該書以編年體形式輯錄了百餘萬字的報刊文章、手稿和檔案資料，並詳加考
訂、標注，較爲完整地呈現了大夏大學1924～1951年間的發展歷程，亦包
含大夏大學電化教育開展及課程設置的內容。〔註88〕

4. 近代中國社會教育史研究成果

　　民國時期，電化教育主要作爲社會教育的工具出現，故電化教育及電化
教育學研究經常包含在社會教育史的研究之中。民國時期相關學者的研究有
吳學信編著的《中國社會教育史》，該書僅70多頁，內容涉及清末到抗戰時
期的社會教育，在我國社會教育的「擴張時期（1928～1936）」中涉及播音教
育和電影教育的實施，在抗戰時期中涉及戰時電影教育和播音教育的實施，
但均只有寥寥數語。〔註89〕1949年後主要有李建興編著的《中國社會教育發
展史》〔註90〕、王雷編著的《中國近代社會教育史》〔註91〕、楊才林編著的
《民國社會教育研究》〔註92〕。李建興編著的《中國社會教育發展史》共11

〔註84〕楊登峰，中國電化教育早期歷史的研究〔D〕，華中師範大學碩士學位論文，
　　　　2006。
〔註85〕河南大學校史編寫組，河南大學校史〔D〕，開封：河南大學出版社，2002：
　　　　160。
〔註86〕武瑤，河南省高等院校電化教育發展研究〔D〕，河南大學碩士學位論文，2010：
　　　　前言。
〔註87〕蘇州大學社會教育學院，國立社會教育學院簡史崢嶸歲月〔Z〕，蘇州大學社
　　　　會教育學院武漢校友會，1987。
〔註88〕童世駿、陳群主編，大夏大學編年事輯（上、下）〔M〕，上海：華東師範大
　　　　學出版社，2013。
〔註89〕吳學信，中國社會教育史〔M〕，上海：商務印書館，1939。
〔註90〕李建興，中國社會教育發展史〔M〕，臺北：三民書局，1986。
〔註91〕王雷，中國近代社會教育史〔M〕，北京：人民教育出版社，2003。
〔註92〕楊才林，民國社會教育研究〔M〕，北京：社會科學文獻出版社，2011。

章，內容涉及從奴隸社會到民國時期的社會教育，從社會教育文化背景、社會教育概況、社會教育思想和社會教育影響四個方面闡述中國社會教育發生、發展的軌跡，但關於近代社會教育的論述較爲簡略，且未涉及電化教育。王雷的《中國近代社會教育史》側重論述近代中國社會教育，全書共 5 章，內容涉及中國近代社會教育的產生和發展、中國近代社會教育思想、中國近代社會教育與其他教育的關係、中國近代社會教育事業，但並未涉及電化教育。楊才林編著的《民國社會教育研究》共 5 章，內容涉及民國社會教育推進原因、民國社會教育發展進程、民國社會教育行政、民國社會教育設施、民國社會教育事業，而在民國社會教育事業中含電化教育一項。

5. 近代中國電影史、傳媒史和大眾文化傳播史研究成果

民國時期，電化教育主要以電影和廣播爲表現形式，而電影和廣播都是傳播媒介，故電化教育研究與中國電影史、傳媒史和大眾文化傳播史關係密切。在國外電影史研究方面，"Media and society in Twentienth Century-A Historical Introduction"〔註93〕、"Introduction to the History of Communication"〔註94〕、"A social History of the Media-From Guterberg to the Internet"〔註95〕、"New Media Technology and Communication"〔註96〕四書從科技史和文化史的角度，縱向分析了電影作爲新興的傳播媒介如何對社會和文化產生影響；《電影通史》應用豐富的史料構建從電影發明至 20 年代中葉世界電影發展史。〔註97〕國內電影史研究主要有兩類成果：一類是基於電影的社會文化背景研究，如胡克著《中國電影理論史評》，書中將民國時期的電影理論分爲早期電影社會理論、左翼電影理論、反侵略戰爭中的國家電影理論和決定國家前途的內戰時期的電影理論〔註98〕；秦喜清著《歐美電影與中國早期電影（1920～1930）》，書中認爲民族認同是貫穿中國早期電影的重要主題，左右

〔註93〕Lyn Gorman、David Mclean. Media and Society in Twentieth Century-A Historical Introduction[M]. Oxford:Blackwell Publishing，2000.
〔註94〕Twrence P.Moran. Introduction to the History of Communication[M]. New York: Peterlang publishing Inc, 2010.
〔註95〕ASA Briggs and Peter burker. A Social History of the Media-From Guterberg to the Internet[M]. Cambridge: Polity Press, 2005.
〔註96〕B.K.Chaturved、Dr s.k.Mittal. New Media Technology and Communication[M] . New Delhi: Grobal Vision Publishing House，2010.
〔註97〕喬治‧薩杜爾著，忠培譯，電影通史〔M〕，北京：中國電影出版社，1983。
〔註98〕胡克，中國電影理論史評〔M〕，北京：中國電影出版社，2005：3～6。

著中國電影人在中西文化碰撞中的選擇。〔註99〕另一類是基於電影技術和藝術的研究，如李道新在《中國電影批評史》一書中提出電影批評的概念，並將專注於電影技術和藝術水平的電影批評稱爲技巧批評；〔註100〕許淺林著的《中國電影技術發展簡史》一書將清末民國時期的電影技術發展分爲活動影像的發明與早期中國電影技術（1825～1919）、中國人最早自製影片採用的技術手段（1920～1936）、抗日戰爭爆發至解放戰爭勝利期間的中國電影技術的發展（1937～1949）三個階段。〔註101〕

在播音史研究方面，陳爾泰著的《中國廣播史考》考察了廣播史上的若干史實，其中有些與本書寫作直接相關，如東北早期廣播專業教育考察、國民黨中央廣播電臺節目增繁過程考察；〔註102〕陳玳瑋的博士論文《民國時期教育播音研究（1928～1949）》大致梳理了南京國民政府成立後教育播音的歷史發展脈絡。〔註103〕

綜上所述，已有的相關研究成果爲本書提供了背景材料和寫作基礎，但它們大多側重於介紹電化教育的歷史、機構及其實踐活動，較少涉及電化教育學學科建設和發展的情況，如電化教育課程的建設、電化教育理論的研究、電化教育人才的培養等，而這些正是本書所力求彌補之處，也是本書研究的重點內容。

三、概念界定

（一）電化教育與電化教育學

電化教育起源之初，其名爲「視聽教育」（Audiovisual Education）。1949年，杜維濤譯介美國視聽大師戴爾的電化教育學著作，並定名爲《視聽教學法的理論》。在民國，「電化教育」一詞是由時任教育部社會教育司司長陳友松於1933年率先提出的，指代電影和無線電廣播教育。〔註104〕另外一種說

〔註99〕秦喜清，歐美電影與中國早期電影（1920～1930）〔M〕，北京：中國電影出版社，2008：4。

〔註100〕李道新，中國電影批評史〔M〕，北京：北京大學出版社，2007：47。

〔註101〕許淺林，中國電影技術發展簡史〔M〕，北京：中國電影出版社，2005：3～5。

〔註102〕陳爾泰，中國廣播史考〔M〕，北京：中國廣播電視出版社，2008。

〔註103〕陳玳瑋，民國時期教育播音研究（1928～1949）〔D〕，內蒙古師範大學博士學位論文，2012。

〔註104〕吳在揚，中國電化教育簡史〔M〕，北京：高等教育出版社，1994：11。

法是，1936 年陳友松和戴公亮看到美國聯邦政府教育署出版的《學校生活》雜誌發表的一篇文章中運用了「Electrifying Education」一詞，遂將其譯爲「電化教育」，於是該詞在中國正式出現。〔註 105〕顧明遠主編的《教育大辭典》認爲電化教育（education with electrical aids）指在教育活動中應用幻燈、投影、電影、電視、廣播、錄音等視聽手段的總稱，此詞 20 世紀 30 年代始用於中國，當時對「電化」一詞雖有異議，但一直沿用至今，隨著科學技術的發展，新的視聽媒體不斷引入教學過程中，其含義亦相應擴展，大體相當於視聽教育。〔註 106〕蕭樹滋在《電化教育概論》中認爲電化教育從視聽教育演變而來，但並不完全等同於視聽教育，它除運用現代視聽媒體外，還包括運用嗅覺、膚覺、味覺等輔助工具。〔註 107〕

電化教育學作爲近代教育學的分支學科之一，起源於歐美及日本等教育現代化起步較早的國家，並伴隨著西學東漸的潮流而傳入中國。從近代中國的實際情況來看，電化教育學以大學爲主要基地和平臺，逐步建立起電化教育學科系，如 1936 年江蘇省立教育學院成立「電影播音教育專修科」，1938 年金陵大學理學院和教育部合作建立「電化教育專修科」，國立社會教育學院也於 1942 年成立「電化教育專修科」，並於 1946 年擴大爲「電化教育學系」，它們以教育電影、教育播音的相關理論、方法和技術爲主要領域開展研究工作，並在此基礎上培養了從專科生到本科生、研究生的高層次專業人才，從而標誌著近代中國電化教育學學科的確立。

（二）電影教育、教育電影和科教電影

民國學界已對電影教育和教育電影的定義和分類作了闡述。陳友松在《有聲的教育電影》中指出：「電影教育是用電氣電光機械，將實物實事的形體，關係或者動作，或聲音、顏色，或故事中的事物，表現在銀幕上，借試聽的官覺，做各種目標不同，方法不同，對象不同的經驗改造的過程；教育電影就是應用於這種過程的電影活動與設備。」〔註 108〕谷劍塵在《教育電影》中認爲，教育電影是以教育的立場爲教育而特製的影片，其目的是爲了通過人類的各種官覺接收到關於外界各種各樣的訊息。〔註 109〕潘公展則

〔註 105〕吳在揚，中國電化教育簡史〔M〕，北京：高等教育出版社，1994：10。
〔註 106〕顧明遠主編，教育大辭典（上）〔G〕，上海：上海教育出版社，1998：273。
〔註 107〕蕭樹滋，電化教育概論〔M〕，北京：北京師範大學出版社，1997：4。
〔註 108〕陳友松，有聲的教育電影〔M〕，上海：商務印書館，1937：10。
〔註 109〕谷劍塵，教育電影〔M〕，上海：中華書局，1937。

採用大教育觀，認為一切電影都是教育電影，但就其作用而言，有正負之分。
〔註110〕目前，學界對電影教育和教育電影作了更深入的研討，如虞吉在博
士論文《民國教育電影運動教育思想研究》中認為，抗戰前教育電影既包含
教育意義的電影，也包括商業性電影，抗戰後則更為專門化，可以分為學校
教育片和社會教育片兩類〔註111〕。科教電影是特殊形式的教育電影，《中國
科教電影史》一書闡述道：「科學教育電影（Science and Education Film），簡
稱科教電影或科教片。它是運用電影的視聽表現手段，以紀錄片的再現方式
解釋自然現象和社會現象，傳播科學文化知識的影片。科教電影的選題十分
廣泛，上至天文氣象，下到地理風貌，大至宇宙太空，小到分子細胞，幾乎
無所不包。科教電影區別於其他電影的最根本的特性是科學性，內容強調準
確真實，在表現形式上則力求生動活潑、深入淺出，在科學性、藝術系、思
想性、教育性、技術性、觀賞性的結合上，力求達到有機和諧的統一。科教
電影大致可分為科普片、科教片、教學片、技術推廣片、科學雜誌片等。」
〔註112〕

　　綜而述之，民國學界形成的比較統一的看法是：電影教育泛言一切電影
的教育作用，教育電影是作為教育工具的電影，但教育電影與娛樂電影之間
並無特殊的分界，只要娛樂電影具有一定的教育作用，亦可視為教育電影。
一般來說，電影教育是一種特殊類型的教育活動及事業，教育電影是開展電
影教育的手段和工具，進行有效的民眾教育是目的，而科教電影是以記錄片
為題材、強調科學性的教育電影。

（三）教育播音

　　教育播音一般與教育電影並列提及，如趙光濤在《電化教育概論》中認
為，電化教育是電影教育與播音教育之總稱，在無聲電影時代，播音教育甚
至替代了有聲電影的功能，播音教育的推行有其自身的技術基礎和理論基
礎。〔註113〕關於教育播音的涵義，馬宗榮作了比較系統的闡述，他指出：「教
育播音（Radio in Education）是用無線電設備而施教育的最新社會教育設施，

〔註110〕潘公展，實施電影教育的途徑〔J〕，//中國電影電影協會，中國教育電影年鑒
　　　　　（1934影印版）〔M〕，北京：中國廣播電視出版社：103。
〔註111〕虞吉，民國教育電影運動教育思想研究〔D〕，西南大學博士學位論文，2008：
　　　　　2。
〔註112〕趙慧康、賈磊磊，中國科教電影史〔M〕，北京：中國電影出版社，2005：8。
〔註113〕趙光濤，電化教育概論〔M〕，上海：商務印書館，1948：78。

詳細的說，由主體者的教育機關設備播音機，用播送的方法傳授一切學藝、政治、經濟、產業、外交、社會等知識，報告時事消息、經濟市場的變動、危險信號、犯罪搜索等，兼播送音樂、藝術、娛樂以爲客體者慰安，客體者不必到校上課，只預備廉價簡單的收音機，或到附近設置收音機的社會教育機關去，即可獲得一切知識、消息、慰安，這樣的設施，謂之教育播音。」〔註 114〕目前，學界對教育播音的研究有了新進展，如陳玳瑋在博士論文《民國時期教育播音研究 1928～1949》中認爲，「教育播音是指利用無線電廣播技術傳播知識和普及教育的一種方式和手段，其早期的發展形成過程是與當時的基本國情緊密聯繫在一起的」〔註 115〕。

四、研究思路

本書旨在理清近代中國電化教育學發展的歷史軌跡，其中涉及到的問題主要包括：近代中國電化教育學是在怎樣的社會背景下產生的？電化教育人才是怎樣培養的？電化教育學研究的基本領域有哪些？電化教育學發展過程中的基本規律如何？電化教育學的學術研究是通過什麼平臺開展的？電化教育學推動下的電化教育實踐進行得如何？電化教育學在產生和發展的過程中有哪些經驗教訓？上述問題可概括爲以下兩點：

其一，近代中國電化教育學的發展作爲一門學科形成與發展的進程，具有內部史和外部史兩個方面。〔註 116〕電化教育學學科的內部史主要涉及近代中國電化教育學的理論層面，包括代表人物及其代表作所闡述的基本概念、主要觀點、方法論以及整個學科理論的邏輯構架等。電化教育學學科的外部史主要涉及近代中國電化教育學的外部條件、基礎和平臺，包括大學電化教育系科建設、課程設置、人才培養以及專業學會、期刊的有關情況。本書以學術史研究爲主要視角，擬較全面地論述近代中國電化教育學體制化建設和發展的整體進程。

其二，按照歷史研究的分析框架，近代中國電化教育學的發展、演變歷程可以劃分爲若干時期（階段），以此來論述電化教育學的內部史和外部史。

〔註 114〕馬宗榮，社會教育事業十講〔M〕，上海：商務印書館，1936：2。
〔註 115〕陳玳瑋，民國時期教育播音研究（1928～1949）〔D〕，內蒙古師範大學博士學位論文，2012：1。
〔註 116〕肖朗、項建英，學術史視野中的近代中國教育學科〔J〕，社會科學戰線，2009（9）。

歷史研究認為歷時性研究的重要性重於共時性研究，歷時性的研究注重歷史的節點，即對歷史發展有轉折性意義的事件。張炳林在《民國時期電影教育的起源與發展——兼論我國早期電化教育歷史階段劃分》一文中評析了已有研究對電化教育歷史階段劃分的一階段說、多階段說，認為應在統稱民國時期電化教育發展為「早期電化教育」時期的基礎上，堅持多階段說，並盡可能地將節點細化到月份。〔註117〕本書側重分析近代中國電化教育學研究及其學科建設的有關情況，而其效果及影響則主要表現在每個歷史時期電化教育在中小學及社會教育機構的實踐活動方面，所以有關後者論文也將涉及，但不是其重點。

必須強調的是，在近代中國大學教育學科堪稱電化教育學發展的主要平臺和基地，其中大夏大學、金陵大學、江蘇省立教育學院、國立社會教育學院等高校貢獻尤大。與此同時，商務印書館、中國教育電影協會、江蘇省立鎮江民眾教育館、昌明電影函授學校等均在不同程度上開展了教育電影、教育播音和電化教育的理論研究、實踐推廣等方面的工作和活動，也為近代中國電化教育學的發展做出了不可忽視的貢獻。進入 20 世紀 30 年代，南京國民政府為了加強對新聞、出版、電影等文化事業的監管和掌控，同時也是為了適應抗戰形勢的需要，先後頒佈《電影檢查規則》、《電影檢查法》等法律、法規，繼而設立教育部電影教育委員會、播音教育委員會以及電化教育輔導處、電化教育巡迴工作隊，組辦電化教育培訓班，成立中央電影攝影場、中國電影製片廠和中華教育電影製片廠等官方電影攝製機構，上述政府行為雖未對電化教育學的發展產生直接的影響，但對電化教育的理論研究、課程設置、人才培養和社會服務提出了更高、更具體的要求，也在一定程度上優化了電化教育學學科建設的整體環境和條件，從而促進了電化教育學的發展。

本著上述考量，本研究的具體內容將按以下思路框架來展開：

論文分為六章，第一章梳理清末民初電化教育學醞釀及創立的背景和條件。首先，近代中國被迫打開國門，封建社會的教育目標被打破，新的教育目標必然帶來新的教學模式，在設立教會學校、普及社會教育的過程中，需要一種新的教育工具和手段的輔助，電化教育應運而生。其次，隨著近代中國學術分科體系的形成和學科的豐富，物理學、化學、教育學等與電化教育

〔註117〕張炳林，民國時期電影教育的起源與發展——兼論我國早期電化教育歷史階段的劃分〔J〕，電化教育研究，2012（11）。

學密切相關的學科在近代中國大學漸次創立，並爲電化教育學的產生奠定了理論基礎。

第二章論述近代中國電化教育學發展早期（1918～1935）。商務印書館拍攝教育電影和中國教育電影協會編纂出版《中國電影年鑒》在一定程度上標誌著該期的始與終。程季華在《中國電影發展史》中認爲商務印書館涉足電影業可謂我國攝製影片較有規模的開端。〔註 118〕1918 年，商務印書館專門成立「活動影戲部」拍攝教育電影，隨後商務印書館創辦的《東方雜誌》、《教育雜誌》等刊物刊登了宣傳該部教育電影的廣告畫和館員們譯介國內外教育電影、無線電理論和實踐的文章。1932 年，半官方的電化教育機構——中國教育電影協會成立，協會前期工作主要是進行電影檢查，1935 年出版《中國電影年鑒》，對電化教育學科的建設和發展起到了促進作用。此外，以江蘇省立鎮江民眾教育館爲代表的民眾教育館的教育電影推廣事業及理論研究，以昌明電影函授學校爲代表的影戲學校、電影函授學校的教學工作及理論研究，特別是金陵大學「教育電影委員會」的創設及教育電影研究、大夏大學社會教育系的電化教育學教學與研究等，均爲電化教育學的發展奠定了基礎。應該說，正是通過長時間的醞釀和積累，也由於多種因素的共同作用，近代中國電化教育學從無到有，開始登上歷史舞臺。

此期爲近代教育電影及視覺教育理論的初創時期。抗戰前，以鎮江民眾教育館爲代表的江蘇民教館積極推進教育電影，出版發行了《教育電影研究集》、《電影教育實施法》、《電影教育叢刊》等書刊，提出了一套以知行合一爲特徵的教育電影理論。視覺教育理論是電化教育學理論的前期基礎，盧蒨白在《視覺教育的史的研究》一文中梳理了人類以視覺爲教育手段的歷史。〔註 119〕范謙衷在《視覺教育》一文中較爲全面地介紹了美國的視覺教育理論；〔註 120〕稍後，他又在該雜誌上發表《教育電影之概觀》一文，通過論述電影的視覺原理、教育電影普遍應用之原因、電影發展之歷史、教育電影劇本之編撰、攝製教育電影的技術等問題來討論教育電影的理論和實踐。〔註 121〕

第三章論述近代中國電化教育學發展中期的第一階段（1936～1941）。

〔註 118〕程季華，中國電影發展史（一）〔M〕，北京：中國電影出版社，1998：30。

〔註 119〕盧蒨白，視覺教育的史的研究〔A〕//中國教育電影協會，中國電影年鑒：1934（影印本）〔M〕，北京：中國廣播電視出版社，2008：117～124。

〔註 120〕范謙衷，視覺教育〔J〕，金陵大學理學院，科學教育，1934（4）。

〔註 121〕范謙衷，教育電影之概觀〔J〕，金陵大學理學院，科學教育，1935（1）。

之所以將 1936 年定爲此期的開端，主要出於以下兩個原因：其一，此期大學開始較大規模地介入電化教育學的學科和課程建設，如大夏大學於 1936年開辦「電影教育講座」，同年陳友松開設教育電影課程；1936 年江蘇省立教育學院增設電影播音教育專修科，1938 年金陵大學理學院也創辦電化教育專修科，它們均開設有關課程培養專門人才。其二，此期可謂電化教育學論著的高產期。1936 年，陳友松受聘擔任被學界稱作「我國創辦最早的電化教育期刊」〔註 122〕《電化教育》的主編，該刊曾發表若干電化教育學方面的論文；1937 年，陳友松編撰出版《有聲的教育電影》，宗亮東編撰出版《教育電影概論》，谷劍塵編撰出版《教育電影》，1938 年陳友蘭又編撰出版《電影教育論》，等等。

　　電化教育研究成果的高產期帶動電化教育實踐進入繁榮期。一方面，如金陵大學理學院教育電影部成立，它注重教育電影的攝製和推廣，並積極與校內外電教機構展開闔作。另一方面，爲了配合抗戰救國的形勢，政府電化教育機構規模迅速擴大，教育部組織刊印《播音教育月刊》、編撰出版《電化教育》並組辦電化教育培訓班；中央電影攝製廠雖成立於 1934 年，但此期拍攝了多部以抗戰救國爲題材的影片，繼而又於 1937 年正式建立中國電影製片廠並開始攝製教育影片。

　　第四章論述近代中國電化教育學發展中期的第二階段（1942～1946）。爲了配合抗戰建國的新形勢，南京國民政府強化了電化教育管理的舉措，具體表現在：創辦專門的教育電影攝製機構——中華教育電影製片廠和中國農業教育電影製片廠，拓展了中央廣播電臺的播音事業並加強地方電臺的播音事業，頒佈《電化教育實施要點》並在此基礎上要求中央和地方組建電化教育輔導處和成立電化教育區及電化教育巡迴工作隊，上述政府行爲對電化教育學的理論研究、課程設置、人才培養和社會服務提出了更高、更具體的要求，也在一定程度上優化了電化教育學科建設的整體環境和條件，從而促進了電化教育學的發展。在此背景下，大學電化教育學的系科建設、課程設置和專業期刊都迎來了新的局面。首先，國立社會教育學院於 1942 年成立電化教育專修科，後又成立電化教育學系，開始由專科教育發展到本科教育；其次，金陵大學理學院電化教育專修科的課程體系漸趨完備；最後，電化教育專業

〔註122〕曹靜、馮立昇、李龍，我國創辦最早的電化教育專業期刊——《電化教育》〔J〕，電化教育研究，2012（8）：114。

期刊開始進入活躍期，如 1942 年金陵大學創辦了近代中國電化教育學的標誌性專業期刊《電影與播音》，同年國立社會教育學院創辦了《電教通訊》，江蘇省立教育學院主辦的《教育與民眾》也大量刊載電化教育學方面的文章。

第五章論述近代中國電化教育學發展晚期（1947～1949）。經過幾十年的醞釀和發展，近代中國電化教育學的學科建設、課程設置和理論研究已漸趨深化，此期主要表現在：其一，大學電化教育層次提高，國立社會教育學院電化教育學系此期進一步發展，金陵大學繼之創立了影音系和影音部；其二，電化教育課程分層設置並細化，體現出課程體系進一步系統、完備，而且開設電化教育課程的大學增多，如燕京大學、國立北平師範學院等；其三，出現了電化教育學的集大成之作，如舒新城著《電化教育講話》和趙光濤著《電化教育概論》，其內容涵蓋教育電影和教育播音兩大領域，廣泛涉及電化教育的理論、方法、技術、設備等方面，標誌著近代中國電化教育學理論研究達到了一個新的水準。與此同時，由於國民黨統治已面臨全面崩潰，政府對文化教育事業及電影教育的控制開始瓦解，官營電影攝製機構也開始為民營電影攝製機構所取代。

第六章聚焦於廣義教育電影和狹義教育電影、從教育電影到教育播音、電化教育學的研究路徑及理論特徵、人才培養目標與課程設置的變遷、電化教學的理論與方法等重要的理論和學科問題，對近代中國電化教育學進行評析與探討。本研究認為，基於傳統戲劇觀點或西方視覺教育理論，近代中國電化教育學者對教育電影的內涵作出了不同的闡釋，總體而言比較重視和倡導廣義教育電影；出於種種原因，近代中國電化教育學形成了電影教育和播音教育兩大領域，並存在三種研究路徑，即「社會教育研究路徑」、「電化教育研究路徑」、「教育電影和播音藝術研究路徑」；近代中國電化教育學系科建設和課程設置以服務社會教育為主要目標，完成了從技術性到專業性的轉變；作為電化教育學的核心組成部分，近代中國電化教育學者對電化教學的理論和方法進行了探討，但比較薄弱。

眾所周知，歷史本身是連續不斷的，其間一般不會出現斷裂，因而歷史分期只具有相對的意義，而不是絕對的。關於近代中國電化教育及電化教育學發展歷程的分期，學界迄今為止尚未形成完全一致的看法，本書在參考和吸取先期研究成果的基礎上提出上述分期，旨在為研究近代中國電化教育學的發展提供一個相對合理的論述框架。

五、研究方法

作爲一項教育史研究課題，本書旨在探討近代中國電化教育學的發展，爲此主要運用的研究方法有以下兩種：

（一）文獻分析法

文獻分析法指的是忠實於歷史文獻本身的一種研究方法。解釋學認爲，歷史研究就是對文本本身的一種體驗式的研究，其中包含兩層含義：其一是對文獻文本的忠實解讀，即不歪曲文獻本身；其二是對於文本所投射出的歷史環境進行解讀，從而使研究者能身臨其境地理解並解釋隱藏在文本背後的社會、文化、政治環境，對於近代中國電化教育學發展的研究也是如此。在研究中，本書儘量使用一手資料，展現不同時期電化教育理論和實踐的內涵及其意義，並力求探明其背後的各種社會因素。

（二）個案研究法

所謂個案研究法是通過對單一的歷史對象進行研究而揭曉歷史全貌的一種研究方法。歷史是無數個案的集合，本研究不可能窮盡這些個案，也不能脫離這些個案，所以問題在於如何選取這些個案，即這些個案是否具有代表全局的意義。本書擬取金陵大學、大夏大學、中央大學、江蘇省立教育學院、國立社會教育學院等大學研究機構，陳友松、徐公美、舒新城等代表人物及其論著，以及《電化教育》、《電影與播音》、《教育與民眾》等期刊爲主要個案，力求以微觀分析來印證宏觀描述，從而深化本書的研究。

第一章　清末民初電化教育學醞釀及
　　　　創立的背景和條件

　　早在 17～18 世紀，人類就發現了「視覺暫留」原理和幻燈技術。19 世紀，
歐美各國科學家致力於電影放映機和電影技術的發明和改進。1890 年英國人
普林斯（A. L. Prince）製造了一架有一個鏡頭並使用柯達膠捲的電影放映機，
同年科學家愛迪生發明電影視鏡（Kinetoescope）；1895 年英國人保羅（R. Paul）
根據愛迪生的發明自製放映機及攝影機，同年美國人阿倫特（T. W. Aronat）
與愛迪生合作製造文式活映機（Edison's Vita scope）；1895 年法國人盧米埃爾
兄弟（A.M.L. Nicolas；A.M.Jean）研製出第一臺較完備的電影放映機並藉此
拍攝了近十二部描述 19 世紀法國富裕家庭的社會紀錄片。〔註1〕1910 年後，
隨著美國視覺教育運動的興起，幻燈和電影逐步進入教學領域，當時已有一
些高校和中學將之投入使用。1914 年，紐約州立大學提供了一個森林和木材
類幻燈片的詳細清單，以供大學農業教學之用，開啓了專門機構製作視覺教
育教材的先河。〔註2〕此時有些高校已能自製幻燈片，如德州大學擴展部（The
Extension Department）下設的「視覺教育部」製作的幻燈片內容取自課本或圖
畫、圖表等教材，包括藝術類 6 種、古典類 3 種、教育類 13 種、健康類 12

〔註1〕喬治・薩杜爾著，徐昭、胡承偉譯，世界電影史〔M〕，北京：中國電影出版
　　　社，1982：9。
〔註2〕A.W. Abrams. Slides and photographs──Forestry and Lumbering[N]. University
　　　of the state of New York Bulletin, 1914-1-1, （1）

種、歷史和愛國類 6 種、工業類 17 種、自然物理地理科學類 10 種、旅行類 23 種、戰爭類 9 種、其他 5 種。〔註3〕但大多數幻燈和電影片均由政府或電影公司提供，如 1917 年威斯康星大學拓展部擁有 76 部電影和 15000 部幻燈片，其中不少便由國家商業經濟部（Bureau of Commercial Economics）和大電影公司提供；〔註4〕截至 1918 年，德州大學「視覺教育部」擁有的工業、教育和旅行題材的 50 部影片均由國家視覺教育局（The Bureau of Visual Instruction）和攝影公司提供。〔註5〕

在「西學東漸」潮流的推動下，電化技術和設備傳入中國。19 世紀下半葉，教會學校率先導入幻燈片、電影等電化技術和設備；清末民初，在沿海口岸城市遊戲場、電影院、照相館的設立促進了電化技術和設備的廣泛運用；民國初期，中央和地方政府重視和倡導社會教育，通過開設通俗教育館、組織巡迴演講團等

方式加以實施，從而使電化技術和設備得到進一步的使用和推廣，所有這一切成為電化教育學醞釀及創立的技術背景和條件。另一方面，伴隨著西學的導入和近代學制的頒施，影像（視）知識和無線電理論主要通過報刊譯介的方式傳入中國，物理學、化學、教育學等與電化教育學密切相關的學科創立於近代大學及高等師範學校，從而為近代中國電化教育學的醞釀及創立奠定了理論基礎。

第一節　電化技術及設備在清末民初的導入和應用

清末民初電化技術及設備的導入和應用為近代中國電化教育學的醞釀及創立創造了條件。具體而言，幻燈片、電影等電化技術及設備最早出現在教會學校，繼而應用於遊藝場、電影院、照相館，隨後通過設立通俗教育館、組織巡迴演講團等方式得以推廣。本節通過考察上述內容，旨在揭示近代中國電化教育學醞釀及創立的技術背景。

〔註3〕William R. Duffey. Visual Instruction Through Lantern Slides and Motion Picture Films[N]. University of Texas Bulletin, 1918-7-20：12-16.

〔註4〕Visual Education Association of California. Our Visual Problems[M]. Visual Education Association of California, 1917：4.

〔註5〕William R. Duffey. Visual Instruction Through Lantern Slides and Motion Picture Films[N]. University of Texas Bulletin，1918-7-20：16-17.

一、教會學校率先導入電化技術及設備

　　早在 19 世紀後期，國人就開始重視使用電氣設備來提升生活質量，但這些人僅是少數有出國遊歷經驗的社會上層人士，如 1875 年張德彝〔註6〕在《歐美環遊記》中記載道：「高懸電燈百盞，如開光明世界。」〔註 7〕1886年《申報》報導說：「自創電氣燈以來，人皆殫精竭慮思設法造成小電氣燈，以便人家室內可以備用。」〔註 8〕隨著這類介紹和報導不斷出現，國人漸漸意識到電氣設備的優點，「電氣燈爲照明方法中最合衛生的要求者，不污染空氣、光力強、熱量甚少。有弧光燈、水銀燈、晝光電燈等數種。」〔註 9〕但直至鴉片戰爭以前，國人對於電氣設備的瞭解還十分膚淺。

　　鴉片戰爭後，教會學校的規模呈不斷增長的趨勢。據統計，1860～1875年間教會學校總數即達 800 餘所，學生人數超過 2 萬人；自 19 世紀 80 年代以後，美國基督教會各差會開辦的教會學校異軍突起，至 1900 年已開設初等學校 1032 所，中學 74 所，學生總數達 20129 人。〔註10〕教會學校作爲外國人在中國創辦的學校，其優勢之一就是能爲學生提供嚴格的科學訓練並擁有較多的電化設備，其中就包括電影。教會學校起初想借助電影這樣的新鮮事物來吸引中國民眾，結果發現效果顯著，故被廣泛應用於教育教學過程中。1866 年，上海同文館開始利用幻燈片進行教學，「禮拜日晚六點鐘時，在滬城

〔註 6〕張德璘（1847～1918），本名德明，字在初，清末隸漢軍鑲黃旗，奉天（今遼寧）省鐵嶺市人。1862 年考入北京同文館，1865 年畢業。1866 年以八品官隨斌椿遊歷法國、英國、比利時，俄國等歐洲十國，是近代中國最早學習外語和出國的人士之一。1868 年在蒲安臣使團出訪歐美時任通事（翻譯），環遊歐美各國。1870 年崇厚因天津教案赴法國道歉時充隨員，1871 年 3 月 17 日，他先到法國巴黎洽租房屋，第二天就目睹了巴黎公社革命的偉大壯舉。1876年任中國駐英使館譯官，1887 年任出使英、意、比大臣羅豐祿的參贊，1901年以記名道賞二品卿銜任出使英、意、比大臣，1902 年專任使英大臣，1905年任滿回國，他一生中八次出國，在國外度過了 27 年，每次出國都寫下了詳細的日記。從 1867 年起，就陸續將在國外的見聞寫成遊記，依次成輯取名《航海述奇》、《再述奇》、《三述奇》直至《八述奇》，共約二百萬字（其中的《七述奇》未成書稿）、《歐美環遊記》等。

〔註 7〕張德璘，歐美環遊記〔A〕//鍾淑河，走向世界叢書〔M〕，長沙：嶽麓書社，1985：778。

〔註 8〕美國新造電氣燈〔C〕，申報附張，1886-1-5，（2）。

〔註 9〕人文出版社編委會，科學大辭典（14～16 冊）（醫藥）〔M〕，臺中：人文出版社有限公司，1981：1329。

〔註10〕龔書鐸，史革新，中國社會通史（晚晴卷）〔M〕，太原：山西教育出版社，1996：224～225。

同文館內，觀西士帶來燈下畫景數十套。」〔註 11〕播放的幻燈片包括大套和小套兩類，大套主要爲天文常識，小套主要爲風景、地理，「觀者無不擊節稱賞。」〔註12〕1882 年，登州文會館大學部誕生，其主持人狄考文（Calvin W. Mateer）不僅借助望遠鏡、顯微鏡、人像照片等招徠中國學子入學，還在學校內用照相機、照片、幻燈等輔助理化、地理等科目的教學。據登州文會館第一屆大學生孫熹聖和其妻隋心慈回憶，1886～1892 年間，二人在該館學習期間，光學課程中教習用照相機演示「光學成像」的原理，化學課程中教習用照片演示「化學成影」的原理，從而使其對照片和照相術產生興趣，遂開始接觸照相機並學會使用。〔註 13〕1898 年，彙文書院從美國運來了第一臺電影機。當時的這架電影機雖然一機三用，可以拍攝，可以洗片，可以放映，但這臺電影機並沒有留下拍攝過什麼電影的紀錄。當這架機器送到彙文書院時，院長美國人師圖爾〔註 14〕把電影理解爲一種遊戲，於是把這架電影機交給學生們作爲課外的娛樂遊戲用具。當時彙文書院除國文一科部分使用中文講課外，其他課程全部用英語授課，學生學業負擔過重，除白天的課程外，每日早晚有早課和晚課，週日全體師生還必須在教堂中做禮拜，學生可用來娛樂的時間只有周末的晚上。因此，周末晚上才有對此感興趣的學生擺弄電影機玩。後來隨著彙文書院的發展，學生人數增多，周末有興趣玩此「玩物」的學生漸多，慢慢在彙文書院「周末西尼馬」成了一項每周必有的玩事。可惜好景不長，不久之後由於沒有專門懂電影的人管理，機器壞了，也無人修理，對此孫健三說道：「那時全中國都找不到一個會修電影機的人。彙文書院那剛剛熱鬧起來的『周末西尼馬』也就從此沒了下文。」〔註 15〕1903 年，孫熹聖從登州文會館來到彙文書院任教，早在 1898 年他就在山東登州文會館擺弄過電影機，並與一位傳教士探討 Cinema 一詞的中譯名，並最終將之確定爲

〔註11〕 余子俠、喬金霞、余文都，傳教士與近代中國電化教育的興起〔J〕，華中師範大學學報（人文社會科學版），2015（1）：172。

〔註12〕 余子俠、喬金霞、余文都，傳教士與近代中國電化教育的興起〔J〕，華中師範大學學報（人文社會科學版），2015（1）：172。

〔註13〕 孫健三編著，中國電影——你不知道的那些事兒〔M〕，北京：世界圖書出版公司北京公司，2010：4。

〔註14〕 師圖爾（G.A.Stuart，1859～1911），美國東部馬利蘭人。1858 年，彙文書院創設時，他隨夫人到南京傳教，1890 年，在蕪湖創辦戈礬山醫院，1896 年南京彙文書院設醫科，他任醫科總教習，1898 年任南京彙文書院院長。

〔註15〕 孫健三，南京大學早期的電化教育實踐〔J〕，電化教育研究，2006（1）：70～71。

「電影」；讓孫熹聖高興和意外的是，在彙文書院居然有一套電影機和若干電影節目，十分湊巧，和他一同來到彙文書院的還有一位修理理化儀器的美國技師。電影機修好後，孫熹聖居然把它搬進了教室，在教室裏一次雖然只放映幾分鐘電影，學生們的情緒也會因此變得興奮起來，教師和學生的關係也因為放電影和看電影而變得十分親切。孫熹聖在彙文書院雖然只有短短的兩個月，卻使人們對把電影帶進教室的好處有了深刻的認識。

二、電影院、照相館、遊藝場的設立與電化技術及設備的運用

　　對中國來說，電影完全是舶來品，其中包含以下兩層涵義：其一，「電影」一詞譯自英文的「Movie」；其二，早期電影技術和設備完全來自外國。1897 年 7 月，美國影片商雍松（James Ricalton）來到上海，在天華茶園、奇園、同慶茶園等處放映電影，同年 5 月的《遊戲報》中詳細地報導了此事。1907 年，中國第一個電影公司平安電影公司在北京東長安街建成，該地為法租界，由於公司建築為紅色，故被稱為「紅樓」。據查，1908 年西班牙人雷瑪斯（A·Ramos）在上海乍浦路 250 座建「虹口大戲院」，此戲院為中國第一個電影院，此後雷瑪斯相繼建立了十多家電影院，他也因此成為首位上海電影界的大亨。1909 年，天津富貴電戲園稱，「本園主不惜鉅資由歐美聘來超等男女名角數十人，專演西洋文武大戲。所演諸劇不但技藝精巧，並可改良社會，並設有頭等平安電機兩架，最近活動影片數千套，每日更新片，絕不雷同。今假富貴茶園業於元旦日開演此種影片。」〔註16〕1911 年，《大公報》報導天津法租界新權仙電影公司電影開播情況，「啓者本園不惜重資特由外洋運到各種影片，又有德國新到影片飛車飛船，各色山水均係初次來津，其他各園未曾演過。片內情趣大有可觀，外有中西男女名角彈唱歌舞、各樣技藝以及柔軟工夫筆難盡述，又有菊才姑娘善彈各樣鋼琴，能唱西洋詩曲，學堂詩歌早蒙。」〔註17〕1911 年，《大公報》又報導平安電影公司放映電影情況，「啓者敝公司現存有正劇、滑稽、倫理、家庭、格致、物理種種影片種種，影片數十萬尺大小，悉屬不同或租賃影演或買歸已有，均可任聽尊便。」〔註18〕另外，20 世紀初照相館開始在大城市中流行起來，如當時天

〔註16〕富貴電戲園〔N〕，大公報，1909-1-29，（7）。
〔註17〕新權仙法界電影開演〔C〕，大公報第三張，1911-2-22，（4）。
〔註18〕法界紅樓平安電影公司〔N〕，大公報，1915-11-2，（1）。

津有名的日租界河野照相館生意興隆，還不斷推出優惠措施，吸引客戶前來照相，「敬啓者，小號自開設以來已經數載，素蒙諸君光顧，敝館不甚榮幸，因無以酬謝，特定於四月初一日起至月底止，凡照六寸相片，原定三張價洋三元，外贈送一尺二寸放大象片一張。」〔註19〕

民國初年民眾文盲率極高，遊藝場雖爲開展社會教育的場所，但多以娛樂性活動爲主，旨在最大程度地吸引民眾參與其中，其豐富的項目是吸引民眾參與的重要籌碼，主要包括說書場、影戲場和戲劇場。說書和戲劇是民眾進行娛樂的傳統項目，在遊藝場設立之前，主要由劇場和說書場來開展；遊藝場設立之後，這兩項都歸入了遊藝場的項目之中，惟有影戲一項，是遊藝場獨有的創造，影戲可以同戲劇相輔相成，對推進民眾娛樂、豐富其精神生活起重要作用，時人便認爲，「遊藝場不足爲戲館勁敵之理由，既由彰彰甚明，連類而知，其影戲亦不足爲影戲館患……於是吾得以一言正告，各戲館，曰遊藝場與戲館，雖同爲遊藝事業，而性質旨趣判然兩途。」〔註20〕

這一時期，遊藝場深受民眾歡迎，其主要原因可歸結爲以下幾點：首先，由於國內政局的長期動亂，民眾對於現實感到悲觀失望，故希望從遊戲中尋找精神寄託，「世界原是遊戲做，人不尋歡也苦煞哉。舊世界到處多憂悶，何不到新世界中去開懷」〔註21〕；其次，當時民間自行組織社會教育事業的氛圍濃厚，民間組織者通常是商家，商家經營必須以營利爲目的，遊戲場的收費項目則便於商家實現該目的；再次，民眾的智識低下，參加正規學習的能力不足，遊戲場由於進入門檻較低，場中項目多爲民眾喜聞樂見，故更容易吸引民眾參與。

由於早期外國電影在拍攝技巧、攝影人員素質、拍攝理念上都遠遠優越於國產電影，故遊藝場中外國電影佔據絕大部分比例。據調查，早期遊藝場中外國電影可以分爲兩類：(1) 偵探劇。影戲《半文錢》講述發生在黨人、君主之間的偵探故事，折射出當時中國軍閥征戰之混亂情形，其開頭內容爲「羅敷被海谷困後然王將半文錢寄與羅敷，不料函內之半文錢失去僅得信紙一張，羅敷料定海谷先偷之半文錢運入王宮時，宮內跳舞熱鬧。」〔註22〕該劇劇本共有 43 本，分 22 集，於週一、三、五連續放映。影戲《揭破幕黑》

〔註19〕河野照相館廣告〔N〕，大公報第三張，1910-5-16，（5）。
〔註20〕論遊藝場非戲館之敵人〔N〕，民國日報，1917-9-4，（8）。
〔註21〕遊戲寶卷〔N〕，新世界，1917-9-3，（2）。
〔註22〕半文錢說明書〔N〕，新世界，1917-10-8，（3）。

以女主角悲兒目見其父躺在血泊之中爲開頭，情節引人入勝。〔註23〕（2）愛情及倫理劇。影戲《馬戲奇緣》講述一馬戲班女優羅卑利的愛情故事〔註24〕，開映後獲得觀眾的一致好評，「馬戲奇緣情節好，遊客贊成到極點。」〔註25〕「羅敷女史之演劇也，久爲歐美人士所稱許，蓋其貌既可人，又能於喜怒哀樂之中各盡其妙。」〔註26〕除此之外，新世界還上映了《仙女受劫》等勵志影戲、《紅眼睛》等鬼怪影戲。

　　遊藝場之間的競爭成爲推動影戲業發展的重要因素，上海灘最早的遊戲場是新世界，自大世界開幕後，二者形成了激烈的競爭，「新世界自大世界開幕後，營業頗受影響。」〔註27〕新的遊藝場若想要在競爭中取得一席之地，就必須能夠準確地判斷觀眾需求，選擇開演的季節、挑選具有聲望的演員參加演出。從客觀上來講，這种競爭機制有利於培養出優秀的演員，如「新世界天津班之女角以李雲仙爲冠。月給二百元。而雲仙意尙不足，不日即返津入班。」遊藝場爲了吸引觀眾前往，其所演的戲劇或影戲中難免含有一些迎合觀眾需求的粗俗內容。據載，「初八之夕，游與狂發誓非遊大世界不休。遂喚阿三點燈長驅直入，以至於大世界之廳。廳中十七八座大塊頭居十分之三，其餘曰老頭子、老太婆，非我所欲看，唯有一事，不可不記，則此十分之三之大塊頭，皆拒近風扇而額上汗珠猶與噴水泉之滴瀝相映也。」〔註28〕遊藝場開辦經年，營業規模呈增長的趨勢，爲了進一步擴大規模，場內的娛樂項目逐漸增多。新世界所辦的《新世界》雜誌中，幾乎每期都有魔術謎底揭曉欄目，戲班也參與到魔術演出之中，頗得遊客喜愛，如「天一班師之魔術較他班稍勝一籌，故開演以來，極受遊客歡迎」〔註29〕。大世界聘請外國戲劇家演出，門票較爲昂貴，但仍吸引了許多樂於獵奇的遊客。《民國日報》曾作如下報導：「大世界自雞豬跳舞輟演後，共和廳上又來音樂滑稽家格米六君在彼獻技，如欲入觀，則於遊貸價值外再納洋。」〔註30〕「聞大世界主人以五百元請法國馬郎各兩女士跳舞兩星期，價既非廉，當有可觀。」

〔註23〕揭破幕黑〔N〕，新世界，1918-1-28，（1）。
〔註24〕馬戲奇緣〔N〕，新世界，1917-11-24，（3）。
〔註25〕影戲大轟動〔N〕，新世界，1917-11-26，（3）。
〔註26〕馬戲奇緣〔N〕，新世界，1917-11-28，（3）。
〔註27〕新世界之新消息〔N〕，民國日報，1917-9-4，（8）。
〔註28〕大世界之寶貝〔N〕，民國日報，1917-9-9，（8）。
〔註29〕新世界之雜評〔N〕，民國日報，1917-11-11，（8）。
〔註30〕大世界之格米六君〔N〕，民國日報，1917-11-12，（8）。

〔註 31〕大世界遊藝廳中竟然設有飲食餐飲服務，一遊客回憶道：「鄉老昨日遊大世界至二層樓日本料理店旁，見二老者偕一小孩方圓桌吃火鍋。」〔註 32〕

然而，到了 20 年代，遊藝場逐漸出現了遊客稀少、門庭冷落之狀況，主要原因在於政府方面有意加強教育行政的力量，強化對民間教育、娛樂機構的管理，導致遊藝場娛樂趣味的下降。「遊人均以看出喪來無暇兼及遊藝（原文如此——筆者注），故說書場之張步蟾、謝品泉均停止不說，女子戲亦停演，大鼓場也是娥停說，既無人聽，當然不唱矣，故昨日之遊藝說畫以黃兆麟首先上場，大鼓場王金子先上臺，影戲場亦便做影戲矣。」〔註 33〕「星期六遊大世界共和廳菊花會的是不差便是，我不識藝，菊者觀之，亦覺怠味，深濃此等處，自讓黃楚九。」〔註 34〕

爲了扭轉這種狀態，遊藝場自身進行了結構性的調整。新世界推出風行歐美的滑冰項目，將原有的動物館改造爲滑冰館，「新世界以時屆冬令，遊戲場事業已不甚入時較之夏季大爲減色，欲維持營業非想出新花樣不可，於是乃創出一中國人少所見之遊戲，曰跑冰。」〔註 35〕在慶祝開張典禮上，新世界想出用煙火禮花來吸引觀眾的辦法，取得了很好的效果。「禮拜五夜三層平臺煙火，觀者甚眾，如流星趕月」〔註 36〕「忽有墜入影戲場座客之前，爭相嘩笑。」新世界也從世界各地收集珍貴的動物供遊人賞玩，「新世界樓下怪物團陳列之大蟒蛇」〔註 37〕，形體巨大，形容駭人，但卻性情溫和，不主動傷人。說書場中還增添了說唱以及彈唱的項目，取得良好反響，「說書彈唱魔力甚大，男女都愛聽者。」〔註 38〕出於進一步滿足遊人休閒娛樂的需要，新世界遊戲場中增加了餐飲服務，如三星公司就以「烹調五味手段高妙」〔註 39〕而著稱。總的來說，遊藝場調整方案的效果是值得肯定的，正如《新世界》期刊編者在《新世界雙周紀念展期一禮拜》中所言，「前星期之紀念，增廣種種遊戲，皆屬見所未見，故眾口一辭，大加贊許。」〔註 40〕

〔註 31〕大世界之跳舞〔N〕，民國日報，1918-1-16，（8）。
〔註 32〕大世界一瞬〔N〕，民國日報，1917-11-24，（8）。
〔註 33〕看出喪之新世界〔N〕，民國日報，1917-11-19，（8）。
〔註 34〕大世界一夕遊〔N〕，民國日報，1917-11-20，（8）。
〔註 35〕新世界跑冰〔N〕，民國日報，1917-20-14，（8）。
〔註 36〕特別煙火〔N〕，新世界，1917-8-28，（3）。
〔註 37〕新聞世界〔N〕，新世界，1917-8-29，（3）。
〔註 38〕新世界中秋日起之說書場〔N〕，新世界，1917-10-1，（3）。
〔註 39〕三星公司〔N〕，新世界，1917-10-4，（3）。
〔註 40〕〔註 40〕 新世界雙周紀念展期一禮拜〔N〕，新世界，1917-8-18，（2）。

隨著國人經營電影公司的增多，攝製上映國產電影也日益提上了日程。1905 年北京琉璃廠的豐泰照相館拍攝了第一部中國影片《定軍山》，故該年被視爲中國電影誕生年〔註41〕。1913 年，亞細亞影戲公司出品了中國第一部故事片《難夫難妻》。隨著國人對於電影接受程度的增長，電影逐漸成爲國人日常生活中不可缺少的組成部分，而且通常出現在公園、遊藝場等休閒娛樂場所，如在公園等遊樂場所中通常設有電影室，電影室按照座位等級的不同設置不同的觀片票價，並在周末加演日場。早期中國的電影由於其戲劇性濃厚，故演員多由文明戲演員扮演，舞臺設置半眞半假，如《難夫難妻》利用布景給人物營造了相對眞實的生活環境和氛圍，釘白布，畫景物，十多塊軟片拼成一堂布景，景內置必要對象，眞對象，假布景，半眞半假。據記載，「明星公司成立伊始，沒有攝影棚，條件非常簡陋。外景在郊區鄉村拍攝，內景也是露天拍攝，搭三塊牆板，放一張桌子，便是一堂景。沒有燈光，全靠日光，光線不足，使用反光板。使用的是手搖攝影機。」〔註42〕

這一時期隨著電影院、照相館、遊藝場等場所的出現，攝影和電影開始從國外被介紹到國內來，並逐步進入了民眾的視野，但這種介入方式往往不是主動的，而是被動的、甚至是強加的。電影從內容來看，多以偵探片、情感片爲主，富於教育主題和意義的影片幾乎沒有出現；從觀眾層面來看，由於上述場所均收費，所以眞正去消費的多爲具備一定經濟基礎的中等階層，實際上限制了眞正需要接受掃盲教育的下層民眾參與其中；從放映方式來看，電影映出常受到商家是否盈利的影響，故商家的經營策略和結構調整很大程度上決定了影片的映出時間、地點和方式。

三、社會教育的發展與電化技術及設備的推廣

清末民初開展社會教育、特別是通俗教育的機構堪稱中國早期電化教育的誕生地。清末通俗教育館的發展狀況全國參差不齊，以北京、江蘇、四川等省市發展較快，其餘大部分省市則發展緩慢。據記載，清末的通俗教育館或慈善院中已開始使用幻燈和電影放映機，並可播放簡單的軍事題材影片或幻燈，但由於技術上的限制，此期電影與幻燈並無本質區別。據報導，1906年「岡山孤兒院電光活動大戲及音樂會，前蒙各國官紳賞閱該會，兩次聞有

〔註41〕許淺林，中國電影技術發展簡史〔M〕，北京：中國電影出版社，2005：14。
〔註42〕酈蘇元、胡菊彬，中國無聲電影史〔M〕，北京：中國電影出版社，1996：126。

買票未得看者，亦有因路遠未得往觀者。」〔註 43〕1907 年，袁希濤〔註 44〕等發起在江蘇省寶山縣設立通俗教育社，並集資購買「中光活動寫眞」（即電影放映機）一架，試演關於軍事、衛生教育及日俄戰爭之影片，並延請講解員，隨演隨講。〔註 45〕時人也開始注意到電影在啓迪民智方面的效果，「再看那電影上日俄交戰的事，尤其是不容易看到的事了。」〔註 46〕「眾位再細想想，看電影說是消遣娛樂的事，其中也有這麼許多開眼界增加知識的益處，由這麼一想，看電影若比那些粗俗不堪、無道理的戲文，實在是強的多多了。」〔註 47〕

　　民國成立後，電影或幻燈片作爲社會教育手段的價值引起了政府的重視和關注，1912 年《教育部官制》中規定教育部分爲普通教育司、專門教育司、社會教育司，社會教育司負責釐正通俗禮儀事項、博物館圖書館事項、動植物園等學術事項、美術館美術展覽會事項、文藝音樂演劇等事項、調查及搜集古物事項、通俗圖書館巡行文庫事項、通俗教育之編輯調查規劃等事項。〔註 48〕社會教育司第三科科長伍博純〔註 49〕認爲，圖說畫報和戲劇演講同樣爲通俗教育的重要工具，其中圖說畫報中就包含有「活動畫影畫」一項，「東西洋影畫，多附說明書，使講演者，得隨時說明理由：而觀者亦可依據說明書，以資參考，無異學校之講義也。」〔註 50〕他還闡述了製作幻

〔註 43〕開演電戲〔N〕，大公報，1906-4-2，（2）。
〔註 44〕袁希濤（1866—1931），號觀瀾，江蘇寶山人。1897 年中舉，次年聘爲廣方言館教授，1903 年在寶山創辦縣學堂、蒙學堂，並徒步來往各鎮勸學。1904 年倡議將上海龍門書院改爲師範學校，同年秋與沈恩浮等赴日本考察教育。回國後相繼創辦龍門師範學堂、復旦公學、太倉州中學、寶山通俗教育社，歷任職員、教員或監督。後任天津學署總務科科長兼圖書科科長，並與張相文創設地理學會。1912 年應教育總長蔡元培之邀任教育部普通司司長。1917 年草擬全國義務教育計劃。
〔註 45〕宋薦戈，中華近世通鑒・教育專卷〔M〕，北京：中國廣播電視出版社，2000：74。
〔註 46〕續說看電影的益處〔N〕，大公報，1909-2-9，（4）。
〔註 47〕續說看電影的益處〔N〕，大公報，1909-2-9，（4）。
〔註 48〕中國第二歷史檔案館編，政府公報（4）〔G〕，上海：上海書店，1988：69。
〔註 49〕伍博純（1880-1913），名達，字博純，江蘇武進人，1912 年應蔡元培之聘任教育部社會教育司第三科科長，同年 5 月與蔡元培、于右任、王正廷、田桐、章太炎等發起成立中華通俗教育研究會，任理事，其機關設於上海，北京設通信處，全國各地設分會。
〔註 50〕趙光濤，民眾教育之前夜與伍博純先生〔J〕，民眾教育月刊，1931（3-7）：16-17。

燈與活動影片的重要性，其中影片的重要性來自於它的題材，因為這些題材通常能夠直接或間接向民眾提供知識和經驗，如「對於教育，可將各國各地優等學校之設備，及管理教授訓練情形足資模範者影入，並可將歷史、地理、修身各科影入。對於衛生，可將人體生理受病診治情形影入。對於地方自治，可將公園、道路、消防、淨水池，一切公眾衛生及足資模範各情形影入。對於實業，可將機器遠勝人工之情形，農事試驗場、農業學校之情形、牧畜水產情形，各國各埠商業情形擇要影入。對於尚武，可將兵隊演習、實地爭戰及關於體育技擊各情形影入。對於公民道德，可將交際、禮俗、慈善、博愛、各種公德、私德情形影入。對於美術，可將建築雕刻等美感，及自然美影入。以上各項，係對於事業而言，極有效果，可將國家希望國民進步之理想，一一表演為實境，而輸入一般人民之腦筋，並可表示世界各國進步之現象，使一般人民，如身觀其實境，引起效法之觀念。」〔註51〕此外，關於實施組織和辦法，他作了一些構想式的描述：「一、組織招集股分公司，製造幻燈活動寫真影片，並製作及經營影燈所需一切器具，第一期股本招集二萬元，將來以次擴充至十萬元。」並規定：「除出售及本會開演外，酌定借出價目，應各地之租借」、「養成技師備各地延聘開演影燈」、「編輯影片說明書」、「養成說明員，應各地開演影燈時之說明」。〔註52〕

1912年，南京臨時政府教育部致電湖北、湖南、安徽、江蘇、浙江、福建、廣東、廣西、江西、陝西、四川、雲南、貴州省督撫籌辦社會教育，電文《教育部通電臨時宣講辦法文》中稱：「前擬普通教育暫行辦法，業經通電貴府在案。惟社會教育亦為今日急務，入手之方宜先注重宣講。即請貴府就本省情形暫定臨時宣講標準，選輯資料，通令各州縣實行宣講；或兼備有益之活動畫影畫，以為輔佐。」〔註53〕其中「活動畫影畫」即為當時官方對不諳其名的電影和幻燈片的籠統稱謂。雖然這一時期政府力量較為有限，但仍對在社會教育中使用電影或幻燈起了促進的作用。在政府的倡導下，浙江省於1914年後推行通俗講演比較成功，並設有通俗教育講演傳習所，「青年會協會余日章於1915年赴長江一帶及閩浙各地演說，攜有器械，很受歡迎」。

〔註51〕趙光濤，民眾教育之前夜與伍博純先生〔J〕，民眾教育月刊，1931（3-7）：19-20。
〔註52〕趙光濤，民眾教育之前夜與伍博純先生〔J〕，民眾教育月刊，1931（3-7）：18。
〔註53〕劉萍，李學通主編，辛亥革命資料選編第四卷·南京臨時政府與民初政局（下）
　　　〔M〕，北京：社會科學文獻出版社，2012：555。

〔註54〕此處所謂的器械，據筆者推測，應為幻燈機或留聲機之類。1915 年，
黃炎培到北京考察通俗教育，曾在北京教育會〔註55〕舉辦的巡行演講中見到
相片，據記載，「北京之巡行宣講組織法，依北京教育會之議決，以教育會
會員，曾在通俗講演研究會修業期滿者充之。其時間定為每日宣講三小時，
間日出發。其巡行路線及開講地點，別設調查股選擇規定之。各員均備有記
事簿，按日記載宣講事項。其資料別設編輯股，編輯成稿，經職員會研究認
為適用，然後用之。佐以教育圖畫、學校成績、兒童玩具及其他畫報、相片
等，鼓其興味。其經費每員每月津貼銀三圓，此見於北京教育會印行之會務
紀要者也。京師學務局則特設通俗教育科，其職員以時查視，具報告於局，
核記其成績焉。」〔註56〕

　　1915 年，北京政府教育部成立通俗教育研究會，以「研究通俗教育事項，
改良社會普及教育」為宗旨，分小說、戲曲、演講三股，其中戲曲股負責「一、
關於新舊戲曲之調查及排演之改良事項；二、關於市售詞曲唱本之調查及搜
集事項；三、關於戲曲及評書等之審核事項；四、關於研究戲曲書籍之撰譯
事項；五、關於活動影片、幻燈影片、留聲影片之審核事項。」〔註57〕會內
人員包括教育部指派和社會延聘兩種，其中教育部指派人員包括教育部職
員、學務局職員、京師警察廳職員，社會延聘人員包括京師高校教職員、京
師教育學術會會員和其他對於社會教育事項有專長者。該會受到當時主流輿
論媒體的關注，如《晨鐘報》報導：「教育部社會司之設通俗教育研究會內
有小說一股，專為審查市間小說而設置，以小說一門於風俗人心大有關係
也。」〔註58〕1917 年，蔡元培受命為北京大學校長後恰逢通俗教育研究會開
年終大會，考慮到其「於社會教育極有研究，此次又係新由西洋回國，故特
請其到會演說」，時間定為當天「下午二時，開會先由會長袁希濤君致開幕

〔註54〕莊澤宣，徐錫齡，民眾教育通論〔M〕，上海：中華書局，1934：37。
〔註55〕北京教育會於 1912 年 4 月 21 日成立，劉潛為會長，祝椿年為副會長，該會
　　　　的宗旨為謀北京地區教育之發達，內設調查股、編輯股、文牘股、會計股、
　　　　庶務股，並成立通俗講演研究會。
〔註56〕李桂林、戚名琇、錢曼倩，中國近代教育史資料彙編‧普通教育〔M〕，上海：
　　　　上海教育出版社，2007：1020。
〔註57〕通俗教育研究會章程〔A〕//中國第二歷史檔案館，中華民國史檔案資料彙
　　　　編第 3 輯（文化）〔M〕，南京：鳳凰出版傳媒集團、鳳凰出版社，1991：
　　　　103。
〔註58〕教育部近聞種種〔N〕，晨鐘報，1916-10-18，（2）。

詞。」〔註59〕蔡元培可謂中國較早認識到電影和幻燈教育價值的教育家，在此次演講中他對通俗教育研究會上述三股的工作大加讚賞，並認為三股的重要性排序為講演、小說和戲劇。他說：「三股雖均屬重要，而以講演之範圍為較廣，著手亦難，蓋講演者之心理，純藉口講指畫為表示。務須有得於心，盡人皆曉。……小說於教育上尤有密切之關係，往往有寢饋其中而得獲知識者。……講演能轉易風氣，而聽者未必皆有興會，小說之功僅能收之於粗通文義之人，故二者所收效果均不若戲劇之大，戲劇之有關風化人所共認。」〔註60〕如上所述，通俗教育研究會的戲曲股工作明確包含了活動影片、幻燈影片、留聲影片等相關事項。在這次演說中，蔡元培還直接提及電影幻燈在通俗教育上的重要地位，即「關於通俗教育尚有一輕而易舉之法者，電光影戲是也。影戲之成本較輕而收效至易，近聞英國流行一種影戲機，尤為省事。蓋不必製玻片，即以郵片插入亦能影出者是也。通行之活動影戲為迎合觀者之心理起見，亦有加入不正當之影片者。德國影戲院中，凡中學校以下生徒，平時不得入覽，而於每星期三六或休假日特擇其較為純正者演之，始許學生入觀，大半為關於科學事理製片，間由滑稽之作，要皆無害於身心者。再如外國模範戲院，國家恒每年酌於鉅款以補助之。我國現值財政困難之際，恐一時未克仿行。然如美術館、博物館、展覽會、科學器械陳列館所等，均足以增進普通人之智德，而所費亦皆不甚巨，頗希望研究通俗教育者，設法提倡此種有益之舉，則獲益尤非淺鮮也。」〔註61〕

　　這一時期，以通俗教育館為代表的通俗教育機構開始經常使用電影和幻燈以推進通俗教育。江蘇省於 1916 年組織巡迴演講團，分 10 組出發，據說聽眾共達 166000 多人。〔註62〕1911～1916 年間，以京師及京兆地區為例，通俗教育會共 2 處，圖書館 2 處，通俗圖書館 2 處，每日平均接待人數 800 人；演講所 15 處，每次演講平均聽講人數 110 人；巡迴演講團 1104 個，每次演講平均聽講人數 1100 人。〔註63〕江蘇省自近代以來就是通俗教育開展較好的省份之一，故江蘇的通俗教育館在開辦之初就收到良好的成效。1917 年，《晨鐘報》報導江蘇吳縣通俗教育館開幕情況：「吳縣通俗教育館早於本月二十號開

〔註59〕通俗教育會之年終大會〔J〕，環球，1917（1）：15。
〔註60〕蔡鶴卿先生在通俗教育研究會演說詞〔J〕，教育雜誌，1917（3）：3。
〔註61〕蔡鶴卿先生在通俗教育研究會演說詞〔J〕，教育雜誌，1917（3）：5。
〔註62〕莊澤宣，徐錫齡，民眾教育通論〔M〕，上海：中華書局，1934：38。
〔註63〕莊澤宣，徐錫齡，民眾教育通論〔M〕，上海：中華書局，1934：38。

幕。此舉於開通民智及化俗主義上頗有效果。」〔註64〕江蘇省政府開辦此館的目的在於帶動全省 61 縣的通俗教育館事業,「省公署通令各縣通俗教育時猶在帝制未發生以前。」〔註65〕「籌備通俗教育館之經費概由公家撥付本省六十一縣,一律開辦,限五月以前成立。」〔註66〕但總的來說,這一時期通俗教育館由於經費短缺,所以能夠開展的活動十分有限,導致形式上顯得比較單一,開展的實際效果並不理想,時人曾評論道:「因爲含義的含混、對象的狹隘,以及辦法的呆笨,這種通俗教育館只是一個毫無生氣的機關,大部分的事業僅在教民眾看書和看報,教育的活動太少了。」〔註67〕

早期電影均爲無聲片,但它集多種藝術手段於一身,形象通俗,趣味性高,易爲廣大群眾所接受,其形式上與幻燈片比較接近,且易於傳播歷史文化、民族風俗等教育類信息,所以無論在經濟上、效益上都比傳統教育手段好。早在 20 世紀初,有人即意識到電影和幻燈在社會教育上的價值,並呼籲通過電影和幻燈來啓迪民智;民國建立以後,儘管對電影和幻燈的稱謂還比較混亂,政府已意識到它們對於社會教育的價值,並通過官方文件的形式加以提倡,這一時期若干辦理得法的通俗教育館陸續將它們運用到通俗教育事業中去,並通常與講演、巡迴講演等通俗教育活動相伴進行。清末民初由於影片或幻燈片來源和拍攝條件的限制,題材大多是軍事類、衛生類和報導重大事件類的。可以說,由於開展社會教育的需要,電化技術及設備被推行於通俗教育領域。

第二節　相關知識及學科的引進與電化教育學的創立

可以說,清末民初相關知識和學科的引進爲近代中國電化教育學奠定了理論基礎。知識方面,爲了介紹和宣傳電化技術與設備,清末民初的報刊上出現了大量介紹相關知識的文章,傳教士譯介的一些西書也介紹了相關知識;學科方面,與電化教育學密切相關的學科的建立和制度化爲電化教育學的創立提供了必要的條件。

〔註64〕通俗教育館開幕記〔N〕,晨鐘報,1917-6-3,(5)。
〔註65〕通俗教育館開幕記〔N〕,晨鐘報,1917-6-3,(5)。
〔註66〕通俗教育館開幕記〔N〕,晨鐘報,1917-6-3,(5)。
〔註67〕茆正修,民眾教育館的過去與未來〔J〕,民教通訊,1945(15):6。

一、影像（視）知識與技術的譯介

現代媒介的重要作用之一在於使公眾及時瞭解到最新的社會現實，並使他們參與到社會改造過程中去。民初報刊在介紹影像（視）知識與技術、使民眾瞭解新興教育工具方面發揮了重要的作用。1917 年的《新世界》報中連續刊登新世界遊藝場電影簡介類文字及評論，如《半文錢說明書》、《揭破幕黑》、《斗牛盛會》、《馬戲奇緣》、《影戲大轟動》、《法界紅樓平安電影公司》、《美國又排演侮辱華人影片》、《雙周紀念之新世界》等；而在期刊方面，據筆者粗略調查，介紹影像（視）知識與技術文章的有 15 篇。

表 1-1　清末民初介紹影像（視）知識與技術的期刊文章一覽表

作　者	文　章　題　目	期刊名稱	出版年份（期）
不詳	照相器捕賊	進步	1914（5）
不詳	照相新法	繁華雜誌	1914（3）
不詳	記事之照相鏡	進步	1914（2）
不詳	活動影戲可助投票	進步	1914（5）
大可	活動影戲濫觴中國與其發明之歷史	進步	1914（5）
嚴枚	地理教授用活動幻影之效力	中華教育界	1914（16）
呂彥直	活影戲屏之改良	科學	1915（11）
嚴枚	理科教授用活動幻影之效力	中華教育界	1915（13）
周仁、任鴻雋	照相術	科學	1916（1）
子雲	照相雕像之新法	大中華	1916（1）
嵇鳳墀	實驗青色照相之心得	學生雜誌	1916（1）
不詳	活動影戲之有光影簾	進步	1916（2）
廖慰慈	活動影戲機與自然科學之關係	科學	1916（10）
廖慰慈	照相術雜記	科學	1917（12）
不詳	述美國之電影金融	銀行周報	1917（44）

資料來源：據讀秀學術搜索編製。

從期刊文章的作者群體來看，以學習理工科背景的留學生居多。呂彥直1894 年生於天津，少時愛好字畫，具有較高的造詣，7 歲時隨姐姐僑居法國巴黎，回國後就讀於清華學校，1913 年畢業，後留學美國康奈爾大學，起初學的是電氣專業，並於 1915 年發表《活影戲屏之改良》一文，探討電化教

育問題，後因不合自己的興趣改學建築，1921 年回國。廖慰慈，福建人，早年經清華學堂赴美留學，就讀於康奈爾大學等名校，習鐵路工程，獲工學博士及其他學位，學成歸國後曾任國內幾條大鐵路的總工程師，並任之江大學、浙江大學教授。周仁 1892 年出生於南京，1908 年考入江南高等學校，1910 年於該校畢業，同年考入清華學堂，成爲第二批留美公費生，他到美國後，入康奈爾大學機械系學習，曾聯合任鴻雋等 9 名同學在康奈爾大學發起成立中國科學社，並於 1915 出版我國最早的科學期刊《科學》。1914 年，周仁完成了 4 年學業，並考取研究生，研究方向爲冶金學，1915 年取得碩士學位回國；同年他與任鴻雋聯名發表了長文《照相術》，並在《科學》雜誌上連載。

這一時期期刊文章的內容經歷了從單純譯介國外電影理論和技術到總結本土照相、電影實踐經驗的演變。廖慰慈發表於 1916 年的《活動影戲機與自然科學之關係》摘譯自陀內突孫（Leonard Donaldson）所著之《電影放映機與自然科學》（The Cinematograph and Natural Science）一文，譯者對國外電影的作用和實施狀況非常傾慕，他寫道：「凡各門科學，如醫也，生物也，心理也，及他種種，皆可資以闡秘補遺者也，而掌司風教者，或用以轉移習尚，補戲詞歌曲之不足者矣。歐美諸邦，業此者不下數百萬人，資各數千萬不等。凡城市鄉鎭，莫不有影戲者，中下社會，觀者尤眾，亦可見其仁人之深，移人之速，而爲用之宏矣。」〔註 68〕1917 年，他在《科學》上發表《照相術雜記》一文，該文圖文並茂地向國人介紹各種攝影基本常識，在談及昆蟲攝影法時，對背景、照相器、照法、感光片、曝光等細節都作了一些說明。〔註 69〕可見，文中已經融入了作者對相關技術的理解。周仁、任鴻雋在《照相術》一文中集結了當時較爲實用的攝影、顯影方法，詳述了當時常見的七種攝影，分別爲風景像、街市像、花卉像、屋宇及其內部之像、動物像、人物像、閃光照相，文中指出當時國內照相者之最大缺點在於無審美觀念，即「吾國以照相之用，專爲日後留一紀念而已，故其照人物像也，必有一几一椅，花瓶茶壺數事，木然而坐，有若土偶。其照風景也，則樓臺重沓，山水繚亂，無一主要之點。此所謂形骸徒具，精神已失，亦何足觀。今欲與人言美術之精微，意匠之獨運，固出此書範圍之外。」〔註 70〕作者將顯影稱

〔註 68〕廖慰慈，活動影戲機與自然科學之關係〔J〕，科學，1916（10）：10。
〔註 69〕廖慰慈，照相術雜記〔J〕，科學，1917（11）：1185～1189。
〔註 70〕周仁、任鴻雋，照相術〔J〕，科學，1915（8）：879。

為印像，認為印像首先應選用合適的印像紙，印像時需注意顯影水、定影水的溫度和燈光的亮度，印像之後還需裱像；文後附錄了一張「照相常用化學藥品表」，其中標明各藥品的中英文名字、化學符號和分子重。可見，作者在文中表達了借鑑西方攝影藝術來創作富於美感的中國攝影作品的強烈願望和祈求。教育電影方面，嚴枚的《地理教授用活動幻影之效力》譯自英國《教育世界》雜誌上的一篇論文，文中用「活動幻影」一詞指代電影和幻燈片，並將電影稱為「動的活動幻影」。電影傳入之初，國人對它具有不良的猜測和抗拒的情感，認為其窒礙兒童想像力、傷害兒童視力，嚴枚對上述兩種誤解進行澄清，並針對電影放映經費、地理教學適用電影片、放映時間、電影教學法等問題暢談自己的看法。〔註71〕1915 年，他又在《中華教育界》上發表《理科教授用活動幻影之效力》一文，認為「為今之計，欲置備活動幻影以補助教育，則入手之初，惟有取給於百代公司或租或購該公司所出之影片已專門析類，刊為明晰之目錄，殊易於檢閱也。」〔註72〕顯然，這一時期學者在介紹電影技術與理論時其本土化意識不斷增強。

二、無線電理論、技術的引進及其專業人才的培養

　　無線電與電影一樣，都來自於外國。20 世紀初，歐美國家無線電實驗取得成功，無線電通信技術被迅速而廣泛地運用到軍事聯絡、商業信息的傳遞和新聞發佈等方面，「一戰」後美國、英國、蘇聯等國家還先後創辦了廣播電臺。

　　由於期刊具有時效性高、出版週期快、學術性相對較高等特點，比較書籍和報紙而言，對無線電的介紹最為豐富。篩選掉一些純粹新聞、法令介紹性文章，1897～1916 年間各類期刊上發表的重要無線電論文見表 1-2。

表 1-2　1897～1916 年間所發表的重要無線電期刊論文一覽表

期　刊　名	篇　　名	出版時間	期　　號	備註
時務報（上海）	無線電報	1897-5-2	第 25 冊	
時務報（上海）	電浪新法	1897-6-30	第 31 冊	
時務報（上海）	無線電音法	1897-12-14	第 48 冊	
集成報（上海）	無線電報	1897-5-16	第 2 冊	

〔註71〕嚴枚，地理教授用活動幻影之效力〔J〕，中華教育界，1914（16）：1。
〔註72〕嚴枚，理科教授用活動幻影之效力〔J〕，中華教育界，1915（13）：1。

集成報（上海）	各國電信統計	1897-7-14	第 7 冊	
集成報（上海）	電浪新法	1897-7-14	第 8 冊	
實學報（上海）	電報新法	1897-9-26	第 4 冊	後續 1 期
蜀學報（成都）	無線電音	1898-7	第 6 冊	
知新報（澳門）	演示無線電信	1899-5-20	第 87 冊	
知新報（澳門）	無線電信可用	1899-6-18	第 90 冊	
知新報（澳門）	無線電音	1899-7-18	第 93 冊	
知新報（澳門）	試用無線電音	1899-7-28	第 94 期	
知新報（澳門）	無線電音之法	1899-8-16	第 96 冊	
知新報（澳門）	述無線電信之法	1899-9-5	第 98 冊	
知新報（澳門）	詳論電報各法	1899-9-15	第 99 冊	後續 1 期
知新報（澳門）	日本試辦無線電信	1899-11-13	第 105 冊	
知新報（澳門）	無線電音又一法	1899-11-23	第 106 冊	
知新報（澳門）	查辦無線電音	1899-12-23	第 109 冊	
湖北商務報（武漢）	無線電報	1899-8-6	第 11 冊	
湖北商務報（武漢）	無線德律風	1899-8-6	第 11 冊	
湖北商務報（武漢）	北京無線電報	1900-5-19	第 37 冊	
湖北商務報（武漢）	論無線電	1901-6-7	第 73 冊	
湖北商務報（武漢）	無線電最長距離	1901-6-7	第 73 冊	
湖北商務報（武漢）	無線電已通	1903-3-9	第 132 冊	
集成報（上海）	試驗無線電報	1902-5-1	第 36 期	
集成報（上海）	改用無線電	1902-6-1	第 40 期	
政藝通報（上海）	無線電通電新法	1902-5-22	第 6 期	
政藝通報（上海）	無線電信之創造者	1902-9-16	第 14 期	
政藝通報（上海）	電話述奇	1902-10-16	第 17 期	
政藝通報（上海）	無線電報圖說	1903-4-12	第 2 年第 5 號	
政藝通報（上海）	記太平洋無線電報	1903-4-12	第 2 年第 5 號	
政藝通報（上海）	火車電話	1903-5-27	第 2 年第 8 號	
政藝通報（上海）	各國無線電報事業	1903-7-9	第 2 年第 11 號	
政藝通報（上海）	電傳筆跡	1903-11-19	第 2 年第 20 號	
政藝通報（上海）	無線德律風	1904-1-2	第 2 年第 23 號	
政藝通報（上海）	無線電之新改良	1904-3-1	第 3 年第 1 號	
政藝通報（上海）	無線德律風出現	1904-4-16	第 3 年第 4 號	

政藝通報（上海）	無線電報破壞水雷之法	1904-8-25	第 3 年第 13 號	
政藝通報（上海）	無線電報原理之發明	1904-11-21	第 3 年第 19 號	後續 1 期
政藝通報（上海）	德律風原理之發明	1904-12-7	第 3 年第 20 號	後續 1 期
政藝通報（上海）	水中電話	1905-4-5	第 4 年第 3 號	
政藝通報（上海）	最新無線電	1905-4-19	第 4 年第 4 號	
政藝通報（上海）	無線電塔	1906-4-8	第 5 年第 5 號	
政藝通報（上海）	無線電報說略	1906-6-22	第 5 年第 10 號	後續 1 期
政藝通報（上海）	無線電裝置避雷針	1906-6-22	第 5 年第 10 號	
政藝通報（上海）	無線電話	1906-6-23	第 5 年第 10 號	
政藝通報（上海）	衣囊電話器	1906-9-23	第 5 年第 15 號	
政藝通報（上海）	電傳照相法	1907-2-27	第 6 年第 1 號	
政藝通報（上海）	自行車上之無線電	1907-2-28	第 6 年第 1 號	
政藝通報（上海）	懷中用無線電話器	1907-3-28	第 6 年第 3 號	
政藝通報（上海）	鐵路上無線電	1907-7-10	第 6 年第 10 號	
政藝通報（上海）	美國傳聲機之新發明	1907-7-24	第 6 年第 11 號	
政藝通報（上海）	水中傳遞電話之新法	1907-10-7	第 6 年第 12 號	
政藝通報（上海）	秘密之新無線電	1908-3-17	第 7 年第 2 號	
大陸報（上海）	巴黎之無線電信新聞	1903-2-7	第 3 期	
大陸報（上海）	意國擴張無線電	1903-7-4	第 8 期	
商務報（北京）	無線電報	1903-12-29	第 1 期	
商務報（北京）	無線密電新法	1904-4-16	第 9 期	
東方雜誌（上海）	無線電破壞水雷新法	1904-10-4	第 8 期	
東方雜誌（上海）	無線傳聲	1905-1-5	第 60、61 合本	
東方雜誌（上海）	無線電	1905-2-1	第 114 冊	
東方雜誌（上海）	英訂無線電新章	1905-3-15	第 3 年第 2 號	
東方雜誌（上海）	無線電報之原理	1905-6-27	第 2 年第 5 期	
東方雜誌（上海）	無線電之發達	1906-8-14	第 3 年第 7 期	
東方雜誌（上海）	無線電話	1908-3-22	第 163 號	
東方雜誌（上海）	論無線電報之作用	1909-12-7	第 6 年第 11 期	
東方雜誌（上海）	論無線電報	1910-1-6	第 6 年第 12 期	
北洋學報（天津）	論無線傳電之原理	1905-3-20	第 41 期	
小說月報（上海）	無線電語	1911-4-18	第 9 期	

進步雜誌（上海）	無線電燈	1914-10	第 6 卷第 6 號	
進步雜誌（上海）	戰爭中之無線電	1915-08	第 8 卷第 6 號	
東方雜誌（上海）	無線電之進步	1914-02-01	第 10 卷第 8 號	
中華教育界（上海）	學校適用之無線電具	1914	第 15 期	
科學（康奈爾）	無線電燈之新發明	1915-1	第 1 卷第 1 期	
科學（康奈爾）	電浪消霧	1915-3	第 1 卷第 3 期	
科學（康奈爾）	至速之無線電信	1915-5	第 1 卷第 3 期	
科學（康奈爾）	無線電	1915-9	第 1 卷第 1 期	後續 1 期
學生雜誌（上海）	蛙與無線電信	1916-3-20	第 3 卷第 3 號	
學生雜誌（上海）	無線電信原理之考求	1916-8-20	第 3 卷第 8 號	
婦女雜誌（上海）	無線電療病法	1918-6-5	第 4 卷第 6 號	

資料來源：上海圖書館，中國近代期刊篇目彙錄〔M〕，上海：上海人民出版社，1979。

　　從表 1-2 可知，這一時期文章中對無線電及其相關事物的稱謂較多，五花八門，如《時務報》提到的有「無線電報」、「電浪」、「無線電音」，《知新報》提到的有「無線電信」、「電報」，《湖北商務報》提到的有「無線德律風」、「無線電」，《政藝通報》提到的有「電話」、「德律風」、「無線電塔」，《東方雜誌》提到的有「無線」、「無線電話」，《科學》提到的有「無線電燈」，如此等等，不一而足。從內容上看，這一時期發表的文章多側重無線電技術，主要包括無線電報、無線電話、廣播無線電臺等，最早傳入我國的是無線電報，而且無線電報技術也是教育播音所依賴的廣播無線電臺的核心技術；另外，在軍事上無線電報的作用也最大，所以這種現象亦不難理解。這一時期文章多側重於簡單的應用介紹，但也有期刊側重於無線電技術的發明與原理的介紹，如《科學》從 1915 年創刊之初就注重相關方面的研究，據查，《科學》前 15 卷登載無線電文章達 60 餘篇，內容涉及無線電的發明、改良及其在世界的推廣與應用。〔註 73〕嚴枚發表在《中華教育界》的《學校適用之無線電具》一文介紹國外小學的無線電設施，並在文後附錄了器械結構簡圖，圖中標明空中接電線杆、感應蓄電器、電音器、旋繞引電線、探電器、金屬板等器械的位置。〔註 74〕

　　民初無線電事業建設幾乎與無線電知識引介相同步，並無明顯的時間間

〔註 73〕元青，中國留學通史（民國卷）〔M〕，廣州：廣東教育出版社，2010：375。
〔註 74〕嚴枚，學校適用之無線電具〔J〕，中華教育界，1914（15）：1～2。

隔。無線電事業首先在軍事領域開展起來。1918 年，北京政府與英國的馬可尼無線電公司（Marconi's Wireless Telegraph Co., Ltd）簽署採購合同。1920 年由陸軍部具體承辦採購的 200 部無線電話機先後到貨。1920 年直皖戰爭結束後，以張作霖爲首的奉系軍閥控制了北京政府，這 200 部無線電話機也就落入奉系軍閥手中。1922 年直奉戰爭奉系失敗後，設工務處，主管東北地區的無線電通信網和無線廣播電臺的建設。20 世紀初，世界上無線電事業最爲發達的英國、日本和丹麥三國壟斷了中國的無線電事業，三國通常爲了爭奪在中國的無線電利益而相互發生衝突，這便影響了中國無線電事業的正常發展。例如，1909 年，日本無線電企業彙中公司違約架設無線電臺，遭到了英國領事館和清政府的抗議。《大公報》稱：「上海彙中飯店所設無線電報經滬道照會英領事請轉飭速行拆除一事，曾迻紀前報，茲悉英總領事已照覆謂四月十四日日本國駐京大臣接准外務部文內開郵傳部已經轉飭上海電報局向彙中飯店主商酌將此項無線電報之機器購回等語，現在正行商酌之時，尚未定局云云。」〔註 75〕然而，日本政府卻偏袒彙中公司，導致事情難以解決。1917 年，海軍部與丹麥簽訂無線電合同引起了日本公使的抗議，據《民國日報》報導，「海軍部與丹麥商人所訂結之五十三萬餘磅無線電信借款，日前馬魯克尼無線電公司（即馬可尼無線電公司——筆者注）轉請英使向外交部提出抗議，昨日上午十時日本林公使特訪外交部對於該借款亦提出抗議，其內容略謂中國與丹麥商人以無線電信之權利於中日兩國之關係言之所關甚巨，務希詳慮熟思爲要云，當局以招意外之交涉，已有取消該借款合同之意矣。」〔註 76〕然而，就在這種環境之中，國內無線電事業仍不斷發展，並逐漸從官方走向民間。以電話爲例，20 世紀初電話與無線電廣播一樣，僅限於官方使用，數量十分稀少，據有關統計，「北京中國電話共計三局，由總局安設電話者一百家，由打磨廠分局安設電話者四十一家，由掛甲屯分局安設電話者十家。」〔註 77〕而到了 1917 年，國內無線電臺已經廣泛應用到民眾社會生活中去，《記中國之無線電事業》一文中將 1917 全國各地電臺根據其電力大小、電波長短等條件進行了統計，並按照主權國別分爲中國自管之無線電臺、日本主管之無線電臺、法國主管之無線電臺、英國主管之無線電臺、

〔註 75〕無線電有部准購回之說〔N〕，大公報第二張，1909-7-22，（3）。
〔註 76〕無線電借款之交涉〔N〕，民國日報，1917-12-11，（7）。
〔註 77〕電話數目〔N〕，大公報，1905-1-1，（3）。

美國主管之無線電臺。文中附錄了各電臺的電機類型和用途，如中國自管無線電臺多應用眞空玻璃管以及德律風根發發式、德律風根熄發式火電機，國外主管無線電臺者則多採用馬可尼泡爾遜弧光火式、法道米泡爾遜弧光火式高速傳達式、託力開達發火式、電氣音樂發火式、樂音發火式電機；從電機的質量來看，國外無線電臺電機比國內好得多，但從電機的功能來看，國內電機的用途比較廣泛，而國外電機多用於使館、官邸、軍隊。〔註78〕

清末民初的無線電人才培養機構主要有 1905 年袁世凱在天津開辦的無線電訓練班和 1906 年哈爾濱設置的臨時郵電學校，其課程主要涉及無線電報，課程具體名稱已不可考。1909 年，清政府設立鐵路管理傳習所併下設郵電班，1910 年鐵路管理傳習所改爲交通傳習所，下設的郵電班中開設有線電工程班、無線電工程班、高等電氣工程班（分甲乙兩班）和無線電速成班。其中高等電氣工程班共開課 24 門，每周學時 36～40 小時，課程爲數學、化學、物理、電磁學、圖畫、電氣工學、收發電信實習、地理、文字、無線電原理、應用力學、電信學、有線電工程、電纜工程、電話、應用機械學、電信機械、無線電機械、電信設計、電律、無線電工程、有線水陸工程、工程薄記。無線電速成班共開課程 10 門，分別爲數學、英文、國文、圖畫、應用電氣學、有線電收發、無線電收發、無線電原理、電律、簿計。當時交通部選派三位外國顧問前來任教：一位是丹麥人邢森，講授無線電信工程、電話課程；一位是日本人中山龍次郎，講授有線電工程；一位是丹麥人伊立生，講授電律課程。另外，交通部還派了兩位教師分別指導練習有線電報和無線電報收發。郵電班實習設備豐富，1913 年，校內裝設有 3 千瓦瞬火花式電報機的全套設備，與當時北京無線電報局的設備相同，對外可以發報，其通信範圍日間可達 300 英里，夜間加倍，這套設備專供學生實驗和學習之用。交通部曾派全班學生到張家口無線電局實習並參加該局新進口的第一部 5 千瓦瞬火花式長波無線電發報機的驗收工作。郵電班畢業生中不少日後成爲國內無線電事業的骨幹，如沈宗漢 1915 年在交通傳習所高等電氣工程班甲班學習，1923 年在東北無線電長途電話監督處工作，並兼任山東廟東三省無線電專門學校教員，1927 年任北京廣播無線電辦事處副主任。另外，較有名者還有吳國士、葉稍潘、劉紀毅、韓耀麟、龔以爵等人。

1917 年，交通部郵電學校成立，該校「以造就郵政電政適用專門人才爲

〔註78〕受白，記中國之無線電事業〔J〕，銀行周報，1917（43）：10～11。

宗旨。」〔註79〕設三年制的無線電高等班、三年制的有線電高等班、兩年制的高等電氣工程班、兩年制的有線電工程班及一年制的海軍無線電工程等。該年，該校共招考有線電高等班、有線電工程班、無線電高等班、海軍無線電工程中等班學生共 60 人。〔註80〕

表 1-3　民初交通部郵電學校無線電、有線電高等班課程一覽表

	學　年	課　程　及　周　學　時
無線電高等班	第一學年	英文 4，微積分 6，應用力學，機構學 3，熱力學 2，機械設計 4，高等電磁學 6，電氣實驗 3，電氣工程 5，旋流學 5，電信學 3，無線電學 3，有線收發 3，無線收發 3，交通地理 2，德（法）文 2，周學時 36-41
	第二學年	英文 4，微分方程 3，均分方程 4，熱力工程 2，電械設計 4，電氣實驗 3，電氣工程 5，旋流學 6，高等靜電學 4，電話學 3，無線電學 3，無線電工程 6，無線電實驗 3，無線收發 3，電律 2，商船學 2，德（法）文 3，周學時 37-42
	第三學年	英文 4，均分方程 2，無線電工程 4，無線電話 2，無線電實驗 6，無線收發 3，航空機 4，工業薄計 2，工業經濟 2.，德（法）文 3，周學時 34
有線電高等班	第一學年	英文 4，微積分 6，微分方程 4，應用力學 3，機構學 3，熱力工程 2，機械設計 4，高等電磁學 6，電氣實驗 3，電氣工程 5，旋流學 5，電信學 3，無線電學 3，有限接收 3，無線收發 3，交通地理 2，德（法）文 2，周學時 36～41
	第二學年	英文 4，微分方程 3，均分方程、熱力工程 2，電械設計 4，電氣實驗 3，電氣工程 5，旋流學 6，高等靜電學 4，電話學 3，無線電學 3，無線電工程 6，無線電實驗 3，無線收發 3，電律 2，商船學 2，德（法）文 3，周學時 37～42
	第三學年	英文 4，均分方程 2，無線電工程 4，無線電話 2，無線電實驗 6，無線收發 3，電律 2，航空機 4，工業薄計 2，工業經濟 2，德（法）文 3，周學時 34

資料來源：李士群，拼搏與奮進：北京交通大學百年回顧與思考〔M〕，北京：北京交通大學出版社，2006：24～26。

　　另外，交通部郵電學校高等電氣工程班共開課 20 門，課程為英文，數學、高等理化、交通地理、製圖、磁電學、無線電學、無線電工程、無線電

〔註79〕李士群，拼搏與奮進：北京交通大學百年回顧與思考〔M〕，北京：北京交通大學出版社，2006：21。
〔註80〕郵電學校新招班〔J〕，電界，1917（30）：28。

收發、電臺實習、電信學、有線電收發、電話、電氣工程、電工實習、海軍應用電學、萬國電律、原動機、機構學、造船大意。〔註81〕有線電工程班共開課 23 門，課程為數學、理化、交通地理、英文、國文、製圖、應用電氣學、電氣實驗、陸路工程、水線工程、電氣工學、電信學、電話學、電信（話）實驗、電氣測定、線路測定、電律、收發、薄記、法制經濟、郵政大要、人倫道德、體操。〔註82〕海軍無線電工程中等班共開課 13 門，課程為數學、理化、交通地理、英文、收發、電信、電話、萬國電律、海軍電學、無線電學、無線電工程、無線電收發、英文。〔註83〕

可見，與交通傳習所郵電班相比，交通部郵電學校班級設置更為多元，學生可根據自身情況選擇報考。課程內容十分廣泛，無線電高等班須修習有線收發等有線電技術課程，有線電高等班需修習無線收發、無線電工程等無線電技術課程，兩班均需修習經濟、管理、法律等課程，並學習兩門外語。高等電氣工程班兼修有線技術和無線技術課程。有線電工程班及海軍無線電工程中等班則分別專修有線技術及無線技術課程。

表 1-4　民初交通部郵電學校教師信息一覽表

姓　名	擔任科目	任職時間	姓　名	擔任科目	任職時間
鍾鄂	電話學	1917～1921	鄧覺先	機械圖	1917～1921
錢槲亭	英文	1917～1922	程康恩	英文	1917～1922
邢森	無線電話	1917～1920	丘其俊	電氣工程	1917～1922
中山龍次	電信學	1917～1921	趙松森	電信實驗	1917～1922
伊立生	電律	1917～1921	吳祖耀	英文	1917～1922
開雷	電話實驗	1917～1922	孫鼎烜	國文	1917～1922
鈴木朔次朗	陸路工程	1917～1920	李師洛	陸路工程	1917～1922
黃振聲	工程經濟	1917～1922	顧貽燕	機械畫	1917～1922
施恩曦	材料學	1917～1922	徐書	水線工程	1917～1922
金濤	數學	1917～1922	陳彰珩	陸路工程	1917～1922

〔註81〕李士群，拼搏與奮進：北京交通大學百年回顧與思考〔M〕，北京：北京交通大學出版社，2006：26。

〔註82〕李士群，拼搏與奮進：北京交通大學百年回顧與思考〔M〕，北京：北京交通大學出版社，2006：26。

〔註83〕李士群，拼搏與奮進：北京交通大學百年回顧與思考〔M〕，北京：北京交通大學出版社，2006：26。

程保潞	電政簿計	1917～1922	陳家炎	交通地理	1917～1922
王蔭承	數學	1917～1922	趙景建	英文	1917～1922
韋以黻	機構學	1917～1922	王秉驤	電報收發	1917～1922
王頌賢	電信	1917～1922	孫天爵	數學	1917～1922
樊巽權	測量	1917～1922	沈彭年	國文	1917～1922
陸家鼎	電氣測定	1917～1922	吳清度	旋流學	1917～1922
周恩恭	電律	1917～1922	朱葆勤	三角	1917～1922
馬名海	電學	1917～1922	孫葆瑋	微積分	1917～1922
沈宗漢	無線收發	1917～1922	吳肇禎	無線收發	1917～1922
關菁驤	英文	1917～1922	蘇曾貽	法文	1917～1922
姚祖蔭	英文	1917～1922	劉鳳山	拳術	1920～1922
解鼎臣	無線收發	1917～1922			

資料來源：交通史總務編〔M〕，不詳，1936：96～98。

　　教師方面，國內教師數量已經較多，比例較大，但多講授基礎課程或指導實習。外籍教師雖數量不多，但因其經歷豐富、職位較高，故負責教授若干重要的專業課程，如中山龍次時任東京放送協會理事、北京政府交通部顧問，教授「電信學」課程；伊立生時任北京政府交通部參贊，教授「電律」課程，該課程涉及國際電信公約及附屬無線電信規則等；邢森爲交通部教員、工程師，講授的「無線電話」課程爲中國教育界最早傳授無線電原理的課程。上述課程當時在國內尙屬首創，一時還無法由國內教師講授。

　　1917 年，該校還建立了無線電臺，1920 年建成了具有較大規模的電臺試驗實習室，有線電、無線電收發實習室以及電話實習室等，以供學生實習之用，這些設備在當時國內學校尙不多見。1917 年，該校實行留學制度，學習成績優良者可公派出國，如 1917 年 4 月，交通部派有線電工程班鄧康等 10 名學生赴日本實習，其中 5 人實習測量及電報機械，2 人實習線路建設，1 人實習電話，1 人實習海底電線，1 人實習統計，於當年 8 月實習結束回國。〔註84〕

三、學科的豐富與電化教育學的創立

　　從根本上來講，知識系統的構建成爲近代學科形成的必要條件，同時學

〔註84〕李士群，拼搏與奮進：北京交通大學百年回顧與思考〔M〕，北京：北京交通大學出版社，2006：27。

科體系的建設也體現著知識系統的重要特徵。有的專家認爲,「近代知識系統之創建及完善,在大學學科體系中得到充分體現;而大學學科體系及院系之設置,亦同樣體現了近代知識系統的特徵。」〔註85〕近代中國的電化教育學是一門綜合性學科,從其知識系統來看,主要包括教育學、傳播學、物理學、化學、電學等理論。有的學者指出,電化教育學「第一層次,最裏層、最直接層次,是教育心理學和傳播學的理論。第二層次,中間層,是社會科學和自然科學相關學科的理論,如教育學、心理學、生理學、物理學、工藝學、社會學、管理學,以及文學、藝術,等等。第三層次,底層,是哲學和作爲一般科學方法的系統論、信息論、控制論。這是最根本的理論基礎。電化教育就是在接受哲學的指導,採用『三論』提供的科學方法,引進教育心理學和傳播學的理論成果,並參照社會科學和自然科學相關學科的理論,在此基礎上來建立自己的理論體系。」〔註86〕清末物理學和化學理論的傳入源於外國來華傳教士的譯介活動,據考證,1867～1887年間,在外國傳教士的主導下,江南製造局共編印學術圖書178種,其中與電化教育學相關的有格致類、電學類、化學類、光學類幾種,格致類有《格致啓蒙》、《格致小引》、《物體受熱改易記》、《物理學上》、《物理學中》、《物理學下》;電學類有《電學綱目》、《電學測算(附表)》、《通物電光》、《無線電報》;化學類有《化學鑒原》、《化學鑒原續編》、《化學鑒原補編》、《化學分原》、《化學考質(附表)》、《化學求數(附表)》、《化學源流論》、《化學工藝》、《化學材料中西名目表》、《新譯無機化學教科書》;聲學類有《聲學》,光學類有《光學》。〔註87〕教育學方面,1901年前後諸如《學校衛生學》、《學校管理法》、《教育學》、《教授學》、《教授法》、《教育心理學》等教育學各分支學科的第一本著作或教材紛紛被譯出。〔註88〕有的博士論文詳細考察了當時國人對於「教育學」文本的編譯情況,並在文末附上「中國近代教育學原理書目編年(1899～1948)」,據該表所載,這一時期與電化教育學相關的教育學著作有《心理教育學》、《教育統論》、《小學實驗教育學》、《培格曼氏之社會教育學》、《訥德普氏之社會

〔註85〕 左玉河,中國近代學術體制之創建〔M〕,成都:四川人民出版社,2008:213。
〔註86〕 南國農,電化教育學〔M〕,北京:高等教育出版社,1985:27。
〔註87〕 楊根,徐壽和中國近代化學史〔M〕,北京:科學技術文獻出版社,1986:252～266。
〔註88〕 侯懷銀,中國教育學發展問題研究——以20世紀上半葉爲中心〔M〕,太原:山西教育出版社,2008:32～35。

教育學》等。〔註89〕

　　西書中所傳達的豐富知識推動了課程和學科的建設，這一時期新式學堂中開始開設相關課程，如1864年狄考文創辦的山東登州文會館「正齋」中開設天道溯源、代數備旨、圓錐曲線、萬國通鑒、測繪學、航海法、物理測量、化學、動植物學等西學課程，該校第二任校長赫斯〔註90〕先後編寫聲學、熱學、光學、天文學的著作。另外，清政府開辦的新式學堂中也開始傳授西學課程，如京師同文館課程包括英語、法語、俄語、日語、算學、化學、醫學、生物、天文、物理、萬國公法等，1866年開辦的福建船政學堂中設置英文、法文、算術、代數、畫法幾何、解釋幾何、三角、微積分、物理及機械學等課程。1902年，《欽定京師大學堂章程》中將大學分為政治科、文學科、格致科、農業科、工藝科、商務科、醫術科，其中格致科包括天文學、地質學、高等算學、化學、物理學、動植物學，工藝科包括土木工學、機械工學、造船學、造兵器學、電氣工學、建築學、應用化學、採礦冶金學。〔註91〕1904年頒佈的《奏定學堂章程》中規定初等小學堂及高等小學堂皆以格致為各年級教授科目之一，在高小第二年及第三年規定為化學與物理；中學堂在第四年開設物理，每週一點鐘，第五年開設化學，每週四點鐘；高等學堂教大學預科課程，物理、化學為預備入理農工醫科大學者必修的科目，均在第二年及第三年教授；大學堂分為八科，分別為經學科、政法科、文學科、醫科、格致科、農科、工科、商科，其中格致科設有物理學門和化學門，學生在第三年末須提交畢業課藝及自著論說。〔註92〕

　　除京師大學堂外，各地的新式學堂也陸續開設物理、化學、教育類課程。1903年通州師範學堂中「教育」課程在尋常師範科和速成師範科中開設，其尋常師範科學制4年，第一年為預科，第二年至第四年為本科，本科設有教育課程，含教育史（授中外教育沿革，中外著名教育家傳記、主義、方案

〔註89〕葉志堅，中國近代教育學原理的知識演進——以文本為線索〔D〕，浙江大學博士學位論文，2009：229～232。

〔註90〕赫斯（Watson Mcmillen Hayed, 1857-1944），美國長老會傳教士，1882年來華，在山東傳教，1896年以後在山東登州文會館任教，編譯西書20多種，並創辦了山東第一份中文報紙《時報》。

〔註91〕左玉河，中國近代學術體制之創建〔M〕，成都：四川人民出版社，2008：244。

〔註92〕張百熙撰，譚承耕、李龍如校，張百熙集〔M〕，長沙：嶽麓書社，2008：220～246；張國有主編，大學章程（第1卷）〔M〕，北京：北京大學出版社，2011：23～24。

要略）、教育學（授教育宗旨，智育、德育、體育、倫理學大要、教授原則）；
其速成師範科學制 2 年，第一學期爲「教育史」，第二學期爲「教育學」，第
三學期爲「教授管理法」，第四學期爲「教育管理、實習」，且尋常師範科和
速成師範科都規定了周課時數。〔註93〕1907 年，直隸全省女學堂教育課程
「注重修身、家政兩門，俾知倫理道德要旨及治理家務各事以立教育根本，
其餘國文、歷史、地理、算學、理科、體操、手工等門擇要授之，至圖畫、
樂歌各門作爲隨意科。」〔註94〕1909 年，天津德華中學的課程包括修身、
經學、國文、德文、歷史、地理、算學、博物、理化、法制理財、圖畫、體
操〔註95〕。

　　民國成立後，相關課程改爲在各類專門學校中開設，並逐漸爲政府所重
視而制度化。1911 年，北洋師範學堂設高等商業學堂，學堂招收中等科、高
等科學生若干，學制 4 年，課程有國文、商業歷史、商業地理、簿計學、商
業學、商品學、商業實踐、理財學、統計學、民法、商業地理、習字、數學、
英文、格致、圖畫、理財大意、商業法規、商業簿計、商工政策、商品學、
商事要項。1912 年，教育部公佈《大學令》，規定「第一條　大學以教授高
深學術，養成碩學閎材，應國家需要爲宗旨。第二條　大學分爲文科、理科、
法科、商科、醫科、農科、工科。第三條　大學以文理二科爲主，須合於左
列各款之一，方得名爲大學。一、文理二科並設者。二、文科兼法商二科者。
三、理科兼醫農工三科或二科、一科者。」〔註96〕1913 年，教育部頒佈《大
學規程》中規定，「第一條　大學依大學令之規定，分爲文科、理科、法科、
商科、醫科、農科、工科。第二條　大學之文科分爲哲學、文學、歷史學、
地理學四門。理科分爲數學、星學、理論物理學、實驗物理學、化學、動物
學、植物學、地質學、礦物學九門。……第三條　大學之修業年限，文科、
理科、商科、農科、工科及醫科之藥學門爲三年，法科及醫科之醫學門爲四
年。」〔註97〕1913 年教育部公佈的《高等師範學校規程》中規定本科分國文

〔註93〕朱有瓛，中國近代學制史料（第 2 輯下）〔G〕，上海：華東師範大學出版社，
　　　　1989：313～318。
〔註94〕籌辦直隸全省女學堂節略〔N〕，大公報，1907-1-12，（7）。
〔註95〕天津德華中學堂章程〔N〕，大公報第二張，1909-8-13，（3）。
〔註96〕中國第二歷史檔案館，中華民國史檔案資料彙編（第 3 輯）〔G〕，南京：江蘇
　　　　古籍出版社，1991：108。
〔註97〕中國第二歷史檔案館，政府公報（9）〔G〕，上海：上海書店，1988：341。

部、英語部、歷史地理部、數學物理部、物理化學部、博物部，通習科目包括心理學、教育學，分習科目包括物理學、化學，如數學物理部開設物理學、化學課程，物理化學部開設物理學、化學課程，博物部開設化學課程，本科學制3年。〔註98〕

　　儘管清末民初電化教育學尚未形成明確的知識體系，更無專門的課程與學科出現，但與其密切相關的物理學、化學、教育學等學科已經由純粹的知識譯介向學科建制化方向發展，這爲日後電化教育學學科的建立和發展創造了條件。這一時期國人紛紛將物理學、化學、教育學等學科的教材譯介到國內，各類報刊上也開始刊登電化技術文章，儘管它們多爲譯文，質量也參差不齊，但客觀上爲上述學科課程的開設提供了教材。同時，這一時期各級各類學校中已經普遍設立物理學、化學、教育學的課程，特別是隨著民初大學學科體制的建立，上述課程均可在大學課程體系中找到自身的位置，並得以穩固發展。鑒於近代中國電化教育學是物理學、化學、教育學等學科的交叉學科，更是教育學的分支學科，故上述學科作爲電化教育學的母學科，在一定程度上爲日後電化教育學的發展提供了必要的理論和學科基礎。

本章小結

　　本章主要從實踐層面和知識層面論述了清末民初電化教育學醞釀及創立的背景與條件。

　　在實踐層面上，鴉片戰爭後，外國人創辦的教會學校率先將幻燈片、電影導入中國，並嘗試性地應用於教學活動中；沿海口岸城市開設的遊藝場、電影院、照相館也開始出現電影或相片；通俗教育是早期中國電化教育的誕生地，清末已有通俗教育機構或慈善院應用幻燈等開展通俗教育事業，民國成立後政府以頒佈法令和創辦通俗教育機構等方式牽頭推動電化教育，民間也隨之積極響應，這一時期通俗教育中幻燈通常與講演等手段協同使用。此期上述場所、機構放映的幻燈片、電影主要以娛樂和營利爲目的，但因其具有使人輕鬆、愉快的特點而爲民眾喜聞樂見，有助於消除民眾對電化技術和設備的陌生感、神秘感和抗拒感，營造一種雅俗共賞、全民參與的社會氛圍，

〔註98〕宋恩榮，章咸，中華民國教育法規選編（修訂本）〔M〕，南京：江蘇教育出版社，2005：424～425。

起到了啓蒙、普及的作用和效果。

　　在知識層面上，學校中開設了物理、化學、無線電、有線電、教育學等課程，並開始培養電話、電報專業人才。此期大學及高等師範等新式學堂陸續開設了物理學、化學、教育學等課程，並嚴格規定周學時以及實驗、實習的比重，甚至還須提交畢業論文。此外，政府開辦的交通傳習所、郵電學校致力於培養電話、電報方面的技術人才。上述相關課程設置和人才培養在一定程度上爲日後電化教育課程設置和專業設立奠定了基礎。

第二章　近代中國電化教育學發展早期（1918～1935）

　　民國成立後，電化教育及電化教育學迎來了新的發展機遇。如前所述，北京政府重視社會教育，以通俗教育館爲代表的通俗教育機構在開展社會教育的過程中廣泛使用幻燈片、電影等電化教育工具及手段，產生了積極的影響。由於民初政局動蕩，政府介入電化教育的力量有限，民間機構遂脫穎而出，商務印書館作爲近代中國最大的民營出版機構在攝製和推廣教育電影的同時，通過館辦《東方雜誌》和《教育雜誌》譯介、研討和傳播電化教育的理論與技術，成爲近代中國電化教育學早期發展的里程碑。南京國民政府建立後，通過引進電影檢查機制等方式來規範電化教育事業，並組建半官方的中國教育電影協會，對電化教育及電化教育學的發展起到導向和促進作用。在此背景下，以江蘇省立鎮江民眾教育館爲代表的民眾教育機構，以昌明電影函授學校爲代表的影戲學校和電影函授學校，以金陵大學、大夏大學爲代表的大學和高校，積極開展教育電影及電化教育的理論研究、人才培養和社會服務等工作和活動，它們各具特點，相輔相成，爲此期電化教育學的發展做出了突出貢獻。本章通過系統考察上述組織和機構的相關工作和活動，力圖展現這一時期電化教育學發展的眞情實況，並揭示其階段性特徵。

第一節　商務印書館與近代中國教育電影 〔註1〕

　　如前所述，1910 年後隨著美國視覺教育運動的興起，幻燈和電影逐步

〔註 1〕本節有關內容曾以論文《商務印書館與近代中國教育電影》形式發表於《華中師範大學學報》（人文社會科學版）2016 年第 1 期。

進入教學領域，當時已有一些高校和中學將之投入使用，如紐約州立大學、德州大學、威斯康辛大學開始自製幻燈片，但大多數幻燈和電影片均由政府或電影公司提供。商務印書館預見到當時西方興起的視覺教育運動代表了時代發展的新方向，一方面大力攝製和推廣教育電影，另一方面通過館辦期刊譯介、傳播電化教育理論和技術，有力地加速了近代中國電化教育發展的進程。

一、商務印書館教育電影攝製與推廣

1917 年，商務印書館盤進一位美國商人的電影器材，又聘得留美學生葉向榮爲攝影師，次年特派鮑慶甲赴美國實地考察印刷和電影業。鮑慶甲回國後力陳電影之益處，於是便在商務印書館照相部之外，於總館支銀 150000 元爲資本另成立活動影戲部，建造日光玻璃攝影棚、放映室、剪接室、晾片室、顯影室、拷貝室等基礎設施。1919 年聘請陳春生爲該部主任，並調來商務印書館印刷所裝訂部工友任彭年擔任助手，以原照相部技工廖恩壽爲電影攝影師，準備開拍影片。商務印書館活動影戲部制訂了明確的拍片方針，所攝製影片均「以裨益社會教育爲目的」。〔註2〕

作爲中國最早使用活動影片的機構，商務印書館的設備較爲先進。1919 年底美國環球影片公司來上海拍片，商務印書館活動影戲部給予協助，從而獲得低價轉讓的一批攝製設備，其中包括碳精燈以及最新設備倍而好華（Bell Hewell）等，接著又派人赴美國購置新式印片機和攝影機，並重新建造較寬敞的長方形玻璃攝影棚。在規模得到擴充之後，活動影戲部更名爲影片部。1920 年，商務印書館派郁厚培赴美採購新式攝影機和印片機各一架，同年又在編譯所空地上建造了一座較大的玻璃攝影棚，可以用日光和燈光日夜拍戲，時人曾介紹道：「該館有自建之玻璃棚，有最精美之美國『倍而好華』攝影機，有各種水銀燈、炭精燈，一切攝影上之用具，大致皆完備。」〔註3〕在設備技術方面，當時中國最大的民營專業電影公司明星公司尚不及商務印書館，如該公司在拍攝《孤兒救祖記》時「沒有攝影棚，只是在鄉下空地上搭布景，有時下起雨來，布景就全毀了。內景戲也在露天拍攝，搭三塊牆板，

〔註2〕莊俞，三十五年來之商務印書館〔A〕//王雲五著，王雲五文集第五卷·商務印書館與新教育年譜（上）〔M〕，南昌：江西教育出版社，2008：338。
〔註3〕酈蘇元、胡菊彬，中國無聲電影史〔M〕，北京：中國電影出版社，1996：30。

放一張桌子就拍戲。燈光也沒有，只有靠日光，不夠強時，就用幾塊反光板」，「化妝也在露天裏」，「攝影機呢，是手搖的」。〔註4〕同時，商務印書館還注意發現新人，如發現 1919 年考入館內的貧寒青年萬籟鳴有美術天分時，即爲他創造學習機會，使之每周有專門時間去學畫，並調入活動影戲部搞美工，還支持他「嘗試著使美術與電影結合起來」，創作出中國第一部美術動畫片來。〔註5〕

在此基礎上，商務印書館攝製了「教育、體育、時事、風景、新劇、古劇」六類影片，它們堪稱近代中國教育電影的先鋒之作。據統計，1918～1923年間商務印書館攝製了 31 部教育電影，〔註6〕其中最富於教育意義的影片題材爲「風景」類和「教育」類。「風景」類影片主要由廖恩壽帶領助手拍攝全國各地的名勝古蹟，「教育」類影片廣泛涉及特殊教育、慈善教育、體育運動、科技衛生、軍事訓練等題材，其中重要者如《東方六大學運動會》、《女子體育觀》、《盲童教育》、《慈善教育》、《驅滅蚊蠅》、《約翰南洋比賽足球》、《陸軍訓練》等。從「教育」類影片的內容來看，它們往往與出版的教科書相呼應，而且影片的放映通常配合了某些講演、宣傳和報告來進行。例如，《驅滅蚊蠅》紀錄了東南大學附設的昆蟲局在當時所創造的一種消滅蚊蠅的方法，專爲配合衛生講演而放映；《盲童教育》則紀錄了上海一所盲童學校的情況，並配合盲人技藝表演映出。〔註7〕

爲了宣傳館內出品或經銷的教育電影，商務印書館開始在館辦期刊上登載廣告，如《東方雜誌》第 20 卷第 5 號刊頭的廣告稱：「活動影片在社會教育上占極重要之地位已爲近世教育家所公認，本館特聘專門技師精製活動影片，凡所取材無一不有益人心有裨風俗，即滑稽劇片亦含勸善深意，寓教育於娛樂之中，微意所在不僅提倡藝術亦期於社會教育有所貢獻。」「本館影片均係本國事實本國習俗，觀者絕無隔膜之患，且用本國淺近文字說明尤能使婦孺都曉見。已製作多種概分：教育、體育、時事、風景、新劇、古劇六大

〔註4〕方方，中國紀錄片發展史〔M〕，北京：中國戲劇出版社，2003：23。
〔註5〕方方，中國紀錄片發展史〔M〕，北京：中國戲劇出版社，2003：21～22。
〔註6〕程季華，中國電影發展史（第 1 卷）〔M〕，北京：中國電影出版社，1963：637～638；楊力，高廣元。中國科教電影發展史〔M〕，上海：復旦大學出版社，2010：8；馬寧，從寓言民族到類型共和──中國通俗劇電影的緣起與轉變 1897～1937〔M〕，上海：三聯書店，2011：250。
〔註7〕程季華，中國電影發展史（第一卷）〔M〕，北京：中國電影出版社，1963：33。

類。」「凡學校、家庭、劇場、團體宴會、公眾演講，均可適用，印有詳細價目單並附租售價目，承索即寄。」〔註8〕從內容來看，該廣告提供了館內拍攝教育電影的宗旨、內容、題材、使用對象、使用方式、價格等詳盡信息，而從語言風格來看則略顯嚴肅，這與商務印書館一貫秉持的「服務教育」的宗旨相吻合。

與此相應，當時一些報紙也發佈了介紹商務印書館教育電影的廣告。如1924年《申報》登載廣告介紹商務拍攝的《蓮花落》在全球熱映的盛況：「商務印書館前制蓮花落影片，自出版以來，除由美國開發影片公司購去合組，運往美國開演外，本埠各影戲院亦爭相出演，北京眞光電影公司經理羅明祐君日前曾至該館參觀，擬租演此片，但已爲北京開明公司捷足先得，聞此片在京開演後，尙須運往天津漢口等地，又本埠新愛倫影戲院擬於陰曆新年續演此片者，定洋已預先付定矣，再香港亦來電租演，南洋爪哇亦來函定購，其字幕尙須譯爲荷蘭文，該館現正趕工複印，須於年內運出云。」〔註9〕同年，該報爲影片《狹義錄》（後改名爲《大義滅親》）登載廣告宣傳道：「該館前攝狹義錄影片，所有外景大都係在廬山拍攝，如三疊泉之飛瀑，鐵船之雲海，大林寺之天橋，御碑亭之夕照，黃岩寺之石塔，俱爲中國罕見之名勝，該片均一一拍入，足可爲該片生色，並益以數千人之國民大會，九萬人之總務閱兵，規模浩大，有聲有色，足可爲中國影片界開一新紀元，刻下全片均已攝就，並將舊名狹義錄改爲大義滅親，尤與內容適切，不久將在本埠開演，定然引起一般之評論也云。」〔註10〕

綜上所述，商務印書館活動影戲部成立後，採取了諸多手段以拍攝教育電影，並運用廣告來宣傳推廣教育電影事業，從而吸引了文化界、教育界、戲劇界人士紛紛加入商務印書館的教育電影事業團隊中，對促進民國社會教育和學校教育的發展作出了巨大的貢獻。

二、電化教育理論、技術的譯介與研究

爲了積極配合教育電影的攝製與推廣，商務印書館館辦期刊經常刊登有關電化教育理論和技術的文章，其主要期刊爲《東方雜誌》和《教育雜誌》，

〔註8〕社會教育之利器活動影片〔J〕，東方雜誌，1923（5）。
〔註9〕商務活動影片部之參觀〔N〕，申報，1924-1-11，（17）。
〔註10〕商務又出新影片〔N〕，申報增刊，1924-2-24，（1）。

兩刊均爲民國時期最具代表性、影響力較大的刊物。據統計，1918～1938 年間，館內外人士發表於《東方雜誌》和《教育雜誌》上專門論述電化教育的文章約 30 篇。

表 2-1　1918～1938 年間《東方雜誌》和《教育雜誌》部分電化教育文章一覽表

作　者	題　名	刊　名	發表時間（期）
羅羅（筆名）	活動影戲之布景術	東方雜誌	1918（7）
蔡振亞	美國無線電之改良	東方雜誌	1919（7）
張延祥	美國無線電人材之栽培	東方雜誌	1919（8）
羅羅	活動影戲發達之將來	教育雜誌	1919（4）
李清悚	戰後中國之電化教育	教育雜誌	1923（1）
錢慕班	無線電話傳話的原理	東方雜誌	1923（2）
健孟（筆名）	無線電最近的應用	東方雜誌	1923（9）
宋介	電影與社會立法問題	東方雜誌	1925（4）
陳友松	美國教育電影館芻議	教育雜誌	1926（3）
不詳	教育部二十四年度下學期教育播音節目	教育雜誌	1926（3）
倪尚達、王佐清	小規模之無線電播音	東方雜誌	1930（17）
倪尚達、王佐清	短波無線電之新現象及其新解釋	東方雜誌	1931（5）
伯珩	電影與兒童	東方雜誌	1933（1）
宗秉新	中國教育電影之「昨」、「今」、「明」	教育雜誌	1934（3）
不詳	用六十四種語言播音的無線電臺	東方雜誌	1934（6）
龍程芙	電影的社會化	東方雜誌	1935（1）
顧仁鑄	教育電影之教學法	教育雜誌	1935（4）
陳友松	視覺教育的系統化	教育雜誌	1936（2）
曾繩點	電影教育問題之檢討	教育雜誌	1936（2）
陳友松	攝製教育影片的幾個要點	教育雜誌	1936（8）
陳友松	中小學電影教學試驗的幾種結論	教育雜誌	1937（10）
陳友松	美國教育議會對教育電影的工作	教育雜誌	1938（1）

資料來源：根據 1918～1938 年《教育雜誌》與《東方雜誌》各卷期目錄編製。

　　表 2-1 中涉及的作者，除去重複的及不詳者外，共計 10 位，舉其要者如

下。胡愈之（1896～1986），筆名「羅羅」，1912 年入杭州英文專科學校學習英語，1914 年憑几篇文章錄取爲商務印書館編譯所練習生，1918～1919 年間在《東方雜誌》上發表 246 篇文章，內容涵蓋時事、人種學、教育等。李清悚（1903～1990）畢業於東南大學，1926～1935 年間任江蘇第八師範學校教務主任、南京一中校長，1923～1938 年間他在《教育雜誌》上發表 8 篇文章，內容涉及計劃教育、教育測量、校舍建築、中學生身心、教師教學法、小學參考書、電化教育等。周建人（1888～1984），筆名「健孟」等，1919 年就讀於北京大學，1921 年任商務印書館編輯，曾編輯《東方雜誌》、《婦女雜誌》和《自然》雜誌，先後任教上海大學、神州女校、暨南大學及安徽大學，1921～1923 年間在《東方雜誌》發表文章 20 篇，內容包括民族問題、社會問題、各國科技進展等方面。陳友松（1899～1992）1915 年入武漢博文書院，曾兩度留學菲律賓，歸國後執教於廣州市師範學校、武昌華中師範學校，先後任上海暨南大學附設高中部師範科訓育主任、廣西教育廳視導員、商務印書館及浙江省立西湖圖書館西文部主任，1923～1929 年間他在《教育雜誌》上發表 6 篇文章，內容涉及美國教育科學運動、視覺教育等；1929～1934 年間，陳友松留學美國加利福尼亞大學、斯坦福大學、哥倫比亞大學，獲碩士、博士學位，1935 年回國後歷任大夏大學、廈門大學、西南聯合大學、北京大學等校教授，1935～1948 年間他在《教育雜誌》上發表了 10 篇文章，內容涉及教育電影、教育財政、鄉村學校等。倪尚達（1898～1988）1921 年赴美國留學，1923 年獲麻省理工學院學士學位，同年師從哈佛大學物理系皮爾斯（Pierce）教授專攻無線電，1924 年獲無線電碩士學位，1926 年回國後曾在浙江杭州工專、南洋大學、北洋大學講授無線電，1928 年到中央大學講授無線電和電磁學，在此期間他與學生和同事王佐清共同創建中央大學無線電實驗室，撰寫了 11 篇相關論文，編著了中國第一本無線電學專著《無線電學》（1928 年國立中央大學物理系印製）並編譯《無線電工程名詞》（1929 年中國工程學會刊印）。宗秉新（1905～1944）畢業於如皋師範學院，後以優異成績考入無錫教育學院深造，曾先後在江蘇省教育廳、江蘇省立鎮江民眾教育館、南京民眾教育館任職；1934 年 6 月鎮江民眾教育館在中心施教區舉辦了爲期 6 周的塾師講習會，宗秉新等人任講師。曾廣炎（1901～？）又名曾繩點，畢業於莫斯科中山大學，曾擔任《教育雜誌》俄文編輯，1932 年起曾任上海市教育局科長、督學等職；1926～1935 年間他在《教育雜誌》上

發表 5 篇文章，內容包括電影教育、蘇聯教科書與學校教育等。可見，上述作者具有不同的教育背景和工作經歷，這就決定了他們研究教育電影及電化教育的問題意識、分析視角和側重點各不相同，進而使得其發表於《東方雜誌》、《教育雜誌》的文章主題多元、風格迥異。

從上述論文的主題和內容來看，大致可歸納爲以下四類：

其一，關於教育電影、電化教育理論問題的探討，主要聚焦於教育電影名稱概念和電化教育作用功能的探討。電影的名稱經歷了從「電戲」、「影戲」到「電影」的轉變，反映出人們對電影概念內涵理解的加深。《活動影戲發達之將來》所論「活動影戲」僅指代電影院中放映的普通電影，這種電影並無題材限制，且以娛樂爲主，作者預測「活動影戲」將發展爲娛樂類、教育類、國家類、商業類四種，其中教育類「活動影戲」僅適用於學校。〔註 11〕可見，20 世紀 20 年代前國人對電影的教育價值尚處於討論的階段，其使用範圍也僅限於學校，而到了 20 世紀 30 年代，人們已對電影的教育價值形成共識，並將其適用範圍擴展至社會教育，如顧仁鑄在談及民衆教育館的電影教育問題時認爲：「關於電影之教育價值問題，似可無庸再來討論；而要研究的，卻是如何利用電影，去實施教育，才能收到更偉大的效果。」〔註 12〕

20 世紀 30 年代，國人普遍認爲電化教育作用、功能主要包括提升受教育者的學習效果、促進其社會化程度兩方面。《中國教育電影之「昨」、「今」、「明」》一文從教育認識論的層面著手，指出人的經驗分爲間接經驗和直接經驗，間接經驗的來源包括語言、文字、圖畫、電影等，其中電影的效果最大，「例如牛理解剖，向來依著教科書的啓示，所以學者起初總覺得厭倦，而且必得幾個月的工夫才能領悟。可是用電影來映寫，那麼只要數小時，即可詳細示明，使學生徹底的瞭解」。〔註 13〕作者深受克伯屈設計教學法的影響，認爲電影對於人的學習效果主要在於「附學習」（concomitant Learning），即態度的學習，而非純粹知識和技能的學習，這與五四新文化運動後美國教學論思想在中國的廣泛傳播密切相關。曾繩點認爲，「教育電影要做到的目的，是活動的、顯明的、實驗的教學方法，同時是節省時間，能供給充分研究的材料，增強學生的瞭解力與記憶力。」〔註 14〕從某種意義上說，教育是

〔註11〕 羅羅，活動影戲發達之將來〔J〕，教育雜誌，1919（4）：114。
〔註12〕 顧仁鑄，教育電影之教學法〔J〕，教育雜誌，1935（4）：209。
〔註13〕 宗秉新，中國教育電影之「昨」、「今」、「明」〔J〕，教育雜誌，1934（3）：97。
〔註14〕 曾繩點，電影教育問題之檢討〔J〕，教育雜誌，1936（2）：84。

一種促進人社會化的過程，那麼教育電影也應具備同樣的功能。《電影的社會化》一文針對電影在現代文化中的地位、電影對於社會的價值和態度的影響、電影事業應如何社會化、電影與中國等問題展開探討，文中引用南加州大學社會學系主任鮑茄達博士的調查報告，報告顯示：「從社會的價值的觀點看來，只有百分之十四之影片可算是於社會有裨益的，其餘的有些專為娛樂，有些卻是極傷風化的。」〔註 15〕作者認為，「社會化是一種改良社會的政策，其目標是要保存和增進好的社會價值和態度，並予以相當的機會使得個人的人格得以均衡地向上發展，增進其社會責任心，以謀社會各部分的健全和人類的幸福」。〔註 16〕而如何社會化呢？文中提出的主要方法有取締私利而注重公利，注重質而不注重量，取消「整段銷賣」的制度，製作電影的人員和明星應授以社會化的教育和專門的學校訓練，設立社會化的劇院，增強學生和民眾的電影鑒賞能力，等等；〔註 17〕其中前兩項注重對娛樂電影的矯正，後三項則與教育電影或電影教育密切相關。該文大多引用英文文獻，文後列舉的 20 種文獻純係英文，但卻嘗試對中國的現實有所分析和啓示，如作者引用了 1930 年美國商務局報告書中對中國各省上映的電影的統計數據，並得出美國影片占絕對優勢的結論。可見，當時國內尚缺乏關於電影的可靠統計數據，更不存在關於電影觀眾心理和社會化程度的系統研究成果，儘管該文在這些方面未作深入探討，但畢竟發揮了導向性的作用。

其二，關於電化教育教學問題的探討，主要包括電化教育教學中的內容和方法，即「教」什麼和如何「教」的問題。其中兼談上述兩個問題的文章大多為實驗報告，如《電影與兒童》一文通過實驗法對英國伯明翰地區的兒童進行考察，實驗內容包括兒童多久看一次電影、為什麼要去看電影、喜歡哪一種電影、是否覺得影片過長、觀看電影後眼睛是否疲倦乃至影響睡眠、從電影中學到了什麼、如何改良電影等，作者嘗試從電影教育國際化的視角出發呼籲在國內也開展相關實驗，如中國當時興起的武俠和神怪電影即受到美國范朋克（D. Fairbanks）俠盜影片的影響，所以他強調兒童的電影教育問題也具有國際間的相通性，「都會中兒童教育的負責者，不妨把上列的或自擬的同性質的問題對兒童測驗一下」。〔註 18〕《中小學電影教學試驗的幾種

〔註 15〕龍程芙，電影的社會化〔J〕，東方雜誌，1935（1）：79。
〔註 16〕龍程芙，電影的社會化〔J〕，東方雜誌，1935（1）：79。
〔註 17〕龍程芙，電影的社會化〔J〕，東方雜誌，1935（1）：82～85。
〔註 18〕伯珩，電影與兒童〔J〕，東方雜誌，1933（1）：21。

結論》陳述了 74 種實驗的結論，其實驗內容包括教育電影對於各學科的貢獻、教育電影的內容、電影教學法、教育電影的教育性、教育電影研究等。作者認為，教育電影較有益於勞作、科學、地理、歷史、衛生等科目的教學，而對於文學、閱讀等科目的價值則不能斷言。[註19] 討論電影教學法的文章多涉及放映時機、穿插評論、使用有聲電影等問題。《教育電影之教學法》主張適宜的教學法包括教員準備、引起動機、提示思路、開映影片、複習五個步驟。[註20]《電影教育問題之檢討》指出教育電影的內容應為「教育問題上要緊的有系統的奇特材料。此外，還須按期開映各種專門問題的影片，以適合各校教育計劃有關的問題」。[註21]《視覺教育的系統化》則認為電影教學可不穿插在現有課程中而獨立出來單獨組成課程，並有計劃地實施電影教學的系統化，即「在未開學以前務須把全學年所應用的影片選擇完備，組織成一個學程（即課程——筆者注）。……教育影片計劃須與全學年的課程綱要打成一片，其價值木可限量」。[註22]

　　其三，關於電影教育管理問題的探討，旨在闡述電影教育的管理目標、內容、組織機構及工作評估，包括電影立法、機構管理、科研管理和電化教育專門人才的培養等方面。這類文章多介紹歐美國家的有關規定和措施，主張中國應仿傚或借鑒。例如，《電影與社會立法問題》主要探討美國電影立法的緣由、歷史、調查與統計以及各國電影成法，以供中國電影立法之參考。由於當時美國的電影檢查機構多數為民營或官私合營性質，與電影公司和學校有密切的關聯，所以作者提倡在國內由教育家和社會事業家來建立類似於美國「全國電影檢查局」的電影檢查機構。[註23] 關於放映場所和管理機構，《活動影戲發達之將來》認為國內可借鑒西歐各國的經驗，將教育電影與大眾電影的放映場所分開，前者主要為尋常學校、大學及專門學校，後者主要為影戲館；為了充分利用教育電影資源，作者主張專設「教育影片儲藏處」，由「中央教育官廳」來管理。[註24]《電影教育問題之檢討》提及法國 1933年成立的教育電影中央聯合社，該機構負責統籌攝製和分配各省市學校需要

〔註19〕陳友松，中小學電影教學試驗的幾種結論〔J〕，教育雜誌，1937（10）：109。
〔註20〕顧仁鑄，教育電影之教學法〔J〕，教育雜誌，1935（4）：213～214。
〔註21〕曾繩點，電影教育問題之檢討〔J〕，教育雜誌，1936（2）：84。
〔註22〕陳友松，視覺教育的系統化〔J〕，教育雜誌，1936（2）：82。
〔註23〕宋介，電影與社會立法問題〔J〕，東方雜誌，1925（4）：80。
〔註24〕羅羅，活動影戲發達之將來〔J〕，教育雜誌，1919（4）：115。

的教育影片的工作。〔註25〕《美國教育電影館芻議》一文譯自 1935 年發表
於《教育銀幕》的「A Discussion Concerning the Proposed American Film
Institute」一文，文中建議美國政府建立一個主管全國教育電影事業的教育電
影館，其工作目標是促進美國各界人士關注電影在美國文化生活中的貢獻、
搜集並分配國內外教育電影的重要資料、鼓勵教育電影之攝製與應用、推動
攝製與使用教育電影機構之合作、提倡並促進關於電影及其他視覺教育用品
之研究。〔註26〕在科研管理和電化教育專門人才培養方面，《美國教育議會
對教育電影的工作》譯自 1937 年發表於《教育銀幕》上的「Services of the
American Council on Education」一文，文中介紹了美國教育議會所從事的培
訓教師、印發參考資料、指導教育電影問題研究等三方面的工作。〔註27〕《美
國無線電人材之栽培》介紹了「哈佛無線電大學」在培養無線電人才方面的
情況和經驗，文中論述道該校招收普通高中學生入學，主要培養他們掌握大
陸電碼（Continental code）和莫爾斯電碼（Morse code），學生另要修習海軍
體操、電學與物理學；由此反觀當時國內，中國的無線電教育非常落後，故
應廣泛借鑒國外的成功事例及其先進經驗以求完善。〔註28〕

其四，關於電化教育技術和設備的探討。電化教育媒體包括硬媒體和軟
媒體，故電化教育技術也可分為硬媒體技術和軟媒體技術，前者包括留聲
機、無線電、電影放映機等設備的原理和使用法，後者包括教育電影製作法
等。關於硬媒體技術，《美國無線電之改良》一文報導了 1918 年美國馬可尼
無線電報公司總工程師瓦格特（R.A.Wageant）研發的最新無線電技術，它克
服了「電氣靜止現象」，使無線電報傳送的抗干擾性增強。〔註29〕《無線電
話傳話的原理》論述了無線電話電磁波傳送信號的物理學原理、傳播介質、
接受裝置等，文章分為「電磁波」、「空中線」、「不衰電氣振動」、「送話裝置」、
「受話裝置」、「檢波器」、「真空管」等 7 節，還附了 7 幅原理圖。〔註30〕《小
規模之無線電播音》和《短波無線電之新現象及其新解釋》均係倪尙達與其
助手王佐清在國立中央大學物理系從事無線電播音實驗的成果。前文先述無

〔註25〕曾繩點，電影教育問題之檢討〔J〕，教育雜誌，1936（2）：83。
〔註26〕陳友松，美國教育電影館芻議〔J〕，教育雜誌，1926（3）：119。
〔註27〕陳友松，美國教育議會對教育電影的工作〔J〕，教育雜誌，1938（1）：78。
〔註28〕張延祥，美國無線電人材之栽培〔J〕，東方雜誌，1919（8）。
〔註29〕蔡振亞，美國無線電之改良〔J〕，東方雜誌，1919（7）。
〔註30〕錢慕班，無線電話傳話的原理〔J〕，東方雜誌，1923（2）：76～82。

線電播音因具有節省費用、傳播範圍廣等優點而成為科學教育的利器，次述播音原理以及播音機、調幅器、振蕩器的構造等，文中附有原理及實物圖 7幅；由於該文以科普為主，故解釋原理時常喻以生活常識。後文主要探討短波無線電原理，係《無線電學》中有關「無線電波」內容的深化，並帶著理論更新的意義，如《無線電學》中以電磁感應解釋無線電波的發生，而該文採用「波粒說」來解釋，這與當時西方物理界理論的進路相一致；同時書中雖指出電波媒介「以太」的概念，但並未說明其結構，該文則描繪了以電子為微粒組成的「以太網」結構，給讀者以直觀的印象。〔註31〕關於軟媒體技術，《攝製教育影片的幾個要點》譯自 1936 年發表於《教育銀幕》的「Film Production in the Educational Field」一文，文中對教育電影應有的長度，所使用的膠片、感光量表和三腳架，以及攝製活的動作等攝製教育電影過程中的具體問題作了解答。

　　20 世紀上半葉，西方物理學、特別是電學理論取得了長足的發展，並通過技術發明開始滲透到經濟、軍事、文化、教育等領域以及人們的日常生活之中，當這些理論和技術傳入中國之際不可避免地帶有若干明顯的時代特徵，商務印書館創辦的《東方雜誌》、《教育雜誌》等期刊作為傳播這些理論和技術的重要媒體則較為集中地體現了某些主要特徵。

　　首先，技術性、實用性特徵較為突出，而理論方面的探討則顯得比較零碎、膚淺。綜觀上述文章，旨在為民國時期電化教育中存在的各種具體問題提供解決的方案，這確實有助於各種先進的電化技術和設備在社會教育和學校教育中的運用，在當時具有不可忽視的現實意義，但在一定程度上使得學理上的研究和探討退居到次要位置。眾所周知，民國時期社會改革運動此伏彼起，日趨激烈，《電影與社會立法問題》、《電影的社會化》等即從不同的角度針對如何用電影來促進社會改革的問題進行了可貴的探討，無疑具有重要的理論價值和現實意義，不足之處在於未能結合各種社會背景和條件作深入的分析。《活動影戲之布景術》和《活動影戲發達之將來》兩篇文章以介紹電影布景術和預測電影走向為主題，其目的是為當時國內拍攝電影提供一些技術性的指導，頗具實用價值，但學理並不強，內容也欠系統，作者本人也視之為一種學習和練筆，正如胡愈之日後回憶道：「它（指《東方雜誌》──筆

〔註31〕倪尚達、王佐清，短波無線電之新現象及其新解釋〔J〕，東方雜誌，1931（5）：73～74。

者注）需要我去熟悉和研究各方面的問題，以提高編輯水平。我還翻譯和寫作了不少文章，在《東方雜誌》發表，提高了自己的著譯能力。這一時期我接觸了許多新知識，瞭解了世界的新情況……。」〔註 32〕宗秉新、顧仁鑄、陳友松、曾繩點等人曾發表專門探討電化教育問題的文章，他們或基於自身的留學背景，或憑藉在民眾教育館的工作經驗，或針對當時教育發展的需要，就某個電化教育問題展開了較爲深入的探討，在此基礎上提出了獨到的觀點或見解，但往往就問題談問題，「頭痛醫頭、腳痛醫腳」的特點十分明顯，並未深入探討形成問題背後的原因，如經費、管理體制、教師和民眾素質、社會文化等因素。

其次，具有濃厚的「舶來品」特徵，但同時對本土化問題進行了思考和探索。表 2-1 中所列文章大多數均係譯文或介紹外國情況的文章，其中譯自美國的譯文又佔了絕大多數。其原因主要在於 20 世紀初美國電影教育已進入學校，視聽教育理論著作如《我們的電化教育問題》（Our Visual Education Problem）等也已問世，其理論和實踐水平均已超越日本及歐洲國家。另一方面，五四新文化運動後中國留美學生大批回國，美國先進的電化教育理論和技術也隨之較大規模地傳入中國。除了譯介外國的成果外，《東方雜誌》、《教育雜誌》上也刊出了國人自著的電化教育文章。例如，《戰後中國之電化教育》、《小規模之無線電播音》、《中國教育電影之「昨」、「今」、「明」》、《教育電影之教學法》等文章雖數量不多、篇幅不長，但其內容大多涉及電化教育實踐層面，如結合大學、民眾教育館電化教育實踐而得出的實驗結果或總結出的教學法，具有較強的本土意味。倪尚達等人的文章實爲其在中央大學物理系廣播臺工作時的實驗總結，發表時作者已在該系工作兩年，積累了一定的實踐經驗；文中列舉的參考材料也多爲國內書刊，如《工程季刊》、《科學雜誌》以及《無線電學》、《中央大學理學院十九年研究錄》等，論述設備時也以校內廣播臺爲例。顧仁鑄則以其在鎮江民眾館的工作實踐爲基礎，考察了民眾教育館電化教育的教學法，對於國外的教材和教案，他並不盲從，而採取十分謹慎的態度，如他對哥倫比亞大學電影教學實驗報告《教師指南》做了專門探討，並從電影教學費時長、學生必須參加報告、缺少對照三個方面分析得出美國的教材和教案不適宜在中國社會教育機構和學校使用的結

〔註32〕胡愈之，我的回憶〔M〕，蘇州：江蘇人民出版社，1990：6～7。

論。〔註 33〕還有一些文章從制度層面上進行了本土化思考，旨在爲政府決策提供參考，如宗秉新以中國教育電影協會的創立作爲「中國教育電影運動」的發端，對當時處於電化教育中心地區的江蘇、浙江兩省和南京、上海兩市的工作做了詳細的描述和總結，並針對當時國內電化教育存在的問題提出了若干對策，以求解決教育電影放映場所缺乏、教育影片數量不足、內容不適合民眾需要、缺乏系統的人才培養機制等問題。〔註 34〕

三、商務印書館開展教育電影事業的動因、意義及影響

20 世紀初，清政府推行「新政」，通過頒定學制，以自上而下的方式在全國範圍內創設各級各類新式學堂，但其數量有限，質量上也很不完善。清末從中央到地方均成立了教育學會，名義上是學術組織，實則多爲從事政治活動的團體。此外，清政府通令各省實施通俗教育，但主要運作機構爲民間創辦的遊藝場、陳列館等。總之，限於當時特定的歷史條件，無論政府，抑或民間，也不管是正規學校，還是某些社會教育機構，都沒有充足的力量來全方位地推進新教育的發展，更遑論全面開展豐富多彩的教育事業，因而許多教育領域及其工作仍處於無人問津的狀態，這在客觀上爲商務印書館開展教育電影事業提供了重要契機。

然而，商務印書館開展教育電影事業的主要動因則來自其內部。1897年，商務印書館由夏瑞芳、鮑咸恩、鮑咸昌、高鳳池等人創立於上海，起初僅從事一些印刷業務。1902 年，張元濟應夏瑞芳之聘加入商務印書館，後歷任編譯所長、經理、監理、董事長等職。張元濟此前參加戊戌變法，目睹政治改革的失敗，遂認爲提倡文化、改革教育是救國的唯一途徑。他贊成蔡元培的觀點，認爲：「文化是要實現的，而不是空口提倡的。文化是要各方面平均發展的，而不是畸形的。文化是活的，而不是死的，可以一時停滯的。」〔註 35〕即必須全面開展教育、文化活動，才能從根本上提高民族的素質和覺悟。由於清末上海具有新聞、教育，出版發展的優良環境，加之張元濟本人獨特的教育、文化觀，從 1903 年起商務印書館的工作重心逐步由印刷轉變

〔註33〕顧仁鑄，教育電影之教學法〔J〕，教育雜誌，1935（4）：215。
〔註34〕宗秉新，中國教育電影之「昨」、「今」、「明」〔J〕，教育雜誌，1934（3）：102～103。
〔註35〕陳原，陳原出版文集〔M〕，北京：中國書籍出版社，1995：419。

為出版，並漸漸推廣到其他教育事業，如興辦中小學、職工學校、師範學校、函授學校等教育機關，創辦圖書館（涵芬樓、東方圖書館）、雜誌（包括《東方雜誌》、《教育雜誌》、《小說月報》、《婦女雜誌》等多種雜誌），製作教具、儀器等，並在此過程中開始拍攝教育電影。

事實上，商務印書館拍攝教育電影也直接得益於張元濟等人的提倡。1917 年 2 月 11 日，張元濟在館內開會時便提議「本公司制活動影片」。同年 1～3 月間，時任南京高等師範學校校長的郭秉文出訪日本，回國後向張元濟報告了在日本京都考察電影製作公司的有關情況，張元濟回憶道：「郭洪生（即郭秉文——引者注）來，談日本有『日本活動寫眞會社』、能製活動影片。」〔註 36〕6 月 16 日，商務印書館本打算向日本購買一批影片，但由於對方要求入股，張元濟因此認為「余意本館以不辦為是」〔註 37〕，便暫時中斷相關工作。次年，在總經理高鳳池的堅持下，此項工作才又重新開始並有條不紊地展開。同年，高鳳池與杜就田、郁厚培等人商議製作教育電影和赴日本考察電影事項，「目前先就教育、實業、風景三項酌製。如成二、三萬尺，即可出租於人。余（指高鳳池——引者注）意，能與日本合資，可得人才，可得版權。同人多不贊成。且俟到日考察後，如何情形再定。」〔註 38〕此後一年內，杜就田、莊伯俞等人陸續將其製作和推廣教育影片的情況彙報於高鳳池。1919 年，商務印書館在館內試演影片《上海焚土》，並赴富春江等地拍攝影片。此外，商務印書館還與美國遠東電影公司工作人員會晤，共同探討影片製作事宜。在上述活動及工作的基礎上，同年商務印書館成立了活動影戲部，專門拍攝教育電影。

由於資金來源、人事制度和製片理念等因素的影響，商務印書館活動影戲部後期的發展遇到了困境和危機。1926 年，董事會決定將商務印書館活動影戲部改組為國光影片公司，國光影片公司雖招聘了徐公美、秦臻如等人參與編導工作，但在拍攝了幾部故事片後就無聲無息地解散了。〔註 39〕儘管如此，商務印書館的教育電影事業對近代中國教育電影和電化教育的發展具有重要的意義並產生了深遠的影響。

〔註 36〕張元濟，張元濟全集（第 6 卷）〔M〕，北京：商務印書館，2008：168。
〔註 37〕張元濟，張元濟全集（第 6 卷）〔M〕，北京：商務印書館，2008：217。
〔註 38〕張元濟，張元濟全集（第 6 卷）〔M〕，北京：商務印書館，2008：319。
〔註 39〕黃獻文，昨夜新光——20 世紀中國電影史〔M〕，長沙：湖南人民出版社，2002：9。

　　首先，商務印書館開創了民營出版機構攝製教育電影、推廣電化教育的先河。商務印書館攝製、推廣的教育電影使得廣大民眾率先接觸到電影這種嶄新的電化教育媒體，並深刻感受其在教育上的直觀性和生動性，它攝製的多種影片均為國內首創，如《上海龍華》是國內最早的風景片之一，《驅滅蚊蠅》是國人攝製的首部科教片，《陸軍訓練》是國內第一部軍事科教片。總體而言，商務攝製和推廣教育電影具有四大特徵：（1）秉持教育主旨並與教科書在一定程度上互相補充；（2）影片內容與民眾生活較為接近；（3）放映影片與講演、報告等形式協同進行；（4）自製並有償出租、銷售。這類教育影片在當時也頗具影響力，「有的被拷到南洋各地放映。」〔註40〕並對此後中國教育電影的發展和普及產生了深遠的影響。繼商務之後，長城畫片公司於 1922 年在美國拍攝《中國的國術》、《中國的服裝》兩部教育影片。1929～1932 年間，江蘇省立教育學院研究部下設的黃巷民眾教育實驗區使用商務印書館教育電影開展社會教育活動，學院教師、區主任幹事秦柳方日後回憶道：區內「有時放映宣傳片、商務印書館的教育片，有時專程赴滬向大中華百合公司租藉故事片」。〔註41〕這改變了區內「無正當娛樂」的狀況，收效良好，遂決定每兩周放映一次。此外，商務印書館教育電影的拍攝理念、影片題材和教學方法也為外界提供了楷模。1934 年開辦的江蘇省立鎮江民眾教育館繼承商務印書館的傳統，其下設的教育電影場放映的教育電影題材包括衛生、教育、地理等，同時刪減了時事、新劇、舊劇等題材並減少了風景題材的影片；在教學方法上，採用幻燈片、唱片等作為輔助手段，並配合講解員在旁講解的方法，也實為商務印書館電影教育教學法的改進。

　　其次，商務印書館憑藉《東方雜誌》、《教育雜誌》等刊物所開展的電化教育研究為近代中國電化教育學學科的建立創造了條件。一方面，《東方雜誌》、《教育雜誌》刊發的文章大多從「大教育觀」出發，闡述了教育電影及電化教育對社會教育和學校教育的意義和作用，探討了有關電化教育的教學、管理、技術、設備等具體問題，引進了實驗法、調查法等科學的研究方法，從而為近代中國電化教育學學科體系的初步形成作出了貢獻。與此同時，這些文章在大量引進國外先進的電化教育理論和技術的基礎上，開始思考和探討如何將這些理論和技術與中國社會及教育的實際相結合、如何成功地培

〔註40〕朱少偉，漸宜齋札記〔M〕，上海：上海三聯書店，2010：156。
〔註41〕中國人民政治協商會議全國委員會文史和學習委員會編，文史資料選輯（合訂本第 45 卷）〔M〕，北京：中國文史出版社，2011：454～455。

養中國自身的教育電影及電化教育方面的專門人才，從而初步嘗試回答和解決電化教育理論和實踐的本土化問題。可以說，這種思路貫穿整個近代中國電化教育學發展、演變的進程之中，而商務印書館則開啓了這一進程的序幕。

另一方面，從某種意義上講商務印書館的教育電影事業堪稱造就近代中國電化教育專門人才的搖籃，《東方雜誌》、《教育雜誌》的部分作者日後均在近代中國大學從事電化教育學的教學和研究工作，其代表人物當推徐公美和陳友松。徐公美早年任商務印書館電影編輯、活動影戲部主任、國光影片公司編劇，1932 年出版被學界視爲「我國第一部電化教育專著」〔註 42〕的《電影教育》，同年被大夏大學聘爲教授，開設電化教育方面的課程；1936 年，他主持大夏大學開辦的「電影教育講座」，其內容涉及「電影編劇法」、「電影放映法」等。作爲近代中國早期電化教育的重要倡導者、推進者，徐公美「被譽爲我國高唱『電影教育』的第一人」。〔註 43〕如前所述，陳友松早年任職於商務印書館，後赴哥倫比亞大學學習視聽教育課，授課教師爲著有美國第一本有聲教育電影著作的教育電影專家亞恩士倍傑（V.C.Amspiger）博士。1935年回國後，他在大夏大學開設「電影導演實習」、「攝影技術」等課程，每班約 100 名學生，這成爲近代中國大學最早開設的教育電影課程。〔註 44〕1935～1936 年間，陳友松在中國教育電影協會第四、五屆年會上發表《電影教育的地位與趨勢之探討》、《大學電影教育的實施》、《什麼是優良的教育電影》等論文。1936～1937 年間，他又擔任由中國教育電影協會上海分會編輯、中國電影教育用品有限公司出版的《電化教育》雜誌的主編，並在該刊上發表《電影教學的爭端》、《電影的勢力及其研究》、《兒童電影最近的發展》、《美國之合作教育電影庫》等文章。1937 年，他出版了《有聲的教育電影》一書，這成爲近代中國電化教育學的標誌性研究成果。總之，徐公美、陳友松等人早年都與商務印書館有密切關係，他們開展電化教育研究也是從這裡起步的，儘管其當時所提出的某些觀點尚不成熟，也未切合實際，但他們正是以此爲起點進一步從事理論研究工作，日後又在大學率先開設了電化教育學課

〔註 42〕汪基德等，中國早期電化教育人物學術思想及其當代價值〔M〕，北京：中國社會科學出版社，2013：120～122。

〔註 43〕汪基德等，中國早期電化教育人物學術思想及其當代價值〔M〕，北京：中國社會科學出版社，2013：120～122。

〔註 44〕孫明經，回顧我國早期的電化教育（上）〔J〕，電化教育研究，1983（2）：28～35。

程或講座，培養電化教育專門人才，進而爲近代中國電化教育學學科奠定了基礎。

第二節　中國教育電影協會的創建及其工作

　　20世紀20～30年代，南京國民政府頒佈了《教育會條例》、《教育會法》等法令〔註45〕，加強對各教育學會、協會的控制，各教育學會、協會不僅需向國民政府立案，其組織架構、人員構成、經費預算等也需定期上報。與此同時，國內電影業開始起步，一些優秀的國產影片面世，但教育電影實則缺乏，僅靠商務印書館的出品無法滿足需要。於是，南京國民政府通過頒施《電影檢查法》等法令，主觀上企圖加強對電影攝製及其市場的管理和監控，客觀上也有助於教育電影事業的健康發展。在此背景下，近代中國第一個半官方電化教育組織——中國教育電影協會應運而生，對近代中國電化教育學的醞釀和發展起到了推動作用。

一、中國教育電影協會創建的主要背景

　　北京政府時期，常有具侮辱華人內容的外國影片上映，當時由於缺乏電影檢查的機制，故只能通過學生抗議或政府與拍片者協商的辦法予以解決。例如，1923年2月美國上映的電影《花燭夫妻》中包含歪曲華人生活及婚姻事實的內容，此事引起了美國哥倫比亞大學華人留學生的積極抗議。《晨報》記者報導云：「外國影戲界，近來虛構華人故事，製成戲片，任意描摹，怪狀百出。最近紐約又新出一種毀壞吾國名譽之影戲片，據紐約函云，美國影戲界群抵華人之事，已屢有所聞，此風近又延及各大戲院，唯僅限於無智識之戲院資本家，藉形容華人醜狀，以哄動觀眾耳目。」〔註46〕以上海爲例，此類影片屢見不鮮。據《申報》報導，「蓋以現在上海各影戲園映演之影片，來自外國，且長劇中所演我國風俗民性，不能吻合，且難免有誣辱之處。」〔註47〕國產影片本就不多，其中又多爲古裝片、武俠片。1925年，天一公司

〔註45〕　1928年，大學院頒佈《教育會條例》24條，對省、市級教育會的組織、人員作了若干規定，但不久大學院製取消，故未實施。1931年，國民政府頒佈《教育會法》38條，規定各地教育會的職責、監督機關、章程制定、會員入會條件、組織人事、經費清算等事項。

〔註46〕　美國又排演侮辱華人影片〔N〕，晨報，1923-4-6，（7）。

〔註47〕　改良中國影片事業之先聲〔N〕，申報第四張，1922-8-22，（15）。

拍攝了 3 部古裝片，1926 年拍攝了 8 部，[註48] 在它的帶動下，國內出現古裝片熱。1927 年，古裝片降溫，武俠神怪片又火了起來，明星公司的《火燒紅蓮寺》即為典型代表，該片曾連拍了 18 集；1928～1931 年間，有近 40 家電影公司參與武俠神怪片拍攝，出品多達 227 部，而當時上海的製片公司不到 50 家，四年拍攝影片不足 400 部。[註49] 在這樣的市場環境下，提倡並拍攝教育電影的機構和個人寥若晨星，就連商務印書館這種具有一定規模並拍攝過教育電影的機構，也由於教育影片競爭力的欠缺而逐漸停拍。

在這種形勢下，一些外國教育電影專家訪華，率先提倡教育電影。1931 年 12 月，意大利國立教育電影館館長薩爾地（Sandi）抵達上海，參觀了齊亞鎳脫公學（Sionite Academy）、國際科學社（International Institute for Science and Art）、震旦大學、中法工學院、中法大學藥科等，並在法租界的高等學校、上海市府大會堂、科學社三處做教育電影專題演講，演講文本刊登在當年末的上海《字林西報》和《大陸報》上。次年他到達北京後，先與教育部的李蒸、彭百川等人商談教育電影問題，隨後在清華大學、國立北平大學、協和醫校等處演講，均獲得了良好的反響，其演講文本也被摘錄在北平的各大報紙上。據載，「經過多次講演後，北平政界學校，大感興趣，各報紙皆發表長篇文字，詳加評論，並鄭重申述教育電影之重要。」[註50] 隨後，他赴天津做了兩次演講後，由天津再次返回上海，再由上海返回意大利。薩爾地在中國期間，參觀了大學及中學裏的電化教育狀況，並通過與學界、政界、商界人士溝通來交流有關教育電影的計劃和觀點，通過廣泛而細緻的調查並結合自身的親身體驗，他將關於中國教育電影的看法和其擬定的發展計劃整合起來，形成了《電影與中國》一書的主要內容。該書從中國電影教育的現狀談起，在充分介紹意大利國立教育電影館攝製教育電影的題材範圍，意大利、匈牙利、法國、保加利亞、德國、波蘭等國的教育電影攝製、管理機構的情況後，認為中國應根據本國國情利用教育電影，具體要求包括選擇放映機、巡迴車，明確推廣方法，創設官私合辦的電影管理、攝製機構，在學校中系統開設電

〔註48〕 史興慶，民國教育電影研究——以孫明經為個案〔M〕，北京：中國傳媒大學出版社，2014：15。

〔註49〕 史興慶，民國教育電影研究——以孫明經為個案〔M〕，北京：中國傳媒大學出版社，2014：17。

〔註50〕 薩爾地（Sardi）著，彭百川、張培滋譯，電影與中國〔M〕，南京：中國教育電影協會，1933：7。

影課程等。〔註51〕

　　這一時期，民間方面開始組織設立教育電影團體。1931 年，駐滬意大利公使秘書周椒青，國際調查團中國代表、東北大學教授劉穗九，法國巴黎國立工藝大學影劇師戴策〔註52〕，上海女子中學校長吳志騫，上海教育局局長徐公美及其工作人員劉仁航、黃警頑、楊愼修、吳子謙、王冷瑛、許晚成、盧錫榮、趙一來、桂公創等十餘人發起籌備中國電影教育會，贊助人有徐公美、黃警頑等人，會所設在西門學西街上海女子中學內。該會以提倡與研究電影教育爲宗旨，1932 年 1 月 23 日該會刊登在《申報》上的《徵集會員書》中稱，該會的職責爲：「致力於民眾教育，著重國際宣傳電影教育……同仁等組織斯會，要爲中國電影教育開闢一條大道。」〔註53〕當年 5 月 28 日下午 2 點，該會在上海西門文廟路民眾教育館舉行成立大會，選舉職員、討論會章及籌設電影教育專科學校事宜，並函請各方參加。同年 5 月 30 日，該會舉行春季會員大會，修改會章，由徐公美任主席，報告工作情形，後改選職員，並討論該年實施計劃等，到場的有大夏大學社會教育系主任馬宗榮、明星影片公司的鄭正秋和教育界、文藝界知名人士。〔註54〕

　　爲了順應時勢的變化，20 年代末 30 年代初南京國民政府開始引進電影檢查機制，並設立電影檢查委員會。1929 年，教育部和內政部共同制訂《檢查電影規則》（以下簡稱《規則》）十六條，規定：「第一條，凡電影片無論本國製或外國製，非依本規則經檢查核准後，不得映演。第二條，電影片依左列標準檢查之：（一）不違反黨意及國體者；（二）不妨害風化及公安者；（三）不提倡迷信邪說及封建思想者。第三條，電影片檢查所在各省由民政廳、教育廳或大學區之大學會同辦理；在特別市或各縣市，由公安局、社會局、教育局會同辦理。前項檢查機關執行檢查時，應通知各該地同級黨部派員參加指導。第四條，凡本國自製電影片須於設計製作時，先由製作人將本片內容繕具簡要說明書，呈經所在地址檢查機關核准。前項經核准製作之電影片，於影片製成發行映演時，另具申請書及詳細說明書各四份，連同本片申請檢查。第五條，凡外國制之影片入境時，備具申請書及詳細說明書各四

〔註51〕薩爾地（Sardi）著，彭百川、張培滎譯，電影與中國〔M〕，南京：中國教育電影協會，1933：17～22。

〔註52〕其外文原名不詳。

〔註53〕中國電影教育會徵求會員〔J〕，申報，1932-1-23，（10）。

〔註54〕中國電影教育會大會記〔J〕，申報，1932-5-30，（11）。

份，連同本片申請所在地之檢查機關檢查。第六條，申請書應記載左列各事項：（一）影片之題目（如係外國製者應將原名及譯名一併記載）；（二）卷數及幕數；（三）影片之價值；（四）製作之年月及地點；（五）製作人及表演人之姓名住址履歷（如係法人應載明其名稱及事務所所在地，並其代表者之姓名住址。）」〔註55〕《規則》中雖然初步規定了電影檢查標準，但並不具體；雖然規定了電影檢查機構，但其職責並不明確。有鑒於此，1930 年11 月 11 日，行政院頒佈《電影檢查法》，規定成立電影檢查機構「電影檢查委員會」，具體條文為：「第三條，電影檢查由教育部派四人內政部派三人組織電影檢查委員會辦理之，電影檢查委員會檢查電影時應請中央黨部宣傳部派員參加指導。第四條，凡本國製成外國制之電影片，應由持有人於影片發行或映演前備具申請書及詳細說明書各二份連同本片申請電影檢查委員會檢查。」〔註56〕檢查取締標準為「一、有損中華民族之尊嚴者；二、違反三民主義者；三、妨害善良風俗或公共秩序者；四、提倡迷信邪說者。」〔註57〕1931 年，行政院頒佈《電影檢查委員會組織章程》，規定該會的職責為：「一、檢查本國製及外國製電影片；二、核發准演執照及出口執照；三、取締不良之電影片或違章議罰各事項。」〔註58〕

根據《電影檢查法》的規定，國民政府於 1931 年 3 月 1 日設立了電影檢查委員會，隨後又頒佈了若干法令以完善電影檢查委員會的工作。1932 年5 月，內政部、教育部核准推行《電影片製作公司及貿易公司登記暫行規則》，規定境內各影片製造公司及貿易公司需向電影檢查委員會登記。1932 年 7月，內政部、教育部核准推行了《電影檢查委員會檢查證發給規則》，要求電影檢查委員會統一實施檢查證制度，並規定了檢查員的資格、人數限制等條件，即「第一條，電影檢查委員會委員、中央宣傳委員會、電影檢查指導員及各地主管教育行政機關之電影檢查員均由電影檢查委員會發給電影檢查證。第二條，各地檢查員名額視各地電影業情形規定如左：一、行政院直轄市教育局三人至五人；二、省教育廳三人至五人；三、省屬縣市教育行政機關一人至三人，其實數由主管教育行政機關確定後函報本會備案發給檢查

〔註55〕電影檢查規則之公佈〔J〕，教育雜誌，1929（5）：140。
〔註56〕電影檢查法〔J〕，浙江省建設月刊，1930（37）：145。
〔註57〕電影檢查法〔J〕，浙江省建設月刊，1930（37）：145。
〔註58〕吳相訓、劉紹唐，民國史料叢刊・第一次中國教育年鑒（1）〔G〕，臺北：傳記文學出版社，1934：105。

證。」〔註59〕電影檢查委員會內設五名委員、一名常務委員，這些人除了一名委員外，其餘全部在稍後成立的中國教育電影協會擔任執行委員、常務委員等要職。

表 2-2 1932～1933 年間電影檢查委員會委員在中國教育電影協會內任職簡況表

名　　字	電影檢查委員會內職務	中國教育電影協會內職務
吳研因	常務委員	首屆執行委員、常務委員，第二屆執行委員、常務委員
彭百川	委員	首屆執行委員、常務委員，第二屆執行委員、常務委員
郭有守	委員	首屆執行委員、常務委員，第二屆執行委員、常委委員
高廷梓	委員	不詳
李昌熙	委員	首屆執行委員、常務委員，第二屆候補執行委員
李景泌	委員	第二屆候補執行委員
楊君勱	委員	首屆執行委員
張紀培（張培溁）	不詳	義務幹事

資料來源：電影檢查委員會，教育內政兩部電影檢查委員會委職員錄〔N〕，電影檢查委員會公報，1932-8-1，（1）；中國教育電影協會年鑒編輯委員會編，中國電影年鑒（1934）〔M〕，南京：中國教育電影協會，1934：1；中國教育電影協會總務組，二十一年度中國教育電影協會會務報告〔R〕，南京：中國教育電影協會總務組，1932：25。

此外，受國民黨中央執行委員會管轄的中央電影文化宣傳委員會嘗試將自身定位爲一個兼具電影製作、管理、人才培養等功能的官方機構。1931 年3 月 19 日，中央 132 次常委會通過《中央電影文化宣傳委員會組織條例》及《進行計劃大綱》，決定成立中央電影文化宣傳委員會，該會受中央執行委員會之命，掌理全國電影文化宣傳事業，下設總務科（分文書股、會計股、庶務股）、編輯科（分股本股、分幕股、說明股、出版股）、製片科（分攝影股、美術股、服裝股、電氣股、沖曬股、剪接股）和電影人員養成所。委員

〔註59〕電影檢查委員會檢查證發給規則〔A〕//內政部編，內政法規彙編（第 2 輯）〔M〕，內政部公報處，1934：415。

會成立之初委員定爲 7～9 人，除了國民黨中央宣傳部部長，國民政府教育部長、內政部長爲當然委員外，餘下由中央執行委員會延聘富於電影學識經驗的人士充當。該會主要開展電影攝製和人才培養的工作，其《進行計劃大綱》中稱：該會正式成立後應從事於劇本之創作及工作人員之訓練，該項創作與訓練工作以六個月爲一段落，六個月後如經費富裕即進而籌備建築攝影場及製片廠，開辦費約需十五萬至三十萬元，限四月內落成，並籌設國立電影院攝影場及製片廠，一切職演員由該會製片科的電影人員養成所畢業之學生擔任；如經費困難，可將劇本交付影片公司攝製，並由該會派導演和重要演員參加攝製工作，電影人員養成所的學生可由該會介紹到各影片公司工作，或改組爲中央藝術宣傳團，攜帶電影放映機及其他娛樂品前往各地巡迴宣傳。該會在當年 4 月的《申報》上連續刊登了九則電影取材範圍，即宣傳民生主義、宣傳民權主義、宣傳民族主義、宣傳工商業、宣傳文化、宣傳教育、宣傳農業、宣傳衛生、宣傳殖邊移民及宣慰華僑，但此後便銷聲匿跡了，可見其實際工作並未得以順利開展。

這一時期國民黨中央機關積極制定和實施電影檢查制度及其措施，既有助於規範電影事業的發展，又力圖使之成爲官方貫徹意識形態的工具，但如此艱巨的工作僅僅依靠電影檢查委員會顯然其力量不足，時任國民政府教育部部長、行政院政務委員的陳立夫在《中國電影事業的新路線》一文中寫道：「我常覺得舶來影片的充斥於中國的劇院，在經濟上的損失，還是有限；在精神上的損失，實爲無窮。……至於電影檢委會的工作，僅是從消極方面來取締，充其量只能做到『但求無過』的程度。」〔註60〕王平陵是當時的劇作家和評論家，1920 年在《學燈》上發表《雷鋒塔下》，1924 年任《時事新報》和《學燈》主編並爲《東方雜誌》撰稿，1928 年任上海贛南大學教授。1930年，中國左翼作家聯盟在上海成立，提倡「普羅文學」，但王平陵和施蟄存、黃震遐等卻提倡「民族主義文學」來與之針鋒相對，王平陵的作品以劇本和劇本評論爲主，其中劇本如《苦鬥》（1932 年發表於《大陸》）、《我懷念著出征的弟兄們》（1932 年發表於《南華文藝》）、《房客太太》（1935 年發表於《文藝月刊》），劇本評論如《再與〈再生〉記者討論偶像問題》（1932 年發表於《再生雜誌》）、《國劇中的「男扮女」問題》（1934 年發表於《劇學月刊》）。從文

〔註60〕羅藝軍，20 世紀中國電影理論文選（上冊）〔M〕，北京：中國電影出版社，2003：231。

學和政治立場來看，王平陵更趨向於國民黨官方，反感左翼電影和文學思潮，再加上王平陵本人與陳立夫有一定的私交，故常以陳立夫御用文人的身份亮相。上海電影檢查委員會的徐公美是中國最早的電影人之一，他認爲政府應盡可能設立官辦電影機構，積極攝製國產教育電影並加強研究，而不能僅僅將視野局限於電影檢查委員會的工作，具體辦法如設立中央電影管理局、自行研究製造膠片、獎勵國片制、培植電影人才、推廣優良影片等。〔註61〕

　　由此可見，20世紀30年代初南京國民政府建立不久，國內電影界尚處於無序混亂狀態，故政府官員和部分教育電影、電化教育學研究者紛紛主張應率先建立官方電影檢查機制，以此來加強對電影及教育電影事業的指導、管理和監督。陳立夫、王平陵、徐公美作爲官方電影檢查機制的積極倡導者，在其發表的文章及著述中大力鼓吹其建議，並在他們的促成下創建了中國教育電影協會，陳立夫利用其國民黨要員的身份掛名中國教育電影協會首屆執行委員，王平陵爲中國教育電影協會的發起提議人，徐公美任中國教育電影協會上海分會〔註62〕候補執行委員。

二、中國教育電影協會的具體工作

　　1932年7月9日，中國教育電影協會在南京成立，當天即推選出執行委員、候補執行委員、常務委員，並制定《中國教育電影協會章程》。第一屆執行委員爲褚民誼、陳立夫、段錫朋、錢昌照、彭百川、郭有守、羅家倫、曾仲鳴、高蔭祖、張道藩、徐悲鴻、楊君勱、李昌熙、謝壽康、田漢、洪深、方治、陳泮藻、吳研因、歐陽於倩、楊銓等21人，候補執行委員爲鍾靈秀、宗百華、陳石珍、顧樹森、羅明祐、鄭正秋、孫瑜等7人，常務委員有郭有守、徐悲鴻、彭百川、李昌熙、吳研因等5人，並組成常務委員會，常務委員會下設總務、編輯、設計3組，各組設正副主任1人。《中國教育電影協會章程》共34條，規定該會的職責爲：「一、關於教育影片之研究及改進事項；二、關於教育影片之編制事項；三、關於教育影片之調查、統計及宣傳事項；四、關於與電影業合作製作教育影片事項；五、關於建議於電影行政機關及處理電影行政機關之委託事項；六、關於與國際教育電影機關協同進

〔註61〕徐公美，由《電影國策》說到《電影統制》的必要〔A〕//中國教育電影協會，
　　　　中國教育電影協會第四屆年會專刊〔R〕，南京：中國教育電影協會，1935：46。
〔註62〕1932年7月9日成立於上海。

行事項；七、關於教育電影之其他事項。」〔註63〕1933 年推選出的第二屆執行委員與第一屆相比略有變動，執行委員增加了黃英、王平陵兩人，鄭正秋、羅明祐、顧樹森、鍾靈秀等人由候補執行委員改任執行委員，原來的執行委員李昌熙、楊銓、田漢則改任候補執行委員。協會成立後具體開展的工作主要包含以下幾個方面：

其一，負責教育電影取材、拍攝及推廣的工作，並廣泛開展與學校的合作事業。如前所述，協會創設於官方電影檢查機制呼之欲出的時代背景中，創設之初就提出了電影檢查的五項標準：發揚民族精神、鼓勵生產建設、灌輸科學知識、發揚革命精神、建立國民道德，用以指導電影之檢查。標準首先強調的是如何使中國固有文化能夠在外國電影的波濤巨浪下求得生存，並發揚光大；其次是如何能夠使國民的素質得到真正的提升，以利於民國教育綱領的切實實施。為了實現上述兩個目的，必須搞清楚歐美不良電影內容對國人的毒害，正如協會在《給歐美電影公司的一封公開信》中指出：「希望貴公司的誨淫，誨盜，武俠，神怪的諸作品，不再輸送來華！鄙會係集合中國智識份子指導研究中國電影藝術的最高機關，有制裁國內一切不良影片的任務。」〔註64〕

1933 年，協會杭州分會〔註65〕「現有小映演機數架，教育影片約一百八十部，關於各級學校各地方教育行政機關，各社會教育機關或其他團體，如欲推行教育影片者，只須自備映演機、幻燈機、發電機等。該處可免費供給教育影片，不收租費，並與推行機關約定以不向觀眾收費為原則。施行以來，頗受各地歡迎，現已有多數縣市教育機關與之合作。」〔註66〕其使用的教育影片均來自於國際教育電影協會。同年，協會上海分會開始向大中小學和社會放映教育電影，當年 10 月，共在 90 多所學校放映 200 餘次，參觀者約 50000 餘人；當年 11 月，共在 137 所學校、1 所工廠放映 153 場，參觀人數達 72354 人。〔註67〕同年，該會在國立同濟大學放映教育電影，據報導，「中國教育

〔註63〕 中國教育電影協會，中國電影年鑒（1934）〔M〕，南京：中國教育電影協會，
　　　　　1934：2。
〔註64〕 孫健三，中國電影——你不知道的那些事兒〔M〕，北京：世界圖書出版公司，
　　　　　2010：255。
〔註65〕 1934 年 8 月成立於杭州。
〔註66〕 中國教育電影協會總務組，二十二年度中國教育電影協會會務報告〔R〕，中
　　　　　國教育電影協會總務組，1933：15～16。
〔註67〕 中國教育電影協會總務組，二十二年度中國教育電影協會會務報告〔R〕，中

電影協會上海分會，前曾擬定計劃，在本市各大中學校，放映教育電影，以潛移默化之功，期收教育上之效果，其詳情曾載本刊。今該分會已於本月九日下午七時，在本校放映，同學競往觀看，稱美不已。」〔註68〕同年 12 月，協會上海分會還與上海市立民眾教育館協商於每星期日上午在該館開映教育電影兩場，據報導，「全鎮鄉民，幾空巷而來，參觀人數達 4000 餘人，映演完畢後，民眾堅請重映一次，本分會鑒於鄉民對教育影片之興趣濃厚，不忍峻拒，遂再演一次。」〔註69〕同年，上海分會總結推廣教育電影的經驗道：「（甲）本分會開始映演之時，對於各校情形，猶未熟悉。如蔽光設備，學校皆無，須由本分會備就揣往。而布置映演場所，更屬困難，學校僕役，大都置若無睹，必由本分會職員自行裝卸，以致延誤時間。蓋會中汽車僅有一輛，按時運送數組機器，一組誤時，必同時誤及他組之時間。其後於學校情形，已漸熟知，凡布置比較困難之學校，必先一二小時前往準備一切。至十二月免費辦法施行，本分會通知各校，一切蔽光設備，須由校中自備，雖各校未能完全自備，然上述弊病，已見減少。（乙）開映時間之支配，亦感重大困難，往往時間既經排定，而學校當局每有臨時因故變更者，有時一日之內，原定開映十校，屆時竟只一二處可以開映，於是臨時設法請其他學校提前開映，然有時亦竟無法增加。此種情形，辦事上至感困難，同時經濟亦受損失。（丙）關於影片節目之配編，更覺困難，以教育影片在教育之立場言，實有重大價值，且攝製精良，興趣漸濃，然猶恐一班人以為枯澀，是以每一節目必附映滑稽影片，實施之後，固博得大多數學校及學生之讚美，以為調劑興味，且足以吸引更多學生來觀，但又少數學校亦持異議，以為教育電影當純以教育為事，附映滑稽片，似帶娛樂性質，見仁見智，人各不同，本分會多數之主張，仍附映滑稽片。本分會每一節目包括教育影片及滑稽影片各二卷，開映時間約一小時有奇，每校於二星期中可輪及映演一次。」〔註70〕

　　協會創立後，在經費欠缺的情況下仍自製了教育電影 6 部，其中關於家庭衛生、學生生活、建設、農業、手工業、音樂各一部。另外，協會還積極

　　　　國教育電影協會總務組，1933：10～12。

〔註68〕中國教育電影協會上海分會在本校放映電影〔J〕，國立同濟大學旬刊，1933（8）：9。

〔註69〕中國教育電影協會總務組，二十二年度中國教育電影協會會務報告〔R〕，中國教育電影協會總務組，1933：12。

〔註70〕中國教育電影協會總務組，二十二年度中國教育電影協會會務報告〔R〕，中國教育電影協會總務組，1933：12～13。

向各地中學放映教育電影。例如，1936 年秋，協會在滬杭甬、京滬、京蕪、淮南四路沿線之中等學校採用映演者有三十餘校；1937 年春第一期供給的教育電影即由多所中學採用，分生物、物理、化學三學門，生物方面有人體骨骼、血之循環、呼吸、蠶絲等，物理方面有透鏡、電光與電熱、電之磁效應、日光能等，化學方面有食鹽、煙煤、白煤、陶瓷等。〔註 71〕由於經費欠缺，協會不得已向巡映中學收取一定的費用。據報導，從 1937 年春季起，協會為補貼放映人員薪金、機件維修費起見酌定辦法，規定每個學生不可連續參觀三學門電影，並向每校收取 10 元。〔註 72〕

除此之外，協會還積極開展國產影片調查工作。協會首屆執行委員郭有守在 1935 年國民黨中央宣傳委員會召集全國電影公司負責人舉行第二次談話會前夕撰成《二十三年份國產電影發達概況》一文，同年 14 日刊登在上海《新聞夜報》電影情報欄上。該文主要材料都來自官方公佈的一手文獻，據作者自述，「文中統計材料，除得中央電影檢查委員會供給外，並參考《中國電影年鑒》及《中央電影檢查委員會公報》。」〔註 73〕文中包含「二十三年份國產電影長片統計表」、「二十三年份國產電影短片統計表」和「二十三年份國產影片公司出品一覽表」。經過一番詳細的調查，作者點出 1933 年的外國片到部核准的有 405 部，與此同時國產影片僅有 102 部，相差四倍左右；同年到部核准的外國短片有 940 部，而國產短片僅有 34 部。〔註 74〕可見，外國影片佔據了國內電影市場的絕大多數份額，其中教育影片也是如此。郭有守作為四川省長和協會的首屆執行委員，由他牽頭進行調查所獲得的信息和數據必然會對協會的教育電影政策產生一定影響。

其二，通過舉辦年會來開展有關教育電影的討論和研究活動。按照《中國教育電影協會章程》的規定，1933～1936 年間每年 5 月 5 日定期舉行協會年會。1933 年，協會在南京召開第一屆和第二屆年會。1934 年，協會在上海召開第三屆年會，該屆年會到會委員計陳立夫、邵元沖、褚民誼、郭有守、彭百川、王平陵、即戴策、方冶、魯覺吾、葉溯中、葛建成、劉之常、趙鴻謙、潘公展、盧蒔白、楊敏時、洪深等二百餘人。〔註 75〕1935 年，協會第四

〔註 71〕中國教電主辦本屆教學電影〔N〕，申報第三張，1937-2-21，（11）。
〔註 72〕教育電影協會春季續辦電影教學〔N〕，申報第三張，1937-11-29，（10）。
〔註 73〕郭有守，二十三年份國產電影發達概況〔M〕，中國教育電影協會，1934：1。
〔註 74〕郭有守，二十三年份國產電影發達概況〔M〕，中國教育電影協會，1934：11。
〔註 75〕中國教育電影協會今日舉行三屆年會〔N〕，申報第四張，1934-5-5，（14）。

屆年會在杭州市浙江省省立圖書館舉行開幕，到會人員約 140 人，〔註76〕先由王席團潘公展致詞，大意爲電影教育爲一種重要社會教育，中國電影年來頗有進步，已由娛樂而轉變到教育的時期，前途極有希望，盼大家努力；次由中央黨部代表伍仲衡訓詞，略謂一切電影將爲民族前途而工作；復由教育部代表許紹棣訓詞，略謂電影爲一種活的教育，教育當局巴利用電影方社會教育之工具。〔註77〕1936 年，協會在無錫舉辦第五屆年會。1937 年，協會第六屆年會在南京召開。

由於現實環境的需要，協會創辦之初埋頭於教育電影實踐活動而無暇顧及教育電影理論研究，但隨著開辦時日的增加和教育電影實踐活動的豐富，協會越來越認識到理論研究對於實踐活動的指導和推動作用，並積極予以提倡。協會在第四屆年會上就已經開始重視理論研究和增加論文宣讀環節，來營造年會的學術氛圍。該屆年會增加了提交論文和宣讀論文環節，大會共宣讀論文 10 篇，分別是陳劍脩〔註78〕的《視覺教育與電影藝術的欣賞》、陳友松的《電影教育的地位與趨勢之探討》、郭有守的《我國之教育電影運動》、鄭正秋的《當於教育電影作進一步的推行》、徐公美的《由〈電影國策〉說到〈電影統制〉的必要》、盧蒔白的《提倡國產影片之嚴重問題》、范謙衷的《視覺教育》、金擎宇的《小型電影與移動放映隊》、陸銘之的《教育電影的功效和怎樣推廣》、郭有守的《二十三年份國產電影發行概況》。協會第五屆年會專刊發刊詞中正式提出理論研究的重要性，指出：「我們認爲美中不足的，教育電影的空氣，雖然是很濃厚，但教育電影的理論，卻極感貧乏。從事教育事業，理論常常是事實之母。沒有合於時間性與空間性需要的健全理論，決不能造出合於時間性與空間性重要的事實成績，是可斷言的。我國電影事業，經過近幾年來的提倡與努力，至今尚沒有建立相當基礎，就是因爲我們太偏重口號的宣傳，而忽視理論研究的緣故。我們今後的工作，應當注重理論的

〔註76〕中國教育電影協會，中國教育電影協會第四屆年會專刊〔R〕，南京：中國教育電影協會，1935：5～6。

〔註77〕何志平、尹恭成、張小梅，中國科學技術團體〔M〕，上海：科學普及出版社，1990：248。

〔註78〕陳劍脩（1897～1953），江西遂昌縣人，早年留學英國，獲倫敦大學碩士學位，回國後任北京大學、北京女子大學、北京中國大學教授，1927 年 6 月起任國民政府大學院社會教育處處長，同年 12 月任教育部參事、社會教育司司長，1930 年 9 月辭職，改任中央大學理學院心理學系副教授，旋任武漢大學心理系教授。

探討，以補救過去的缺陷，開闢將來的事業，本刊就是這個嘗試。」〔註 79〕該屆年會共宣讀論文 15 篇，分別爲方治的《中國教育電影協會的使命》、羅剛的《國難時期教育電影的特殊使命》、余上沅的《教育電影與戲劇》、魏學仁的《中國之教育電影與教學電影》、陳友松的《大學電影教育的實施》、徐浩的《蘇聯的電影教育》、傅岩的《新生活運動與教育電影》、黎東方的《歷史影片言》、王平陵的《略談教育電影劇本》、徐逸樵的《電影應該就是教育電影》、吳研因的《如何廣置有關兒童教育的影片》、陳友松的《什麼是優良的教育電影》、徐公美的《對於〈非常時期電影教育〉的意見》、金擎宇的《製作教育電影的意見》、盧蒔白的《教育電影商業化的商榷》。

　　年會提交論文的作者基本上均是協會的會員，他們大部分在協會內擔任一定的職務，如郭有守、吳研因、鄭正秋、方治等人擔任協會首屆執行委員或候補執行委員會。從他們的身份來看，政界人士有郭有守、方治、羅剛等，學界人士有陳劍脩、陳友松、范謙衷、金擎宇、陸銘之、余上沅、魏學仁、徐浩、吳研因等，電影界人士有鄭正秋、金擎宇、黎東方等。其中，政界人士雖爲數不多，但其論文宣讀總是名列前茅，足以說明其在年會中的牽頭作用；學界人士數目最多，而且其論文質量和研究水平也最高，所以無論從產量還是質量上看，學界人士無疑是開展電化教育研究的主力軍；電影界人士成爲溝通電化教育理論與實踐的重要橋梁，如鄭正秋〔註 80〕除了拍攝電影外，也積極從事早期電影教育的研究，他所提倡的電影應具有社會價值的觀點在明星公司拍攝《孤兒救祖記》後迅速成爲該公司電影攝製的主導思想。

　　會議所提交的論文側重於電化教育基礎理論的研究和對電化教育實施經驗的總結，按其主題和內容，大致包括以下幾方面：

　　1. **視覺教育理論**。代表作如陳劍脩的《視覺教育與電影藝術的欣賞》，該文從生理角度分析視覺刺激主要包括光學刺激和物體位置兩方面，從心理角度來分析視覺刺激對教育的作用，並藉此二者作爲視覺教育的理論基礎。

〔註 79〕　中國教育電影協會，中國教育電影協會第五屆年會專刊〔R〕，南京：中國教育電影協會，1936：發刊詞。

〔註 80〕　鄭正秋（1889～1935）原名芳澤，號伯常，筆名藥風，原籍廣東潮州，生於上海。1902 年肄業於上海育才公學，1913 年與張石川合組新民公司，專事承包亞細亞影戲公司的編、導、演業務，並與張石川合作編導短故事片《難夫難妻》。1922 年初，與張石川、周劍雲等共同創辦明星影片公司，同時設立明星影戲學校，自任校長。1923 年，由鄭正秋編劇、張石川導演的《孤兒救祖記》上映，獲得熱烈歡迎。

該文主要參考了梅耶（D・J・Mayer）的《實驗心理學》、普弗爾（Ethel D・Puffer）的《美的心理學》、洪深《關於電影戲劇的表演術》、潘永叔《關於審美的研究》等著作，所發議論大多根植於紮實的實驗研究，如通過美國學者華特生（John B.Watson）的實驗論證了視覺只有在一致不變的情況下才能影響人類情感和學習，通過哈佛大學教授何孟士（Holmes）所做的電影輔助教科書的實驗證明電影能增加學生的知識 20%～40%。〔註81〕「視覺教育」來自於西方，它主要指利用一切具有教育價值的視覺材料所進行的教育，陳劍脩認爲電影教育占視覺教育絕大部分，「所以視覺教育差不多是指電影教育。」〔註82〕「至於『電影教育』，範圍更加廣大，就是說由電影藝術的結果發生種種有教育意義和教育價值的影響或效驗，可算是『電影教育』。」〔註83〕范謙衷在《視覺教育》中分析道：「視覺教育範圍包括極廣，舉凡吾人生存與世界日常所接觸之環境，由視覺感官所受之教育，均可謂之視覺教育。」〔註84〕同時，他認爲視覺材料在教育中的應用主要是生理和心理兩方面作用的結果，在生理上人的視覺反應是諸多感官中學習效率最高的，在心理上人對直接經驗要比間接經驗更加敏感。可見，從概念內涵來看，視覺教育包含電影教育，而電影教育與教育電影則爲目的與手段的關係。

　　2. **教育電影理論**。陸銘之的《教育電影的功效和怎樣推廣》一文對教育電影的內涵和作用均有所闡發，該文圍繞教育電影和娛樂電影進行比較考察，作者並不同意將一切電影稱爲教育電影的觀點，主張應將教育電影和娛樂電影兩概念分開；另外，文中還探討了教育電影和電影教育的功效，作者認爲實施民眾教育是教育電影的功效之一，視覺教育採取展覽的方式來施教，一種是靜止的展覽，一種是活動的展覽，而電影教育可以將上述兩種展覽的優點同時發揮出來並克服各自的缺點。〔註85〕面對30年代開展的如火如

〔註81〕中國教育電影協會，中國教育電影協會第四屆年會專刊〔R〕，南京：中國教育電影協會，1935：13。

〔註82〕中國教育電影協會，中國教育電影協會第四屆年會專刊〔R〕，南京：中國教育電影協會，1935：22。

〔註83〕中國教育電影協會，中國教育電影協會第四屆年會專刊〔R〕，南京：中國教育電影協會，1935：23。

〔註84〕中國教育電影協會，中國教育電影協會第四屆年會專刊〔R〕，南京：中國教育電影協會，1935：52。

〔註85〕中國教育電影協會，中國教育電影協會第四屆年會專刊〔R〕，南京：中國教育電影協會，1935：62。

荼的鄉村建設運動，作者建議組織者應充分注意電影在進行職業訓練、識字訓練和公民訓練中的價值，如對於當時發生的政府強迫農民種植百萬棉而引起了農民反抗的事件〔註86〕，作者認爲如果政府預先應用電影普及民眾知識，則可避免此類事件的發生。優化學校教育是教育電影的另一重要功效，實現途徑在於研究學校課程與教育電影的關聯程度，據此文中提到了地理、歷史、體育三科尤其適用教育電影進行教學。在《電影教育的地位與趨勢之檢討》一文中，陳友松贊同陸銘之的教育電影定義，並進一步將教育電影分爲廣義和狹義兩種，「廣義的是指文化電影、娛樂電影、宣傳電影，屬社會教育。狹義的是專爲學校課室之用，與學程（即課程——筆者注）教學法有密切關係。」〔註87〕另外，陳友松將「電影教育」和「教育電影」解釋爲目的和手段的關係，「電影教育是用電氣電光機械，將實物實事的形體、關係或動作或聲音、顏色或故事中的事物，表現在銀幕上，借視聽的官覺，做各種目標不同、方法不同、對象不同的經驗改造的過程；教育電影就是應用於這種過程的活動與設備。」〔註88〕關於電影教育的作用，陳友松則從人類認識由具體到抽象的原理入手，認爲電影展現的是實物，故電影教育能提升人直覺經驗的價值，並將系統而穩固的知識建立在感性認識上面。魏學仁在《中國之教育電影與教學電影》一文中明確地將教學電影和教育電影分開，他指出：「電影之中，有一種不是專以娛樂爲目的，而同時卻含有教育啓示的性質的，這稱爲教育電影。若更將教育電影在課室內應用，以輔助教學，則成爲教學電影。」〔註89〕在魏學仁的帶動下，金陵大學逐漸強調教學電影的重要性，進而大量譯製和拍攝教學影片，這一做法漸漸爲其他大學和民眾教育館所傚仿。

　　由於近代中國的特殊國情對教育電影有特殊的要求，即民眾教育需要社會教育電影，學校教育需要學校教育電影，上述論文作者基本上都認爲應將

〔註86〕1919年，金陵大學培育成功第一號優良棉種，稱爲「百萬棉」，該棉曾在江蘇、安徽等地推廣，獲得良好成效。1930年，浙江省政府強令農民在浙江蕭山、餘姚、紹興等地種植此棉，但造成嚴重減產，遂招致當地農民反抗。

〔註87〕中國教育電影協會，中國教育電影協會第四屆年會專刊〔R〕，南京：中國教育電影協會，1935：9。

〔註88〕中國教育電影協會，中國教育電影協會第四屆年會專刊〔R〕，南京：中國教育電影協會，1935：10。

〔註89〕中國教育電影協會，中國教育電影協會第五屆年會專刊〔R〕，南京：中國教育電影協會，1936：14。

教育電影分爲廣義和狹義兩種，分別對應於社會教育電影和學校教育電影。同時，以陳友松爲代表的學者還明確地闡述了「電影教育」和「教育電影」的區別，改變了當時學術界對二者不加區分而造成討論上不便的狀況，爲深化教育電影理論的研究創造了必要的條件。

　　3. **教育電影的實踐**。面向教育電影實踐的研究是電化教育的實踐品質所決定的，年會中出現了一些專門談教育電影實踐的論文。余上沅在《教育電影與戲劇》中認爲教育電影實施應注意如下兩點：（1）教育電影形式問題，即教育電影如何兼顧教育性和娛樂性問題；（2）教育電影普遍性問題，即如何滿足不同教育對象的需要。〔註90〕陳友松在《大學電影教育的實施》一文在考察美國芝加哥大學有聲電影使用情況、紐約大學的定向課程等大學實施電影教育的情況後發現，有聲電影在社會學、心理學、文學、科學、美術等方面的教學卓有成效；而在專科學院方面，有聲電影則更適合於法律、外科醫學、商學、新聞學、美術等科的教學，具體教學辦法包括：（1）要靠適當的介紹及導言，或用編印的小冊子及教者講述之方式；（2）首次放映影片後，由教者引導討論影片的主要貢獻，務期獲得有效的教益。〔註91〕徐逸樵的《電影應該就是教育電影》一文提出改良教育電影質量的三大措施：（1）政府制定電影攝製具體準則，以利於民營公司遵從；（2）對已有的教育電影，應根據教育對象不同進行分類；（3）加大電影檢查的力度。〔註92〕這三大措施以取締不良教育電影並充分利用已有教育電影爲主旨。作爲聯華影片公司一員的金擎宇，他在《製作教育電影的意見》中認爲民營公司也可拍攝合格的教育電影，並能夠營利，如聯華影片公司於 1935 年拍攝了 7 部電影，其中 4 部是教育電影，分別是《大路》、《國風》、《小天使》和《天倫》，這些教育電影在盈利上並不遜於一般電影。盧蒔白在《教育電影商業化的商榷》一文中認爲教育電影應商業化，他指出過去教育電影之所以推廣不利主要是由於人才缺乏、經費緊缺、宣傳不到位、教育電影供應不足等原因造成，而無論是官營電影機構還是民營電影機構，任何一方都無法單獨解決這些困難，因此需

〔註90〕中國教育電影協會，中國教育電影協會第五屆年會專刊〔R〕，南京：中國教育電影協會，1936：12～13。

〔註91〕中國教育電影協會，中國教育電影協會第五屆年會專刊〔R〕，南京：中國教育電影協會，1936：19～23。

〔註92〕中國教育電影協會，中國教育電影協會第五屆年會專刊〔R〕，南京：中國教育電影協會，1936：34。

要二者互相配合、積極合作來解決教育電影的拍攝和實施問題。

4. 國外電影教育的介紹。在《由〈電影國策〉說到〈電影統制〉的必要》一文中，徐公美特意選取意大利、德意志、蘇聯等國家三國的電影檢查制度為例，原因在於這三國的電影檢查制度均屬於政府管制型的，對當時中國建立電影檢查制度有較強的借鑒意義。〔註93〕徐浩的《蘇聯的電影教育》一文以介紹蘇聯電影教育所取得的成就為主，作者指出當時蘇聯電影教育集中研究三個問題：第一是哪級、哪種學校最適合於活動電影作為唯一的教育工具；第二是研究和製作活動電影的教材；第三是大量訓練使用放映的教員。

其三、通過提交、制定提案來促進全國教育電影事業的發展。協會以電化教育研究為基礎，旨在為探討和提交提案以備政府決策做更好的參考。參加議案討論的必須是協會的會員，討論分兩個階段進行，第一階段為初步討論，第二階段為決定是否採納決議案。以協會第四屆年會決議案為例，最終確定提案 29 項，從提案確定的過程來看，其中一半左右一次性決議通過，如「呈請中央提令：全國各電影院每月至少以三分之一時間映放國產影片，每映一長片必須附帶映放一本教育文化影片案」、「呈請中央捐款六萬元建造國立電影館，專映教育文化與合乎文化建設標準之各項影片，以供學生及民眾教育之用案」、「呈請中央咨行政院特飭各庚款機關指撥專款，以便由會攝製暨購買各類教育影片，以利推進教育電影案」等案共 13 項；另有 16 項議案轉呈理事會、編輯組等上級部門進行審查，有的被保留，如「呈請中央通令全國，凡六歲以下兒童不得進普通電影院案」在初步討論移交理事會審議後改為「六歲以下兒童非因電影院映放兒童教育影片特准入場觀看外，平時不准入普通電影院」，「呈請中央對於電影從業員，設法提高其社會地位，加以保障案」移交理事會討論，「本會應設立教育影片流通所便利各地租借案」一案被保留。

換一個角度看，提案提交人的專業素養也能反映年會提案的專業性。以第四屆年會決議案的提交人為例，前五個提案〔註94〕的提交人為陳劍儔、李

〔註93〕 中國教育電影協會，中國教育電影協會第四屆年會專刊〔R〕，南京：中國教育電影協會，1935：45。

〔註94〕 前五個議案原文分別為：「呈請中央通令全國，凡六歲以下兒童，不得進任何電影院案。」、「呈請中央規定凡一電影片經檢查核准時，應視其內容如何，分為限於成年觀覽與大眾觀覽兩種，分別發給不同之執照。凡未滿十六歲之青年，不得觀覽成年觀覽之影片案。」、「呈請中央通令：全國各電影院，每

景泌、郭有守、吳研因、萬家詳，討論的問題爲兒童電影教育、成人電影教育、國立電影教育館建造等問題，由上可知陳劍翛、郭有守、吳研因均是學界人士，對於上述問題的研究有一定深度；第九、十、十一議案〔註95〕的提交人爲劉之常、趙鴻謙、彭百川，此三人熟稔民眾教育研究，而討論的問題恰爲鄉土教育電影；電影界的人士多提交關於電影劇本攝製、電影人員獎勵等問題，如第十三議案〔註96〕提交人爲明星影片公司演員徐莘園，第十六議案〔註97〕提交人爲導演程天放，第二十三、二十四議案〔註98〕提交人爲高梨痕、李君磐、湯傑，此三人均爲導演或編劇。

　　總的來講，中國教育電影協會創立之初，其工作重點在於教育電影取材、拍攝和推廣，1934 年後，隨著學界人士的加入和壯大，協會加大了電化教育討論和研究的力度，凸顯其作爲電化教育學術組織的作用。從年會上宣讀的論文內容來看，大多重視基礎理論研究，密切關照教育電影實踐，並試圖通過介紹國外電影教育和電影教育管理的情況以資國內借鑒，總體而言取得了良好的成效。在此基礎上，協會通過提交、制定提案的方式影響政府決策，進而促進全國教育電影事業的改革和發展，並爲電化教育學的發展創造了條件。

三、中國教育電影協會與《中國電影年鑒》

　　1933 年 8 月 7 日，教育部召開會議商討《中國電影年鑒》聘請特約編輯事宜，由陳立夫擔任主席，會議主要討論了《中國電影年鑒》目錄編纂委員

　　　　月至少以三分之一時間，映放國產影片。每映一長片，必須附帶演放一本教育文化影片案。」、「呈請中央對於電影從業員，加以保障案」、「呈請中央撥款六萬元建築國立電影館，專映教育文化與合乎文化建設標準之各項影片，以供學生及民眾教育之用案。」

〔註95〕第九提案原文爲：「請本會呈請教育部通令各省教育廳局攝製鄉土影片案。」；第十議案爲：「再請本會建議中央電影行政機關選擇國產影片中有教育旨趣者，儘量縮製十六公釐或八公釐影片，以謀推廣電影教育案。」；第十一議案原文爲：「由本會建議中央攝影場提前攝製教育影片案。」

〔註96〕原文爲：「各影片公司，影片及編劇攝影導演，及男女主角，如藝術高尚，有特別成績者，由政府分別嘉獎案。」

〔註97〕原文爲：「建議中央懸賞徵求以民族光榮歷史爲題材或以民族英雄爲中心人物之劇本並輔助私人影片公司攝製此項電影之費用案。」

〔註98〕第二十三議案原文爲：「獎勵德藝兼優之電影演員案。」；第二十四議案原文爲：「獎勵各製片公司攝製教育影片案。」

會經費預算案和聘請特約編輯案。《申報》報導：「中國教育電影協會前次通過編輯中國電影年鑑後，曾組織編纂委員會負責編纂年鑑，已由會任編纂委員萬家詳、李景泌、潘公展、張常人爲編纂委員，分別搜集材料，著手編輯關於國外材料之徵求，擬即由中國教育電影協會分函駐外各領使館及各國內政教育兩部，請將關於電影之法規章程專寄，以資考鏡，並聞專任編纂戴策現已赴滬，就滬上各影片公司做實地之調查，並搜集可供參考資料之書籍，爲編纂電影年鑑之用，是項年鑑，擬印五千冊，限二月底定稿三月底出版云。」
〔註99〕由編纂委員的身份和媒體對其關注的程度來看，政府方面對《年鑑》的編纂十分重視，竭盡全力收集有關電影材料。1934 年，該《年鑑》由南京中正書局出版，全書總計兩百多萬字，內容分序、通論、專論、史實、各國電影檢查、中國電影行政、電影商業、電影從業人員、附錄九大部分。

《中國電影年鑑》的編纂主要是如下兩因素促成的：其一，電化教育實踐的訴求。雖然中國早在 19 世紀末就已經傳入電影，但直到 20 世紀 30 年代，國內教育電影仍然主要依靠國外進口，如上所述，協會上海分會和杭州分會巡映的教育電影均來自於國際教育電影協會，故積極提升國內教育電影工作者的理論素養以自製教育電影，成爲這一時期電化教育工作者的迫切訴求；其二，研究交流的需要。作爲國際教育電影協會的一員，協會急需常備一份交流材料，以便進行國際交流，如在 1934 年，協會就派員參加於羅馬舉行的教育電影國際會議，商討教課、教育、電影與國際關係等問題。
〔註100〕

表 2-3 《中國電影年鑑》部分電化教育論文一覽表

論 文 題 目	作者或譯者	所屬欄目	備 註
中國電影事業的展望	陳立夫	通論	
實施電影教育的途徑	潘公展	通論	
中國電影劇本的編製問題	王平陵	通論	
視覺教育的史的研究	盧蒔白	通論	
電影與文化	丁兆南	通論	譯作
電影與戲劇	惟生	通論	譯作
電影與兒童	曉萍	通論	譯作

〔註99〕教育電影協會籌輯中國電影年鑒〔N〕，申報第四張，1933-11-9，（15）。
〔註100〕教育電影國際會議〔N〕，大公報，1934-1-29，（9）。

電影的原理	白虎	通論	
電影在教育上的價值與實際	劉之常	通論	
國際教育電影協會之目的與任務	彭百川	通論	譯作
二十二年之國產電影	郭有守	通論	
我幾年來導演的經過	程步高	通論	
編劇二十八問	洪深	專論	
電影導演論	孫瑜	專論	
從劇本到銀幕	招勉之	專論	譯作
攝影術研究	舒湮、蘇鳳	專論	譯作
電影化裝術研究	舒湮、蘇鳳	專論	譯作
美術裝置與電影	克尼	專論	
業務管理的經驗	北魚	專論	
電影照相片術與學校影片	陳瘦竹	專論	譯作
影片製造研究	楊能琛	專論	
中國電影發達史	谷劍塵	史實	
蘇俄的電影事業	蘇芹蓀	史實	
英國電影事業概況	李景泌	史實	
美國的教育電影	蔣思一	史實	譯作
美國的電影事業	林寄華	史實	譯作
法國電影藝術史	王夢鷗	史實	
德國農業電影的意義	黃漳哉	史實	譯作
德國的電影事業	湘漁	史實	譯作
日本的電影教育	儲安平	史實	譯作
意大利的電影事業	秋濤	史實	
挪威用影片施教的情形	露茜	史實	譯作
論電影檢查的意義	楊昌溪	各國電影檢查	
兒童影片的檢查	唐郁南	各國電影檢查	譯作
國際電影檢查	費鑒照	各國電影檢查	譯作
美國各州電影禁演狀況	洪深、張常人	各國電影檢查	譯作
蘇聯的電影檢查	陳冰	各國電影檢查	譯作
意大利的電影檢查	陳雲閣	各國電影檢查	譯作
澳大利亞的電影檢查	李丹	各國電影檢查	譯作
荷蘭的電影檢查	寄鴻	各國電影檢查	譯作

日本之電影檢查	陳瘦石	各國電影檢查	譯作
紐西蘭的電影檢查	金瓊芝	各國電影檢查	譯作
瑞典的電影檢查	鍾憲民	各國電影檢查	譯作
挪威的電影檢查	王伯詳	各國電影檢查	譯作
中國電影事業概況	方治	中國電影行政	
教育部電影行政概況	彭百川	中國電影行政	
內政部電影行政概況	楊君勵	中國電影行政	
教內兩部前電檢委員會組織概要	吳研因	中國電影行政	
教內兩部前電檢委員會影片檢查程序	包明芳	中國電影行政	
中央電檢會工作概況	羅剛	中國電影行政	
電影檢查委員會檢查影片情形	李景泌	中國電影行政	
中國教育電影協會成立史	郭有守	電影商業	
中國電影事業之新路線	陳立夫	電影商業	

資料來源：中國電影協會，中國電影年鑒（1934）〔M〕，北京：中國廣播電影出版社，
2008。

　　從《年鑒》論文作者的身份背景來看，主要有官員、學者和電影界人士三類。其中政府官員如下：潘公展（1895～1975），1910 年入上海聖約翰大學，參加柳亞子等同盟會成員發起成立的南社，五四新文化運動時先後任《時事新報》副刊《學燈》、《民國日報》副刊《覺悟》特約撰稿人，1920 年出版《學生救國全史》並由此獲得作家聲譽，同年陳布雷創辦《商報》時被聘為電訊編輯，1926 年任該報編輯主任，同年入《申報》當編輯；1926 年加入國民黨，後任國民黨中央政治會議上海分會委員、上海市農工商局局長、社會局長、教育局長；1932 年，他卸任社會局長職務，創辦上海《晨報》、《新夜報》和《兒童晨報》等報刊，1933 年任協會上海分會監察委員、中國電影年鑒編纂委員會委員。郭有守（1901～1977），1918 年考入北京大學，畢業後往法國巴黎留學，獲文學博士學位，1929 年歸國後任國民政府教育部第二科科長，兼任教內電影檢查委員會主任，1932 年，他發起籌備中國教育電影協會，1934 年任國民黨教育部次長。方治（1897～？），安徽桐城人，字希孔，早年留學日本，1923～1925 年間先後任國民黨福建省、安徽省及青島市黨部主任委員，1926 年後任國民黨中央宣傳部副部長、代理部長、安徽省教育廳長，列名協會會員。吳研因（1886～1975），1906 年畢業於上海師範學

校，歷任江蘇省江陰縣立單級小學校長，江蘇省立第一師範教員，上海高公
學校校長，菲律賓華僑中學教導主任，菲律賓《公理報》總編輯，南京國民
黨政府教育部國民教育司司長。學者如下：洪深（1894～1955），早年留學
哈佛大學，回國後擔任話劇編劇和電影編導、復旦大學教授；1922 年返上海
加入戲劇協社，正式展開了建立中國現代話劇活動；1925 年他任明星電影公
司編導，寫出了中國第一部電影文學劇本，後引進有聲電影技術；1928 年加
入南國社；1932 年加入中國教育電影協會。孫瑜（1900～1990），1914 年考
入天津南開中學補習班，1919 年秋轉學北京清華學校高等科，1923 年畢業
後到美國威斯康星大學文學戲劇科學習，1925 年畢業後在紐約攝影學院學習
電影攝影、洗印、剪接等技術並在哥倫比亞大學選習電影編劇和導演，1927
年回國後曾在大夏大學任教，並任上海長城畫片公司、聯華影業公司編導，
先後編導了《瀟湘淚》、《故都春夢》、《野草閒花》、《自由魂》等影片。谷劍
塵（1896～1976），浙江上虞人，曾任上海戲劇協社劇本排演主任、明星影
片公司電影學校教務主任，1930 年起任江蘇省立教育學院戲劇教員。電影界
人士如下：程步高（1896～1966），1924 年進入電影界，1928 年起在明星影
片公司任編導，先後導演《離婚》、《不幸身為女兒身》等影片，1932 年「一
二八事變」時曾親臨前線拍攝新聞紀錄片《上海之戰》，1933 年導演由夏衍
編劇的《狂流》，後陸續導演了《春蠶》、《同仇》、《到西北去》、《小玲子》
等影片。舒湮（1914～？），1934 年畢業於暨南大學政治經濟系，後任上海
《晨報》每日電影版和《導報》電影副刊的編輯，曾撰寫多篇文章，評論《春
蠶》、《狂流》、《漁光曲》、《新女性》、《神女》等影片。除此之外，其他作者
多來自於文藝界，如邵醉翁、陳瘦竹等。

　　從《年鑒》論文的主題和內容來看，主要可歸納如下：

　　（1）關於電影教育一般理論問題的研究。「視覺教育」是 20 世紀 30 年
代初電化教育學最熱門的探討領域之一，而關於「視覺教育史」的內容卻較
少被涉及。盧蒔白《視覺教育的史的研究》一文強調了視覺在教育上的重要
價值，文中指出：「在人類的感覺機能中，目是最忠實而富有保持力的器官。」
〔註101〕作者將視覺教育放在教育學發展歷程中進行考察，而後者有三個清晰
的譜系：人文主義者、實在論者和自然主義者，其中人文主義者相信學校應

〔註101〕盧蒔白，視覺教育的史的研究〔A〕//中國電影協會，中國電影年鑒（1934）
　　　　　〔M〕，北京：中國廣播電影出版社，2008：117。

以富有人類經驗的著作作爲教育上的手段，實在論者認爲書本中的教導不如學生接觸實在事物重要，自然主義者主張現實生活的鍛鍊是學生涉世的準備；按照這種劃分法，作者指出，實在論的代表人物是誇美紐斯，自然主義代表人物是盧梭和裴斯泰洛齊，視覺教育得力於實在論最大，近代視覺教育工具爲照相機、幻燈片、電影；文中最後總結道，電影之所以能在 20 多年裏從刻苦辛勞的探索時期演進至當時美國五大產業之一，其最大的原因不在於電影院中的娛樂價值，也不在於其純教育價值，而在於在娛樂中實現其教育價值，因此，中國應加強教育電影的攝製，使之成爲視覺教育新工具。

潘公展在《實施電影教育的途徑》一文中闡述了教育電影的定義：「一切的電影都含有教育的作用，所以實際上都是教育的電影。」從狹義方面說「電影教育」與「教育電影」是有很大的差異的，前者泛言一切電影的教育作用，而後者只不過是「作爲教育用具的電影」。從效果上說，前者是廣遍而後者則是限於局部，前者可以使人自動地接受教育，而後者則接近灌入式的。所以，他比較贊成使用「電影教育」這個概念，因爲它幾乎可以用於所有性質的電影，包括教育電影和娛樂電影。潘公展指出教育電影「我國自製絕少，而外國所製，大多不切合我國今日實際所需要」，「若努力自製，資本浩大，又非今日我國財政所能勝任」，而且教育電影「觀眾有限」、「內容多嫌枯燥」、「灌入式教育的收效甚少」等。他強調「實施電影教育一定要從『興趣』這方面入手」，「決對不能漠視今日普遍地在各電影院中給人娛樂的一切電影，而以爲『教育電影』是跟這種『娛樂電影』性質不同，應該劃出鴻溝的」，要發揮「娛樂影片」之正面的積極作用，「寧可讓娛樂的成分多於教育的成分」，「但教育的成分和娛樂的成分，不能是混合物而應是化合物」。〔註102〕陳立夫則更重視教育電影的教育性，在《中國電影事業的展望》一文中提出教育的成分應該占十分之七，而娛樂的成分只能居十分之三，並號召政府、電影界共同重視電影，以提升對於電影的自信心。陳立夫認爲，政府應加強與民營電影公司的合作，民營電影公司則應積極發揮電影的教育作用。〔註103〕《電影與文化》一文譯自 1931 年《國際教育電影》雜誌，原文作者爲國際農業會羅馬代表、國際農業會駐比利時代表，丁兆南在「譯者識」中寫道：「作者寫這篇

〔註102〕潘公展，實施電影教育的途徑〔A〕//中國電影協會，中國電影年鑒（1934）〔M〕，北京：中國廣播電影出版社，2008：1～4。
〔註103〕陳立夫，中國電影事業的展望〔A〕//中國電影協會，中國電影年鑒（1934）〔M〕，北京：中國廣播電影出版社，2008：99～101。

文章主要的意思，在提倡電影教育，想從這方面矯正今日經濟的，社會的，知識的，特別是道德的種種不適應，也就是想矯正精神進展和物質進步不調和。」〔註104〕電影傳入中國之初與戲劇的關係極為密切，其實這種現象在世界各國都普遍存在，而在無聲電影時代尤為突出；20世紀30年代初，有聲電影已進入電影市場，戲劇卻意外地獲得了新生，電影與戲劇二者開始脫離，並獨立地、相應地獲得發展。《電影與戲劇》一文主要針對戲劇會被電影取代的疑問進行澄清，並對二者的前景均表示樂觀。

電影教育的對象是活生生的人，人均有心理活動，所以關於對象及其心理的研究是電影教育理論的重要部分。《電影與兒童》譯自法文，文章開頭說道：「電影的重生對於各國的國民生活都有很重大的影響。雖說電影的初期，受著技術及題材的種種限制，但立即對於成人及兒童，對於腦神經簡單的人以及智識程度較高的人，均發生最深切的印象。」〔註105〕文章從兒童心理學的角度出發，分析了電影影響兒童心理的不同層面如智力、情感和意志，因而兒童是人群中最容易受到電影影響的群體，中國教育電影協會的電影檢查工作中重要一項即為兒童電影檢查。該文雖屬譯文，但對中國教育電影協會制定兒童電影檢查政策有很好的參考價值。

（2）關於教育電影編劇理論及實踐的研究。程步高在《我幾年來導演的經過》一文中陳述其如何編劇並成為導演的經過。〔註106〕洪深的《編劇二十八問》一文系統表達了作者對於劇本選擇、拍攝手法等一系列問題的看法。〔註107〕王平陵《中國電影劇本的編製問題》一文強調應高度倡導電影劇本的重要性，作者認為，20世紀30年代中國國產電影已經登上市場，但劇本是困擾國產電影競爭力最重要的因素，他說：「電影劇本在電影中的地位，是非常重要的。缺乏優良的劇本，就同遊船迷失了航線，火車離開了軌道一樣，我們理想中期求的目標，決不能完全實現的。」〔註108〕由於在中

〔註104〕丁兆南，電影與文化〔A〕//中國電影協會，中國電影年鑒（1934）〔M〕，北京：中國廣播電影出版社，2008：125。

〔註105〕曉萍，電影與兒童〔A〕//中國電影協會，中國電影年鑒（1934）〔M〕，北京：中國廣播電影出版社，2008：143，

〔註106〕中國電影協會，中國電影年鑒（1934）〔M〕，北京：中國廣播電影出版社，2008：193。

〔註107〕中國電影協會，中國電影年鑒（1934）〔M〕，北京：中國廣播電影出版社，2008：197。

〔註108〕王平陵，中國電影劇本的編製問題〔A〕//中國電影協會，中國電影年鑒（1934）

央電影劇本委員會任過職，王平陵對當時社會的電影劇本有相當的瞭解，他認爲當時電影劇本缺乏的原因主要在於編劇者的修養問題、劇作者缺少生活的經驗、劇作者不瞭解演員的性格、電影批評的沒落，解決之道則在於劇作家加強準備工夫、把握住中心意識、在平凡中完成傑作。〔註 109〕孫瑜則在《電影導演論》一文中確立了他的導演中心論，主張改變過去電影界只重劇本而不重導演的傳統格局，他認爲導演的工作包括選擇劇本、挑選演員、選取拍攝環境、導演和剪接。〔註 110〕

（3）教育電影發展研究。谷劍塵在《中國電影發達史》一文中梳理了電影傳入中國的三大時期，即第一時期爲偵探片，第二時期爲戰爭片，第三時期爲香豔肉感片，並敘述了影片的發端及續起、有聲電影的傳入。該文對電影和有聲電影的發展做了歷史分期，而缺點在於沒有明確分期的標準和說明分界點的標誌性意義。另有一些文章對電影發展的分期、分界點提出了若干看法，如《法國電影藝術史》一文梳理了藝術電影史，認爲 1903 年藝術電影公司出品的《喬易士公爵遇刺記》是首部藝術電影。此外，還有各國電影史的研究，如蘇芹蓀的《蘇俄的電影事業》、李景泌的《英國電影事業概況》、王夢歐的《法國電影藝術史》、湘漁的《德國電影事業》、儲安平的《日本的電影教育》、秋濤的《意大利的電影事業》等。這些文章大多以介紹和敘述爲主，但也偶有一些文章在歷史敘述的基礎上試圖揭示某種趨勢或特徵，如《日本的電影教育》一文介紹日本電影教育的發展情況，其中著重介紹了日本全國電影教育協會的工作，並在此基礎上分析了日本電影教育進展的主導思想爲「一、那些教育家因鑒於某一影片之遺害而思有以消弭補救之；二、電影在學校裏以及社會教育上的功用。」〔註 111〕

（4）電影教育技術及實施問題研究。在教育電影攝影技術方面，《攝影術研究》一文主要論述對電影拍攝過程中所需的攝影術做了一番詳細考察，文中羅列、比較了當時市場上常見的攝影機並強調了攝影技術的重要性，作

〔M〕，北京：中國廣播電影出版社，2008：107。
〔註 109〕王平陵，中國電影劇本的編製問題〔A〕//中國電影協會，中國電影年鑒（1934）〔M〕，北京：中國廣播電影出版社，2008：113～115。
〔註 110〕孫瑜，電影導演論〔A〕//中國電影協會，中國電影年鑒（1934）〔M〕，北京：中國廣播電影出版社，2008：213～218。
〔註 111〕儲安平，日本的電影教育〔A〕//中國電影協會，中國電影年鑒（1934）〔M〕，北京：中國廣播電影出版社，2008：457～461。

者按照攝影方式的不同將其分為七類：(1)攝影機位置的變化移動攝影（Follow Shot）、回轉盤（Panning）；(2)由攝影機角度的變化俯攝、仰攝；(3)攝影機距離的變化遠景、全景、近景、特寫；(4)由光闌的變化溶明、溶暗、圈入、圈出、疊化；(5)攝影機的回轉速度慢動作（Slow motion）、快動作（Quick motion）；(6)由透鏡作用焦點外攝影（Soft focus）；(7)由膠片的顯露作用復攝（Super imposition），〔註112〕並對上述幾種鏡頭的運用結合影片拍攝的實例進行詳細講解。此外，文中還介紹了攝影巧術（Camera Trick）、海底攝影、天空攝影、字幕攝影和製片工作等內容。在文後列舉的 14 篇參考文獻中，除了《威廉福斯傳》和《攝影的普通技術與復攝》兩篇來自《晨報・每日電影》外，其餘均為英文文獻或譯文，可見此類研究在國內還較少見。《電影照相術與學校影片》主要談論教育電影的製作法，指出教育電影應符合製作精美、不損傷觀眾視力的原則，製作合格的教育電影的攝影師須具備良好的攝影技術和藝術，如攝影角度的變化、善於控制影片的節奏等。〔註113〕《影片製造研究》一文針對當時國內還不能大規模攝製影片的情形，提倡應改進影片的攝製，並簡要介紹攝製影片的過程，具體包括低硝棉的製造、應用低硝棉製造透明的膠片、上感光藥膜於膠片上。〔註114〕在介紹電影教育經驗方面，《挪威用影片施教的情形》一文描述了挪威教育當局組織電影調查委員會的工作，工作內容主要在學校中調查有聲電影的教學效果，實驗對象為五個不同地區的五個學校中年齡在 10～12 歲間的學生，其中兩組用影片教學，兩組用口頭教學，實驗通過測驗來檢驗受試學生知識掌握的程度，結果發現影片教學效果好於口頭教學效果。〔註115〕

　　總的來說，中國教育電影協會通過編纂出版《中國電影年鑒》所進行的電化教育研究的最大特點在於利用豐富的資料、數據和圖片，比較客觀、全面地反映和再現了 20 世紀 20～30 年代中國教育電影的現狀、成就和問題，並一定程度上對現實有指導作用。《年鑒》開頭即刊印了年鑒編纂委員會各

〔註112〕中國電影協會，中國電影年鑒（1934）〔M〕，北京：中國廣播電影出版社，2008：5。

〔註113〕陳瘦竹，電影照相術與學校影片〔A〕//中國電影協會，中國電影年鑒（1934）〔M〕，北京：中國廣播電影出版社，2008：309～311。

〔註114〕楊能琛，影片製造研究〔A〕//中國電影協會，中國電影年鑒（1934）〔M〕，北京：中國廣播電影出版社，2008：313～318

〔註115〕露茜，挪威用影片施教的情形〔A〕//中國電影協會，中國電影年鑒（1934）〔M〕，北京：中國廣播電影出版社，2008：469～472

委員的肖像、中國教育電影協會成立大會照片、中國教育電影協會第三次年
會照片、當時最先進的「飛來聲」有聲放映機之廣告，書中收錄了當時全國
所有製片公司、各大影院、電影從業人員的名錄，並附主要電影從業人員的
肖像，圖片和照片以其直觀性吸引觀眾的眼球，使之瞭解國內電影界最新的
情況和進展，進而促使其關注電影界。《年鑒》不同於當時普通電影刊物之
處在於它能通過作者親身任職的經歷或搜集翔實的資料、數據反映和再現當
時中國教育電影的現狀和問題，並爲現實提供指導，《中國電影事業概況》、
《教育部電影行政概況》、《內政部電影行政概況》、《教內兩部前電檢委員會
組織概要》、《教內兩部前電檢委員會影片檢查程序》、《中央電檢會工作概況》
等文的作者利用其在各電影管理機構中任職的經歷，對上述機構組織及其運
作情況作了全面的介紹。「各國電影檢查」欄目的文章大多譯自國外最新的
期刊雜誌，使國人第一時間接觸並瞭解國外電影教育的情況，並通過比較考
察的方式瞭解世界電影教育環境中的中國電影教育情形。《中國教育電影協
會成立史》、《中國電影發達史》、《二十二年之國產電影》等文利用文獻法和
調查法等方法，深入各大電影公司、電影檢查委員會、中國教育電影協會等
機構，得到翔實的資料和數據，藉此對中國教育電影的不同側面作了回顧和
總結，並提出若干對策，這類對策適應當時政府介入電影業的大潮流和電影
業的狀況，對現實具有較大的指導作用，如《二十二年之國產電影》指出國
產電影業切要之圖在於「數量的擴充」、「內容的改進」和「政府保護與社會
提倡」。〔註116〕由於資料的新穎和豐富，《編劇二十八問》、《攝影術研究》、
《影片製造研究》中論及的攝影技術、影片製作技術、電影編劇法還成爲當
時國人拍攝電影的必備參考。

　　《中國電影年鑒》出版之前，有些電影期刊對它並不看好，如《影迷周
報》編者談道：「在這種制度下，官辦的東西，沒有一樣是可以看的，只就
《中國電影年鑒》而論，遙遙一年，還沒有看到它的出版，自然，在這種賑
米運來，災民已經只剩骨頭的年頭兒，一年而不能出版一本東西還不能說太
慢。」〔註117〕但《中國電影年鑒》出版後畢竟取得了良好的反響，1935年，
《讀書顧問》以一篇上萬字的文章予以介紹並積極評價。作者認爲，《中國

〔註116〕中國電影資料館編，中國無聲電影〔M〕，北京：中國電影出版社，1996：1049
　　　　～1052。
〔註117〕雷聲隆隆——《中國電影年鑒》究竟是什麼一回事？〔J〕，影迷周報，1934
　　　　（1～8）：137。

電影年鑒》「從外觀到其內容雖不能說是盡美盡善。但在眼前，一切都感著貧乏的國度裏，像《電影年鑒》這樣的洋洋著作，至少可以說是空前無匹，最完備的電影事業的參考書！」〔註118〕「中國第一次出現的《中國電影年鑒》，確是電影常識的大集成，是我們應該人手一篇的讀物！」〔註119〕「電影年鑒的編輯，是推進影業底重要的工作。中國對於這份工作，是從這一部書為起始。」〔註120〕作者對其意義評價道：「讀了通論，我們可以知道『電影』是個什麼，和它的存在的意義如何。讀完專論我們可以更進一步知道那電影的內部底機構是怎樣的，和它是怎樣的構成了呈現於我們眼前。凡此種種，我們雖不立意做個電影通，但生當今日，不能不具備這一門常識。」〔註121〕作者特別關注有關教育電影的內容，指出「這部電影年鑒中的史實部分，有許是坊間看不到的新鮮材料。今以一百五十二頁的篇幅，寫成電影春秋列國志一樣複雜而又賅博的歷史，真是難能可貴。並且，在每一個電影事業中，又特別要提出『教育電影』的業績，作為吾國促進教育電影工作的借鏡。」〔註122〕作者認為：「所以關於檢查制度的記載，不但是對於電影檢查有關係的人們要去細讀一下，同時，對電影有興趣的，要研究電影的人，也不能不看它一下！此外，便是關於中國電影事業各方面的實錄。如中國的電影行政、電影商業、電影從業員調查統計的材料，別處所無，《電影年鑒》獨有的東西，我將要抽空來細閱一過，因為這種紀錄的文字，連結起來便是一部最詳不過的電影事業史！」〔註123〕最後，作者強調今後人們應該沿著《中國電影年鑒》努力的方向，「直接收羅一切的電影文獻，間接以促進眼前稚弱貧困的中國影業。」〔註124〕

　　《中國電影年鑒》僅出一卷，後無續編，儘管如此，它反映了30年代初中國有關人士對電影教育的觀點，搭建了電化教育學術研究的平臺，因而對近代中國電化教育研究具有突出的意義。

　　首先，開創了電影年鑒開展電化教育研究的先河。電影年鑒本是一種反映年度電影發展狀況的資料報告，其文章主要應具有綜合性、時效性和準確

〔註118〕黃亞冷，介紹《中國電影年鑒》〔J〕，讀書顧問，1935（4）：269。
〔註119〕黃亞冷，介紹《中國電影年鑒》〔J〕，讀書顧問，1935（4）：274。
〔註120〕黃亞冷，介紹《中國電影年鑒》〔J〕，讀書顧問，1935（4）：278。
〔註121〕黃亞冷，介紹《中國電影年鑒》〔J〕，讀書顧問，1935（4）：274。
〔註122〕黃亞冷，介紹《中國電影年鑒》〔J〕，讀書顧問，1935（4）：277。
〔註123〕黃亞冷，介紹《中國電影年鑒》〔J〕，讀書顧問，1935（4）：278。
〔註124〕黃亞冷，介紹《中國電影年鑒》〔J〕，讀書顧問，1935（4）：278～279。

性的特徵。但在近代中國的特殊歷史背景下，它還承擔了電化教育學術研究的責任。《中國電影年鑒》上的電化教育文章資料豐富、準確，尤其是國產電影調查，各國電影、電影教育介紹，各電影公司及其出品等資料，為日後的電化教育學研究提供了豐富的素材。這部《中國電影年鑒》在取材、內容及編纂方面的特點也影響了日後的電影年鑒和類似工具書開展電化教育研究的取向。例如，1981～2011年間，由中國電影家協會編撰的31卷本《中國電影年鑒》繼承了1934年編撰出版的《中國電影年鑒》的傳統，設特載、電影文件選編、故事片、科教片、紀錄片、美術片、電影發行放映、電影理論和評論、電影史、電影科技、電影文化交流、電影評獎、電影機構、電影圖書、追思錄、臺灣電影、香港電影、外國電影資料、電影紀事等19個欄目，還根據每年不同情況開設專欄，並附有彩色畫頁，刊載記錄當年重要電影活動的照片和電影劇照等。此外，它還邀請有關部門的專家、學者撰寫電化教育類稿件，內容涉及科學教育電影、電影理論和評論、電影史、動畫電影、電影科技、電影教學與科研等。

其次，在缺少電化教育專業學會和期刊的情況下，《中國電影年鑒》為官員、學者和電影界人士探討教育電影及電化教育問題並發表自己的觀點搭建了一個平臺，提供了一個園地。19世紀末20世紀初，出身理工科背景的留學生帶頭在一些期刊雜誌上發表了若干影像（視）和無線電知識和技術方面的文章，但這些期刊多為私人團體所辦，經費短缺，故大都延續時間短、刊物質量不高，從而影響了上述文章的影響力。《中國電影年鑒》係由政府發起編纂，經費較有保障，加上擁有中國教育電影協會會員作為作者群體，當時官員、電影界、學界中的知名人士積極為《中國電影年鑒》撰文，通過發表文章的方式增強了相互間的理解，間接消融了行業間的隔膜，改變了過去教育電影、電化教育類文章作者來源單一的狀況，形成了電化教育作者群體「三分天下」的局面。另外，《中國電影年鑒》確立了「大電化教育」觀的取向，該取向貫穿於近代中國電化教育學發展的始終。

20世紀40年代後，由於中國教育電影協會主要負責人身兼數職而無力兼顧協會工作、經費短缺及電化教育研究中心轉移至大學等原因，協會的工作漸趨衰落，主要表現在教育電影工作停頓、國際會議及年會出席人數減少。協會於1946年基本停止運作，但一些分會還開展了零星的工作。

第三節　近代教育電影的理論研究、教學工作和推廣事業的開展

　　20 世紀初，隨著美國好萊塢電影體系和全球放映網的建立，歐美電影壟斷了中國早期的電影市場；「一戰」期間，歐美電影輸入量減少，民族電影業得以迅速發展。爲了培養合格的演員、導演和電影專業人員，上海出現了影戲學校及電影函授學校，這些學校在一定程度上可謂早期中國教育電影理論產生的溫床。20 世紀 20～30 年代，南京國民政府通過頒施教育法規等方式，〔註125〕確立了民眾教育館實施社會教育的主體地位，提升了教會大學、私立大學的辦學質量，由於社會教育手段的多樣性和教會大學、私立大學對國內外新鮮事物引入的便利性，教育電影作爲一項教育利器成爲它們關注的對象，並通過民眾教育館工作人員、留學生等群體開展了相關的理論研究、教學工作和推廣事業。

一、江蘇省立鎮江民眾教育館的教育電影推廣事業及理論研究

（一）從通俗教育館到民眾教育館

　　早在 20 世紀初期，不少通俗教育館由於其開創者的背景雄厚、活動事業的豐富，取得了令人矚目的成就。例如，成都通俗教育館由盧作孚〔註126〕創辦，盧作孚憧憬民眾集體生活，認爲這是當時提升中國民眾素質，形成完善社會組織並提升國力的重要途徑，故此館的構建成爲他實現民眾集體生活理想的嘗試。館內包含一個博物館、一個公共運動場、一個音樂演奏廳、一個動物園、一個遊藝場，其活動事業中便有電影和幻燈。據盧作孚自述，成都市通俗教育館「遊藝場常常演新劇、川劇、京劇、幻術（即幻燈——筆者注），常常爲衛生運動、教育運動而公開地放電影，花園裏每年必開菊花會；這樣一來不僅將成都遊覽的人集中了，尤其將成都各方面的人才集中了。」〔註127〕

〔註125〕這些法規主要包括《民眾教育館暫行規程》、《民眾教育館利用教育播音須知》、《私立學校規程》和《大學組織法》等。

〔註126〕盧作孚（1893～1952），四川合川人，早年任成都《群報》、《川報》記者，後集股創辦民生公司，任總經理，經營長江內河航運。曾任國民黨政府重慶峽防局長、川江航務管理局局長、四川建設廳廳長、交通部次長、全國糧食管理局局長。1933 年，他與馬相伯、杜仲遠等發起組織「中國教育助成會」，主張辦流動學校，實行半工半讀，普及教育。

〔註127〕凌耀倫、熊甫編，盧作孚文集（增訂本）〔M〕，北京：北京大學出版社，2010：

　　平民教育運動是中國教育史上聲勢浩大的群眾運動，其發起和參加者中有不少人是知識分子，他們已開始注重電化教育的功效。以陶行知為例，早在 20 世紀 20 年代就提倡電化教育並利用幻燈千字課開展平民教育，1923 年陶行知起草的《中華平民教育促進會宣言》中稱，「每個學生只須花費六角錢，可以使他們受四個月的教育」，在教學過程中「這種教育所用工具有兩種：（一）課本；（二）影片。影片是依據課本製造，共分三套。第一套是彩色畫片，是用圖畫表現課文中所述的事體：叫學生把畫中情節口述出來。然後再用第二套影片，就是把課文的本身寫在玻璃片上，照出來，引導學生認識方才自己口述的文字。他們看了彩色畫片，口裏所說的話，現在用眼睛去認識他們。第三套課片，是一個個的生字。每個字從幻燈裏照出來，射在牆上比原底子大了好幾百倍，教學生同時看，同時聽，同時念，同時寫，精神專注，學習是很容易的。」〔註 128〕1934 年他發表的《普及教育研究院組織大綱》規定該院研究問題包括科學教育如何普及，其中提及無線電活動電影等如何可以用作普及教育之工具須特別研究。〔註 129〕同年，陶行知在《寶山縣觀瀾義務教育急成方案》中認為寶山普及文字教育必需經費 34500 元，其中活動電影放映機 200 元，活動電影發電機 700 元，活動電影攝影機 300 元，擴大機 1200 元，無線電收音機及留聲機 8 架 420 元。〔註 130〕1935 年，陶行知在《中國普及教育方案商討》一文中對中央的電化教育建設提出了若干建議，其中電影方面，「設立中央科學電影製造局，以鉅資研究製造科學影片、發電機、放映機，免費發送全國各縣鄉村、市政放映。」無線電收音機方面，「設立中央無線電收音機製造局，以鉅資研究製造無線電收音機，免費分送全國各縣鄉村、市鎮教育場所使用，並在適當地點分區建立大播音臺，從事廣播現代知識。」〔註 131〕

　　在陶行知的影響下，汪達之在辦學中把小先生運動與運用電化教育手段

　　266。

〔註 128〕陶行知，中華平民教育促進會宣言〔A〕//華中師範學院教育科學研究所主編，
　　　　　陶行知全集（第三卷）〔M〕，長沙：湖南教育出版社，1985：666～667。
〔註 129〕陶行知，普及教育研究院組織大綱〔A〕//方明編，陶行知全集（第 3 卷）〔M〕，
　　　　　成都：四川教育出版社，2005：141。
〔註 130〕陶行知，寶山縣觀瀾義務教育急成方案〔A〕//方明編，陶行知全集（第 3 卷）
　　　　　〔M〕，成都：四川教育出版社，2005：154。
〔註 131〕陶行知，中國普及教育方案商討〔A〕//董寶良編，陶行知教育論著選〔M〕，。
　　　　　北京：人民教育出版社，2011：400。

緊密結合在一起。汪達之出生於貧苦家庭，早年就讀於安徽省立師範學校，畢業後在繁昌和望江兩縣任小學教師。1923 年，陶行知提出了改造中國鄉村教育的基本綱領，他覺得大受啓發，經過數年努力，於 1928 年入曉莊師範學習，成爲陶行知教育理論的實踐者。1930 年 4 月，曉莊師範學校被南京政府查封，陶行知亡命日本，汪達之受命前往淮安縣河下鎭，接替陶行知擔任新安小學校長職務。新安小學是曉莊師範學校在蘇北實踐生活教育理論的中心學校，汪達之主持校務後開展了一系列富有創見的活動，其中包括使用電影放映機。1933 年 9 月，陶行知在致汪達之的信中說道：「活動影戲機是鄉村教育最要的工具，我害單思病已有七年之久，到如今還沒有到手。您如今也要做這個夢，那是再好沒有了。從同病相憐到有錢買藥，這其間我希望只有半年之久。總之，我若得到這東西，它一定會到淮安遊歷。」〔註 132〕並將其母去世所得的人壽保險金 500 元全部捐出購買一臺舊的無聲電影放映機、一臺小型汽油發電機、一臺擴音機和舊影片《一·二八湘滬戰地寫眞》、《民族痛史》等送給汪達之組建的新安旅行團。汪達之在《新安小學第五年計劃大綱》一文中制定新安小學學生要達到的目標爲「康健的體魄、科學的頭腦、藝術的興趣、生產的技能、自由平等互助的精神」，要做的事 50 種內包括會開留聲機、會開電影機器、會開無線電收音機等，並主張「闢露天電影場一處並設法自置電影機一架，以救濟群眾娛樂的缺乏。」「設法自置無線電擴音機一架以收小村莊和大的世界溝通的實效。」〔註 133〕1935 年 10 月由汪達之與 14 名學生，實際參與旅行的 13 人，組成新安旅行團，攜帶電影放映機、擴音機、影片、幻燈等自淮安出發，經鎮江、南京、蚌埠、徐州、泰安、濟南、鄒平、青島，轉天津、北平、居庸關、定縣、保定、太原、鄭州、洛陽、潼關、長安、開封、許昌、武昌、岳州、長沙、萍鄉、南昌、九江、安慶、蕪湖、宣城、屯溪、杭州、上海、蘇州、無錫而抵達鎮江，後經揚州、高郵、界首、實應而返回校，〔註 134〕路程計 2 萬公里，歷時 4 個多月。其教育電影放映的要點爲「一、放映教育電影，爲本團宣傳普及教育的工具，非萬不得已不取分文，任眾觀看。二、特約本團放映電影，須當面接洽。三、特約放映電影，

〔註132〕陶行知致汪達之信〔A〕//中國革命博物館，民族小號手——新安旅行團史料選〔M〕，北京：春秋出版社，1989：24。

〔註133〕汪達之，新安小學第五年計劃大綱〔J〕，生活教育，1934（7）：147～149。

〔註134〕新安旅行團組織的意義方法和組織路線〔A〕//中國革命博物館，民族小號手——新安旅行團史料選〔M〕，北京：春秋出版社，1989：11。

於必要時，本團得請贊助經費。四、如時間或其他妨礙發生時，得停止放映。」
〔註 135〕1935 年 10 月 12 日《鎮江蘇報》報導該團抵達鎮江時情形道：「攜帶
放映機、移動發電機及兩用機……所用電影片均向中央宣傳部新聞科全國電
影協會借用，共六、七部影片。旅行各地隨時放映，以廣宣傳。本團定明（13）
日往省民教館考察民眾教育，同時並請該館指導電影技術，約 14、15 日離
鎮赴京。」〔註 136〕由於這些影片大多是向中央宣傳部新聞科、全國電影協
會借用，故題材偏重於軍事類和紀實類，如《一・二八湘滬戰地寫眞》、《民
族痛史》、《抵抗》等，恰符合當時空前高漲的民族情緒，有利於宣傳抗日救
亡運動。

　　經過平民教育運動之後，通俗教育大多爲民眾教育所替代，開展通俗教
育所獨有的通俗教育館也全部改名爲民眾教育館。1928 年，中央大學區通俗
教育館聯合會議根據江蘇通俗教育館聯合會提出統一教育館名稱的請求，通
令全國統一使用民眾教育館的名稱。據記載，1930 年全國民眾教育館已經蓬
勃發展到 410 所，江蘇最多，占全國總數的 52.7%。〔註 137〕1932 年教育部頒
佈《民眾教育館暫行規程》之際，各省市民眾教育館呈蓬勃發展的態勢，截
至 1932 年 7 月，山東、吉林、浙江、河南、湖南、江西等省各有一所省立民
眾教育館，河北、湖北各有兩所省立民眾教育館，安徽省有三所省立民眾教
育館，江蘇省最多，已有了四所省立民眾教育館。〔註 138〕到了 1933 年，江蘇
省已有省立民眾教育館五所，分別位於南京、鎮江、湯山、徐州、清江。據
教育部統計，截至 1934 年 6 月，全國各級民眾教育館合計 1230 所〔註 139〕；
1937 年抗戰爆發前全國各級民眾教育館統計 1539 所。〔註 140〕

　　20 世紀 30 年代初期，社會環境相對穩定，伴隨著政府對於民眾教育的介
入度較前期有了顯著提升，教育電影在中國特別是江浙滬一帶蓬勃興起，影
響甚大。南京國民政府在電化教育的普及方面起了非常重要的作用，大有統
攝全局之態勢，致力於此項事業的官方機構既有中央級別的教育部，也有一

〔註 135〕新安旅行團附屬工作〔A〕//中國革命博物館，民族小號手──新安旅行團史
　　　　料選〔M〕，北京：春秋出版社，1989：12。
〔註 136〕新安旅行團抵鎮〔A〕//中國革命博物館，民族小號手──新安旅行團史料選
　　　　〔M〕，北京：春秋出版社，1989：36。
〔註 137〕李邦權，民國二十年之民眾教育〔J〕，民眾教育季刊，1932（2）：57～76。
〔註 138〕徐旭，省立民眾教育館的問題〔J〕，民眾教育季刊，1932（1）：78～86。
〔註 139〕吳學信，社會教育史〔M〕，上海：商務印書館，1939：56。
〔註 140〕鍾靈秀，抗戰四年來社會教育之發展〔J〕，教育與民眾，1941（10）：12。

些地方政府及其附屬機構，如南京市社會局、國民黨南京市黨部、江蘇教育廳、山東教育廳。在南京國民政府社會教育政策的推動下，電影與播音等電化教育事業開始充當起了社會教育工具的角色，而在全國當時的民眾教育館中，江蘇省立鎮江民眾教育館實施電化教育的規模最大、效果最好。

（二）江蘇省立鎮江民眾教育館的建立

據江蘇省立鎮江民眾教育館介紹，該館成立的背景和動機爲「自江蘇省會遷鎮，教育廳即積極從事於省會民眾教育之設施與推進，從鎮江已往之歷史觀之，民教事業因限於人力才力，未獲充分之發展，今後位居省會首要之區，若再不一新景象，與其他各種建設同時並進，則不惟無以領導各縣，抑且影響民智非淺。全省各縣雖亦各有民眾教育館之設施，終以經濟及人力關係，多不能實現其理想的計劃，更因取則無從，事業尤多缺陷，因此爲供應省會民眾教育之要求，並輔導各縣民教事業之進行起見，亟需增設省立民眾教育館，以負茲使命，此本館設館之動機也。」〔註141〕1930 年 1 月，江蘇省教育廳委派俞慶棠、劉季洪、高陽、李雲亭、韓壽晉、劉紹楨、劉雲谷七人爲籌備委員，負責規劃，自 1 月起至 3 月止，迭開會議，除確定館名及性質以外，還明確了改進民眾生活的實施目標，具體分爲政治教育、語文教育、生計教育、健康教育、家事教育、休閒教育，決定了原則三項：實施省會民眾教育、實驗民眾教育實施方法、輔導各縣民眾教育事業之推行。籌備委員會對於館址問題，幾費斟酌，後經會議決定：「建議教育廳，呈請省政府於省會適當地點，撥地五十畝以上，爲本館館址」。「教廳根據此項建議，呈准省府，就南門內小校場，收買民地五十畝，以立本館基礎，嗣因教育經費拮據，致館舍未能興工建造，適江蘇省區長訓練所學員畢業離校，縣文廟故址讓出，復由教廳商准民廳，指定該處房屋，充本館館舍之用。惟二十一年秋間，教廳以本館現時館舍，經數年來之修葺添建，已具規模，而計劃中之省立專科師範，正苦於校基無著，因將新館地撥付歸該校。故文廟故址，今後當永爲本館館舍矣。」〔註142〕1930 年 8 月 1 日，江蘇省政府委員會議通過，派祁錫勇〔註143〕充任鎮江民眾教育館館長。同年 15 日，祁錫勇到館接收視事，即積

〔註141〕江蘇省立民眾教育館，四年來之江蘇省立民眾教育館〔R〕，江蘇省立民眾教育館，1934：1。

〔註142〕四年來之江蘇省立鎮江民眾教育館〔R〕，鎮江：江蘇省立鎮江民眾教育館，1934：2～3。

〔註143〕祁錫勇（生卒年不詳），曾任國民黨江蘇省黨務整理委員會委員，1931 年 5

極規劃館務，並於 9 月 14 日舉行開幕典禮。對此，《申報》報導說：「省立鎮江民眾教育館十四日午後二時開幕，范公橋一帶萬人空巷，館長符（應為祁——筆者注）錫勇宣誓報告教育館之使命，葉楚傖、馬飲冰暨教廳代表等均該館致詞，各展覽室全部開放，晚間開遊藝會，觀者尤眾」。〔註 144〕

江蘇省立鎮江民眾教育館最初分總務部、教導部、展覽部、編輯部、推廣部，分別由朱芸生、馮國華、劉之常、顧仁鑄、徐朗秋分任主任，〔註 145〕採彈性制，即各部職員有自由設立各種委員會及各種研究會的權利，該制一直得以保持。1931 年下學期，編輯、推廣兩部改為委員會，增設實驗部，1932年又取消實驗部，成立鄉村實驗區、城市實驗區及農藝試驗場。1933 年，鑒於輔導及生計事業之重要，工作範圍比之前擴大，遂改推廣委員會為輔導委員會，添設生計部，而將農藝試驗場併入生計部辦理。

表 2-4　1930～1934 年間江蘇省立鎮江民眾教育館機構變革簡況表

1930	總務部	教導部	展覽部	編輯部	推廣部			范公橋施教區	宣傳委員會、設計委員會、經濟稽核委員會
1931	總務部	教導部	展覽部	編輯委員會	推廣委員會		實驗部	范公橋施教區	宣傳委員會、設計委員會、經濟稽核委員會
1932	總務部	教導部	展覽部	編輯委員會	推廣委員會	鄉村實驗區、城市實驗區、農藝試驗場		范公橋施教區	宣傳委員會、設計委員會、經濟稽核委員會
1933	總務部	教導部	展覽部	編輯委員會	輔導委員會	鄉村實驗區、城市實驗區	生計部	范公橋施教區、城西施教區、高資施教區、中心施教區	宣傳委員會、設計委員會、經濟稽核委員會、教育電影委員會

月 5 日出席以江蘇省代表主席在南京召開的國民會議。

〔註 144〕鎮江民眾教育館開幕〔N〕，申報第二張，1930-9-15，（7）。

〔註 145〕本館設立經過〔Z〕，鎮江市檔案館，檔案號 A8-1-291，1-2、6。

| 1934 | 總務部 | 教導部，下設設計編製股、視覺教學股、電化教學股 | 編輯委員會 | 研究輔導部，下設研究股、輔導股 | 鄉村實驗區、城市實驗區 | 生計部，下設職業股、合作股、農事股 | 范公橋施教區、高資施教區、城西施教區、中心施教區 | 宣傳委員會、設計委員會、經濟稽核委員會、教育電影委員會 |

資料來源：四年來之江蘇省立鎮江民眾教育館〔R〕，鎮江：江蘇省立鎮江民眾教育館，
　　　　　1934；趙鴻謙，本館二十二年度實施方案〔J〕，民眾教育通訊，1933（6）：
　　　　　73。

　　1934 年，教育部頒佈《各省教育廳分區輔導市民民眾教育大綱》，規定各省將劃分若干民眾教育輔導區，各輔導區設置中心輔導機關，由省教育廳就本省省立民眾教育館實驗民眾學校或其他相當之省立教育機關指定之。江蘇省教育廳按照教育部的大綱精神，制定了江蘇省的實施辦法，規定將江蘇省劃分為八個民眾教育輔導區，其中「第一民眾教育區以省立鎮江民眾教育館為輔導機關，包括鎮江、丹陽、武進、金壇、江都、儀徵、揚中、泰興等八縣。」〔註 146〕按大綱規定，各區的社會教育研究事項包括「一、關於輔導各縣社會教育普及事項；二、關於促進各縣社會教育發展事項；三、關於社會教育改進計劃及實施辦法事項；四、關於社會教育人員進修及訓練事項；五、關於利用假期舉辦研討會及講習會事項；六、關於社會教育調查統計報告事項；七、關於出版社會教育刊物事項；八、關於各縣社會教育實施情形考察事項；九、其他關於社會教育事項。」〔註 147〕鎮江民眾教育館辦館的宗旨和具體任務為「輔導各縣的民眾教育，實施公民訓練，舉辦強迫識字，推行義務教育」。〔註 148〕為了更好地落實民眾教育輔導工作，1933 年鎮江民眾教育館設置教育電影委員會，在該館職員中指定 15 人參加，計常務委員劉之常；研究股股長陳升僑，幹事陳仲理、劉鴻鑑、宗秉新、蔣社村；映寫股股長范鼎仁，幹事丁樸如、沈在鎔、張有盤；事務股股長朱芸生，幹事許先濤、李先熾、朱月耕、王兆鵬，並確定將該館大禮堂改為放映廳。在經過一年的布置和購置設備後，江蘇省立鎮江民眾教育館於 1934 年 1 月 1 日開辦教育電影場，該場成為館內固定放映電影的主要場所，並在城西施教

〔註 146〕許公鑒，民眾教育視導〔M〕，上海：商務印書館，1937：240。
〔註 147〕許公鑒，民眾教育視導〔M〕，上海：商務印書館，1937：240。
〔註 148〕徐南平、李文宏，鎮江民眾教育館對我國早起電化教育的促進作用〔J〕，電化教育研究，1996（1）：78。

區設立分場。

表 2-5　江蘇省立鎮江民眾教育館教育電影場工作人員一覽表

分　工	姓　名	人　物　簡　介
售券	李先蠟	不詳
驗券	朱芸生	朱芸生（生卒年不詳），1930 年任中國國民黨南京市第二屆執監委員會候補執行委員，次年任中國國民黨南京市第三屆執監委員會候補執行委員。
收券	許先濤、朱月耕	不詳
司幕	陳槐生、徐學餘、莊鑫泉	不詳
招待	莊鑫泉	不詳
清潔	謝憲榮、徐學餘	不詳
導演	劉之常、范鼎仁	劉之常（生卒年不詳），早年就讀於江蘇省立第五中學、第一師範學校、吳淞中國公學，1925 年 9 月任江蘇武進民眾教育館主任，1928 年籌建福建民眾教育館，1930 年回江蘇省立鎮江民眾教育館工作。
司影機	吳永泉	不詳
司幻燈	華連蓀	華連蓀（生卒年不詳）曾任 1935 年 7 月 18 日成立的江蘇無線電研究會候補理事，該會於當年 8 月 1 日在鎮江中正路江蘇省黨部內正式開始工作。
司音樂	蔣鑫	不詳
司燈	華連蓀	不詳
說明	趙宏弼、顧昌祐	趙宏弼（生卒年不詳）曾任 1935 年 7 月 18 日成立的江蘇無線電研究會候補理事。經過該會第一次監事會議及理事會議選舉，他被選為常務理事。
攜機	華連蓀、蔣鑫、吳永泉	不詳
保管	許先濤	不詳

資料來源：江蘇無線電研究會成立經過〔J〕，中國無線電，1935（24）：867。

　　1934 年，教導部下設電化教學股，以負責利用電化教育來普及社會教育工作，主要辦理的相關業務為「電影教學」和「電播教學」。鎮江民眾教育館開辦教育電影場之初，就意在將實驗和研究結合起來，據載，該館「除實施外，更有積極實驗之意義，實驗如何施教，如何推廣。」〔註 149〕在辦

────────────

〔註 149〕四年來之江蘇省立鎮江民眾教育館〔R〕，鎮江：江蘇省立鎮江民眾教育館，

理電影教育時，鎮江民眾教育館十分注重教學的方式，並主張將電影教育嚴格按學校教育的模式進行，並將取得的成績記錄下來便於研究和改進。其主要教學節目有：（1）電影說明，即編印說明書，放映前分發給觀眾，講解員加以解說，使觀眾對於教育影片由初步的瞭解；（2）幻燈教學，即開映前播放重要新聞、公民教育等內容的幻燈片，對觀眾進行時事、公民常識的宣傳；（3）唱片教學，即選購富有教育意蘊的唱片，在影片開映前後播放。該館舉辦教育電影教學節目，以兩個星期為一期，每期都制定節目表，按時實施。〔註150〕

表2-6　江蘇省立鎮江民眾教育館實施電影教育教學節目表

節　　目	時　　間	第　一　期
奏樂	5分鐘	早操（閉幕）
幻燈教學	10分鐘	唱黨歌
教育影片	15分鐘	《血液循環》
教育歌曲	2.5分鐘	《國旗歌》
滑稽影片	15分鐘	《包探大王》（1本）
教育歌曲	5分鐘	《注音符號》
滑稽影片	15分	《包探大王》（2本）
教育歌曲	5分	《節儉歌》（陳玉梅唱）
教育影片	15分	《夏威夷群島》
進行曲	5分	《大軍進行曲》

資料來源：四年來之江蘇省立鎮江民眾教育館〔R〕，鎮江：江蘇省立鎮江民眾教育館，
　　　　1934：44～45。

　　從表2-6中可以看出，電影教育與幻燈片教育、播音教育經常同時進行，課程形式為以電影教育為主、幻燈片教育和播音教育為輔助。教育電影通常來自國外，如《包探大王》、《血液循環》、《夏威夷群島》等，題材多為科技、娛樂類，教學形式多是配合說明書、專人講解和幻燈輔助；而教育歌曲則通常為自製，如《注音符號》、《黨歌》、《國旗歌》、《大軍進行曲》，題材為常識類或政治類，教學方式為幻燈輔助。此外，幻燈片在館內的展覽事業中也有

　　　　1934：43。
〔註150〕蔣社村，本館教育電影場開映一月記〔J〕，民眾教育通訊，1934（10）：154
　　　～156。

應用，據記載，「展覽上指導之工作，除舉行實物講演外，復實施幻燈講演，將展覽中之材料，繪製幻燈片映入影幕，由職員在旁講解，此項工作，於二十三年五月二十六日開始，已舉行五次。」〔註151〕在教學時間上，以教育電影和滑稽電影的放映居多、教育唱片的播放其次，幻燈片雖然專門使用時間較少，但大多用於輔助播音和電影教育。

表 2-7 　1934 年江蘇省立鎮江民眾教育館教育電影場開映電影一覽表

期 次	日 　期	教 　育 　電 　影	滑 稽 影 片
1	1.1～1.14	《血液循環》、《夏威夷群島》	《包探大王》
2	1.15～1.21	《金》、《無煙煤》	《當鋪夥計》
3	1.22～1.31	《救火》、《白喉》	《當鋪夥計》
4	2.14～2.22	《全身骨骼》、《東印度島》	《洪荒》
5	2.24～3.7	《東印度島》、《海濱的鳥》	《愛情與空軍》
6	3.8～3.16	《水之澄清法》、《消化》	《巡捕》
7	3.17～3.26	《煉油》、《皮膚》	《猴中英雄》
8	3.27～4.7	《蚊之生長》、《普通食鹽》	《頑皮》
9	4.8～4.16	《細菌》、《棉之生長》	《店員頭目》

資料來源：四年來之江蘇省立鎮江民眾教育館〔R〕，鎮江：江蘇省立鎮江民眾教育館，1934：47。

表 2-7 顯示，教育電影大約每 10 天左右放映 2 部，滑稽電影每 10 天放映 1 部。從題材來看，教育電影的題材多爲科學類、地理類、衛生類，滑稽影片題材則多爲偵探類、生活類。以前兩期放映的電影爲例，《白煤》是一部科學教育片，影片內容較爲專業，主要告訴觀眾礦工工作場景、白煤製造的程序等。《金》是一部科學教育片，告訴觀眾金子的生產程序，從採礦、淘金、溶錢，直到製成各種用品等方法，「此片子在科學方面，在於灌輸觀眾的常識；經濟方面，在於直到觀眾明瞭金子的來源。」〔註152〕《救火》是一部科學教育片，影片告訴觀眾火災預防的方法，如檢查電線煙囪，以及火災發生後的救滅方法。《血液的循環》是一部衛生教育片，影片主要告訴觀眾血液是怎樣流通的、各種血管的形狀、血液消化作用是怎樣的。《白喉》

〔註151〕四年來之江蘇省立鎮江民眾教育館〔R〕，鎮江：江蘇省立鎮江民眾教育館，1934：42。
〔註152〕蔣社村，本館教育電影開映一月記〔J〕，民眾教育通訊，1934（10）：153。

是一部衛生教育片，告訴觀眾白喉的預防與治療方法。《夏威夷群島》是一部地理教育片，影片中的景物係實地拍攝而來，觀眾看後能夠瞭解該島椰子樹繁盛、菠蘿蜜的製作、海中捕魚生活、蔗糖工業等情況。

　　江蘇省立鎮江民眾教育館教育電影場開設之初，放映時間地點為每週二、三、四在總館放映，每週五、六、日在城西施教區放映，每天均各開映兩場，有時因觀眾多而臨時增加場次，據統計，僅開場當月就有 8013 位觀眾前來觀賞。

表 2-8　1934 年 1 月江蘇省立鎮江民眾教育館教育電影場觀眾人數一覽表

日　　　期	到　場　人　數
1 月 1 日	本場舉行開幕典禮，未售票
1 月 2 日	1100
1 月 3 日	995
1 月 9 日	57
1 月 10 日	59
1 月 11 日	83
1 月 12 日	183
1 月 13 日	271
1 月 14 日	388
1 月 16 日	257
1 月 17 日	344
1 月 18 日	335
1 月 19 日	620
1 月 20 日	608
1 月 21 日	476
1 月 23 日	335
1 月 24 日	255
1 月 25 日	252
1 月 26 日	521
1 月 27 日	375
1 月 28 日	499
總　　　計	8013

資料來源：蔣社村，本館教育電影開映一月記〔J〕，民眾教育通訊，1934（10）：152.
其他時間爲週一或補放年假休假日。

江蘇省立鎮江民眾教育館的電影教育除了在教育電影場和城西施教區分
場按期進行外，還在省會鎮江市各工廠機關、團體、學校巡迴開展。

表 2-9　1934 年 1～7 月間江蘇省立鎮江民眾教育館觀眾人數一覽表

月　份	固定放映觀看人數	巡迴放映觀看人數
1	8013	1620
2	12492	280
3	8283	5825
4	5532	4186
5	5958	5466
6	7298	7538
7	2086	679
總計	59032	25585
每日平均	357	181

資料來源：四年來之江蘇省立鎮江民眾教育館〔R〕，鎮江：江蘇省立鎮江民眾教育館，
1934：46。

由表 2-9 可知，巡迴放映大概是固定放映的觀眾人數的一半左右。由於
取得了良好效果，鎮江民眾教育館決定「將來更擬巡迴於輔導區內，以期教
育電影之深入於鄉村。」〔註 153〕據有關統計，1933～1935 年間鎮江民眾教
育館共放映教育影片達 272 種，受教育人數高達 568000 餘人〔註 154〕。在夏
季，因爲天氣炎熱，該館也舉辦露天教育電影。1936 年春，館內總場改爲「集
團訓練」之用，於是城西分場改爲電化教學講映場，每逢星期六、星期日、
紀念日、節氣日分別播放教育電影，配以幻燈映畫及唱歌，又在館前空地設
立大眾教育場，遇節氣日或紀念日，晚上除放幻燈片、唱片外，亦放映教育
影片，以供附近居民及來往路人觀賞。規範的教育電影開展流程和細緻的開
展方法，使得鎮江民眾教育館開辦教育電影事業的名聲大振，並產生了廣泛

〔註 153〕四年來之江蘇省立鎮江民眾教育館〔R〕，鎮江：江蘇省立鎮江民眾教育館，
1934：45～46。
〔註 154〕徐南平、李文宏，鎮江民眾教育館對我國早期電化教育的促進作用〔J〕，電
化教育研究，1996（1）。

的影響，如 1934 年江蘇省教育廳開始學習鎮江民眾教育館推廣公民「教育電影」。在鎮江民眾教育館的倡議和推動下，其他民教館也紛紛開展了公民「教育電影」活動。例如，1934 年 3 月，江蘇省立南京民眾教育館在館內設置星期日教育電影場，放映教育電影；同年 8 月，江蘇省立徐州民眾教育館在該館開映教育電影，等等。另外，江蘇省教育廳規定，從 1934 年起各省立民眾教育館、省立教育學院負責實施公民「教育電影」，並協助各縣民眾教育館等社教機關切實推行，在經費方面省方給省立民眾教育館及省立教育學院提供設備費各 2000 元，用於置備電影機械及幻燈唱片等；又規定其辦理公民「教育電影」的經常費在本機關事業費中開支，各縣民眾教育館等社教機關則從縣社教臨時經費項中開支。1934 年 6 月，省教育廳將放映教育影片定為巡迴施教的主要內容，巡迴的時間、地點及次數由輔導機關與縣區民眾教育中心機關商定，以在鄉村施教為主，各縣教育當局及縣區中心機關負責維持秩序，每年須在輔導區各縣巡迴施教一次，巡迴所需經費在各輔導機關事業費內支給，布置施教場所費用則在各縣區中心機關事業費內支給，省方同時訓令各社教機關應派員積極辦理。鎮江民眾教育館在巡迴放映的過程中，同樣堅持將電影教育與播音教育等協同進行的教學方式，並通過技術上的改進來提升電化教育媒體的性能。

　　1918～1935 年間，中國的電化技術和設備多使用國外牌子，由於資金的限制，通常還比較簡陋，鎮江民眾教育館巡迴教學的設備也是如此，以電影為例，巡迴施教之初，電源供給都是很大的問題，只能依靠巡迴施教地點單位來供給電源。1936 年，鎮江民眾教育館設計了可以手搖發電的專用電播教學機，此機是上海中華電化教具製造廠製造，電源用手搖發電機充入 6 伏特蓄電池使用，搖電之時人越多越好，每人可以手搖 5 分鐘輪流替換，12 人搖完 1 小時，可供 4 小時使用。團體使用這臺機器更為便利，用整流充電機也可以，用 2 安培的充電機充電 1 小時可用半小時，用 15 安培充電機則與手搖機效力一樣。這一 6 伏特電播教學機，其構造包括收音機 1 架，中裝喇叭和話筒各 1 隻，組合在 1 箱中，約重 12 公斤，另有手搖電機 1 架、蓄電池 1 組約重 20 公斤，可手提或肩挑，不論城市鄉村、有無電源，均可前往施教，不會由於借用電源問題影響工作。電播教學機設計合理，收音機製造精巧，長短波均可接聽，揚聲器可懸掛在高處（如電線杆、大樹或竹架上），利用其擴音和講演聲音均很清晰、洪亮，即使有數百名聽眾集合於一處，也不影響施

教效果；而且在南京或鎮江城內收聽當地電臺節目，不必使用天線。這種教學機在車輛和輪船等交通工具上使用，極大地方便了民眾，滿足了不同受眾的需求。〔註155〕此外，鎮江民眾教育館於 1937 年投入使用的電化教育巡迴施教車，其第一輛由上海加工製造，消息傳出後即引起了巨大的反響，包括上海中學師生在內計 3000 餘人出席了首印式，中國教育協會上海分會還特地到現場拍攝教育電影。〔註156〕

由於鎮江民眾教育館注重教育電影實施和研究相互促進，所以其實施教育電影的硬件較為優越，電影教育研究書刊也十分豐富。據 1934 年的財產金額統計，其館舍價值 45000 元，館地價值 6400 元，農場價值 2700 元，展覽品價值 15000 元，圖書價值 6000 元，器具價值 14000 元，電影機件影片價值 7000 元，幻燈片價值 500 元，娛樂及化裝品價值 500 元，書刊價值 1000 元，花木價值 1000 元。〔註157〕可以看出，教育電影設施的直接投入占不動產 7.57 ％份額。另外，該館電化教育書刊較為豐富，書籍如《教育電影研究集》、《教育電影實施指導》、《電影教育的實際和設施》、《影片教學方案》等，刊物如《電影教育叢刊》、《民眾教育通訊》的「電影教育專號」等。

伴隨著南京國民政府的建立和倡導，民眾教育館成為實施社會教育的中心機構，成立於 1930 年的江蘇省立鎮江民眾教育館在擇址設立後，一方面大力購置教育電影和教育播音設備，開展固定教學和巡迴教學；另一方面積極刊印各類電化教育書刊，探討教育電影和播音的相關理論以及實踐中遇到的各種問題。

（三）專題研討：聚焦《教育電影研究集》

江蘇省立鎮江民眾教育館在開展電化教育的過程中重視研究工作，並於 1933 年商請《鎮江蘇報》發行《教育電影》半月刊，供館員進行專題研討和宣傳，該刊辦至 1935 年，共出版 24 期。因該刊流傳過程中散失嚴重，1935 年鎮江民眾教育館特將其中部分文章選錄編輯成冊，取名《教育電影研究集》。由於時間久遠及資料散失，如今《教育電影》半月刊上的文章大多已不

〔註155〕陳玳瑋，民國時期教育播音研究（1928～1949）〔D〕，內蒙古師範大學博士學位論文，2012：154。
〔註156〕徐南平、李文宏，鎮江民眾教育館對我國早期電化教育的促進作用〔J〕，電化教育研究，1996（1）。
〔註157〕四年來之江蘇省立鎮江民眾教育館〔R〕，鎮江：江蘇省立鎮江民眾教育館，1934：8。

可見，故本小節擬對《教育電影研究集》中收錄的電化教育文章作一考察。

表 2-10　《教育電影研究集》部分電化教育文章一覽表

作　者	題　目	所屬欄目
劉之常	本館教育電影的幾點教育含義	一般言論
宗秉新	在搖籃中的中國教育電影運動	一般言論
蔣社村	答客問	一般言論
展雲	實施教育電影的意義與希望	一般言論
宗秉新	談談國產影片一年來的進步	一般言論
蔣劍鋒	教育電影的地位和領域	一般言論
蔣劍鋒	社會教育機關應採用電影教育簡言	一般言論
朱佐庭	教育電影實施問題之檢討	一般言論
劉鴻鑒	推行教育電影一個問題的商榷	一般言論
蔣劍鋒	編製教育電影腳本的重要	一般言論
蔣社村	編製電影劇本上的攝影常識	一般言論
劉之常	向認映教育電影的各學校進一言	一般言論
宗秉新	在我的觀點下談談電影教育	一般言論
展雲	電影教育程途上努力的方向	一般言論
蔣社村	本館首次開映國產影片	一般言論
展宏	新生活運動與電影教育	一般言論
蔣社村	七分教育與三分娛樂	一般言論
白茶	對於中國電影界的一個建議	一般言論
廖炎熾	教育電影場暗室及換氣的設備	一般言論
廖炎熾	教育電影場所實際問題的研究	一般言論
廖炎熾	教育電影場的安全問題	一般言論
廖炎熾	利用演講廳為教育電影場的設備	一般言論
廖炎熾	理科室中放映教育電影的設施	一般言論
蔣劍鋒	中國電影立場的檢討	一般言論
宗秉新	電影教育推進中兩個重要問題	一般言論
不詳	本館教育電影場開映一月記	實施報告
不詳	本館舉辦教育電影省會巡迴的經過	實施報告
不詳	本館教育電影一年來實施概述	實施報告

資料來源：江蘇省立鎮江民眾教育館，教育電影研究集第一集〔C〕，鎮江：江蘇省立
　　　　　鎮江民眾教育館，1935：5。

上述文章按其主題及內容，大致可歸納爲以下幾類：

（1）教育電影理論專題研討。教育電影理論專題研討主要包括教育電影的內涵和教育電影的功能兩方面。關於教育電影的內涵，《教育電影的地位和領域》一文分析了鎮江民衆教育館開映教育電影二十多天後遇到問題的原因，即主要原因仍在於民衆對於教育電影不甚瞭解，並對它的娛樂性做了過高的估計，對此蔣劍鋒提出了兩點對策，首先，向民衆重申教育電影的內涵，即「能增加民衆的政治，公民，藝術，衛生，科學等常識的影片，就是教育電影。」具體而言，表演各國大事，包括表演地方事件之足可借鏡者，就是政治教育電影；表演各國的天然風景及民間風俗者，就是風俗及風景片；表演各種疾病防治及體格訓練者，就是衛生教育片；表演各種工藝技能的訓練者，就是職業訓練片；表演各國國內外的事業，如築路、開礦、煉鐵等，就是實業教育片；表演動植物的分析與演進者，就是科學教育片。其次，他呼籲文藝界的人士加強相關宣傳。〔註158〕蔣社村等人在《教育電影實施指導》中也認爲，「凡是含有促進人類對於自身、對於世界或對於自身和世界的改變，以合於人生需要或公共福利爲目的的材料，而用電氣、電光的機械，將這些材料的形體、關係、動作或聲音、顏色表現在銀幕上，借視聽的官覺，以灌輸於民衆而達到上述目的的，就叫做教育電影。」〔註159〕教育電影又分爲學校教育電影和社會教育電影兩種。關於教育電影的功能，《社會教育機關應採用電影教育簡言》一文中提出社會教育應掌握激發教學興趣、負有實際指導、促進教學便利、收到普及效能四項原則，而對於電影來講，以上四項正是其最大的功能。〔註160〕《在我的觀點下談電影教育》一文從教育哲學和心理學的角度來理解電影教育的功能，作者本人也認爲該文取名《電影教育之哲學觀與心理觀》更爲恰當，因爲人類要增加應付環境的能力，憑直接的經驗是非常有限的，所以大部分還要靠間接的經驗，所謂間接的經驗，當時最主要的是從語言、文字、圖畫等得來，但這些傳達經驗之方式和媒體均沒有電影的效果大，它們雖「不吝把真實的經驗，照樣復現於吾人之前，叫我們不能直接的去經驗它，但是有曾經去過的人，拿語言告訴我們，或者有人

〔註158〕江蘇省立鎮江民衆教育館，教育電影研究集第一集〔C〕，鎮江：江蘇省立鎮江民衆教育館，1935：23〜24。

〔註159〕蔣社村、宗秉新，教育電影實施指導〔M〕，上海：中華書局，1936：2〜3。

〔註160〕江蘇省立鎮江民衆教育館，教育電影研究集第一集〔C〕，鎮江：江蘇省立鎮江民衆教育館，1935：25〜26。

拿文字寫，或者拿圖畫畫給我們看，但總沒有拿攝成的影片，映給我們看，叫我們如身臨其境，得到一個深刻的印象，而不可磨滅。」〔註161〕人類的知識有 80％ 從視覺得來，而電影乃是視覺教育的利器，所以電影具有影響人類知識學習的巨大功能，但除此之外，它還具有影響人類行為學習的巨大功能。蔣社村等在《教育電影實施指導》一書中將上述兩者合而為一，認為教育電影對人的影響在於：「舉凡態度、理想、興味、嗜好、情操、偏見、信仰等，無不受到很大的影響。」〔註162〕

（2）教育電影管理專題探討。教育電影管理包括機構管理和人才管理兩方面。關於機構管理，《推進教育電影的一個問題的商榷》認為應在中央設置教育電影總院，受教育行政機關之監督指導，全國各省設立教育電影分院，各縣設立教育電影支院，除支院以外，再視縣分之大小，組織教育電影流動隊，推帶電影機件，到各鄉村放映。〔註163〕《在搖籃中的中國教育電影運動》一文勾勒了中國教育電影運動的發展歷程，高度讚揚了中國教育電影協會的成立和工作，認為其必將帶領中國教育電影運動獲得成功。〔註164〕關於人才管理，《教育電影實施問題之檢討》一文認為，放映區域應由城市而轉向鄉村，人才培養上也應注意兩個問題：一個是如何訓練優秀的人才，另一個是使優秀人才繼續忠誠服務，解決之道在於設立培養專門人才的機關和注意進修和待遇問題的改善。〔註165〕

（3）教育電影技術及設備專題探討。教育電影設備可以分為兩類：其一是硬件，如教育電影的實施場所、教育電影的放映器件等；其二是軟件，如教育電影教材、教育電影劇本等，教育電影技術也相應地分為硬件技術和軟件技術兩類。關於硬件設備和技術，在《電影教育初步實施法》一文中，劉之常認為放映器件可分為放映機、幻燈機、演講機，若經費允許則都應配備，若不允許則應優先購買放映機。由於當時教育電影均屬於 16 毫米，故

〔註161〕江蘇省立鎮江民眾教育館，教育電影研究集第一集〔C〕，鎮江：江蘇省立鎮江民眾教育館，1935：40～41。

〔註162〕蔣社村、宗秉新，教育電影實施指導〔M〕，上海：中華書局，1936：4。

〔註163〕江蘇省立鎮江民眾教育館，教育電影研究集第一集〔C〕，鎮江：江蘇省立鎮江民眾教育館，1935：31～32。

〔註164〕江蘇省立鎮江民眾教育館，教育電影研究集第一集〔C〕，鎮江：江蘇省立鎮江民眾教育館，1935：10～12

〔註165〕江蘇省立鎮江民眾教育館，教育電影研究集第一集〔C〕，鎮江：江蘇省立鎮江民眾教育館，1935：27～29。

應採用小型放映機，附件如幻燈機和擴音機也應以輕便爲原則。另外，他還根據鎮江民眾教育館的實際情況主張配備相應的教育電影放映器件，包括 D 式放映機、兩用幻燈機、變壓機、倒片器、接片機、燈泡、製片藥水、機油、皮包等。〔註 166〕在《教育電影實施指導》一書中，蔣社村認爲放映機應採用柯達 K 型和 D 型兩種，K 型適用於大型場所，如數千人聽講的教學廳，D 型放映機適合在教室中放映，放映機需配備變壓器、倒片機兩附件，爲方便讀者理解，書中還給出了兩種附件的簡圖，並簡要說明了二者的原理。幻燈機爲電影放映時重要的輔助工具，書中介紹了衛生署自製幻燈機、中華書局兩用幻燈機、達愛博克幻燈機，具體內容包括簡圖、價格、性能、適合場所等項。此外，書中還編製了三種教育電影器件預算，以供各類教育電影機構參考。《教育電影場暗室及換氣的設備》介紹道教育電影放映並不是有暗室就可以的，在日間放映要有映演的裝置，在光明室內放映只用黑幕亦可，但與下雨天放映的情形不同。根據放映場所的不同應採取不同的方式，如在教室內應使用 4 尺到 6 尺的影片，在演講廳則應用 10 尺到 12 尺的影片。映影機應使用 16 釐米的標準型，250 瓦特，並使用 300 瓦特的膠片。裝置暗室，最簡單的則用黑色緞子，配以綠色法蘭絨的裏子製造黑幕，暗室的裝置有兩面開式的窗幃和向上卷式的窗幃兩種，兩面式的窗幃比較適用於簡單的場合，向上卷式的則適用於演講廳等場所，只是價格偏貴。限於當時的電影放映條件，暗室的換氣也十分重要，故應該採用百葉式窗戶。〔註 167〕《教育電影場所實際問題的研究》就暗度和視覺、座位的安排等問題展開探討，《教育電影場的安全問題》、《利用演講廳爲教育電影場的設備》、《理科室中放映教育電影的設施》三文均係譯文，主要探討教育電影場的場地選擇、通風條件、安全等細節問題。

關於軟件設備和技術，《編製劇本上的攝影常識》認爲一本完整的電影劇本需要導演、攝影等要素的密切配合，「如果編者無導演及攝影上的常識，各是其是，結果，一本電影攝製完成，表現於銀幕，必致與編劇的本旨，南轅北轍，不能吻合！」文後還附錄了攝影上的一些常識，並對「大寫」、「半身」、「近寫」、「全景」、「遠寫」、「漸顯」、「漸暗」「淡出」、「溶明」、「淡入」、

〔註166〕劉之常，電影教育初步實施法〔J〕，民眾教育通訊，1934（10）：22～23。
〔註167〕江蘇省立鎮江民眾教育館，教育電影研究集第一集〔C〕，鎮江：江蘇省立鎮江民眾教育館，1935：55～56。

「溶暗」等術語做了解釋。〔註168〕《編製教育電影腳本的重要》一文認爲對於外來電影不應消極抵制，而應積極加以補救，「凡是外來影片是適用的，有價值的，我們應予以相當的利用，不可摒棄。」另外，自製電影腳本應根據陳立夫在《中國電影事業的出路》中所提到的五大方針進行，腳本製作是自製教育電影的關鍵，腳本製作的過程則以精密爲準。〔註169〕

相比較而言，以《教育電影研究集》爲代表的鎮江民眾教育館所開展的電影教育與電化教育專題研討與商務印書館主辦的《東方雜誌》、《教育雜誌》上發表的論文在選題上的差異並不顯著，現按其主題作一分析：

（1）教育電影理論研究。如前所述，發表在《東方雜誌》和《教育雜誌》上的論文曾指出教育電影的名稱經歷了從「影戲」到「教育電影」的變化，其背後實際上摺射出作者對於電影教育價值認識不斷加深，範圍也從學校教育擴展到社會教育；相比之下，《教育電影研究集》對於教育電影名稱和概念的內涵已經比較明確，多篇文章如《本館教育電影場的幾點教育含義》、《社會教育機關應採用電影教育簡言》、《在我的觀點下談電影教育》、《實施電影教育的意義與希望》、《教育電影的地位和領域》均在「大教育觀」的視角下探討「教育電影」和「電影教育」問題，並提出應將教育電影進行分類。

（2）電化教育管理研究。電化教育管理主要包括電化教育機構管理和電化教育人才管理兩個方面。商務印書館館辦期刊文章已建議設立中央電化教育管理機構和參照國外經驗培養電化教育人才，如《活動影戲發達之將來》、《美國無線電人材之栽培》等文，但還僅停留在呼籲的階段，對其中的實際問題和隱藏在問題背後的原因則未作解答；相比之下，《教育電影研究集》文章已從呼籲階段進入實施階段，開始探討地方電化教育管理機構的建設問題，並思考如何在本土環境中進行電化教育人才培養，如《推進教育電影的一個問題的商榷》、《教育電影實施問題之檢討》等文已探討從中央到地方的教育電影管理機構網絡、電化教育專門人才培養機關的設立等問題，並對如何留住優秀人才和提升人才待遇等問題做了一些思考。

〔註168〕江蘇省立鎮江民眾教育館，教育電影研究集第一集〔C〕，鎮江：江蘇省立鎮江民眾教育館，1935：37。

〔註169〕江蘇省立鎮江民眾教育館，教育電影研究集第一集〔C〕，鎮江：江蘇省立鎮江民眾教育館，1935：34。

（四）教學導向：以劉之常、蔣社村為例

1930 年，劉之常調入江蘇省立鎮江民眾教育館，先後出任該館展覽部主任、教導部主任。在江蘇省立鎮江民眾教育館工作期間，劉之常開展了大量的民眾教育實驗，他尤其重視使用電影來開展民眾教育，並在此基礎上撰寫了《今後民眾教育之視覺教學事業》、《電影教育初步實施法》、《學校採用電影教育的指導法》、《飲水衛生影片教育方案》、《教學影片編制舉例》等電化教育論文。蔣社村曾為江蘇省立鎮江民眾教育館館員，積累了較為豐富的實際工作經驗，其電化教育著作主要有《教育電影實施指導》，論文有《飲水衛生影片教育方案》、《教學影片編制舉例》、《教育電影輔助教材之選用與自製》、《幻燈映畫教學與燈片攝製法（1～5）》。

總的來講，二人針對教育電影教學或電化教學上的問題進行探討，主要集中在以下幾個方面：

（1）關於電影教育教材的編製。劉之常認為，國外教育影片和國產戲劇片之所以不合教學之用，原因在於：「一種教學方法如果缺乏了『程度的適合』和『興味的存在』這兩個因素，實不易觀到它的成效的。」〔註170〕故應自製教學影片。劉之常在參考美國教學影片（Instructional Film）優點的基礎上，提出自製教學影片應符合如下原則：（1）每片須有中心學習的題材；（2）每片以 800 尺為適當長度，至多不得超過 1000 尺；（3）每片的構成，須劃分各單位，聯合成系統，以便教學時插入研究討論。〔註171〕另外，教育電影要有結構而不呆板，「電影片如果是太呆板，雖有教育的意義，而民眾看的沒趣味，應該要像小說一樣，使人看的很有系統留戀不捨。例如歷史、地理決不能映一個人形，或是呆板的地圖就算，應當把它編成很精巧的劇本，才使人看得有興趣。」〔註172〕其主要題材包括公民、地理、衛生及生計四類。〔註173〕

蔣社村在《教育電影輔助教材之選用》一文中認為，教育電影輔助教具指幻燈機、擴音機和唱片機等，輔助教材指唱片、幻燈片。輔助教材方面，音樂唱片通常應配合電影放映進行，如悲壯激昂的歌曲容易鼓起聽者勇氣，幽靜輕快的歌曲容易抑制聽者暴躁的情緒，所以應根據劇情來選擇音樂唱片。蔣社村據其經驗列出了一張音樂唱片的簡表，其中莊嚴類的有《天平天》

〔註170〕劉之常，教學影片編制舉例〔J〕，中華教育界，1936（24-5）：60。
〔註171〕劉之常，教學影片編制舉例〔J〕，中華教育界，1936（24-5）：60。
〔註172〕劉之常，電影教育初步實施法〔J〕，民眾教育通訊，1934（3-10）：18。
〔註173〕劉之常，教學影片編制舉例〔J〕，中華教育界，1936（24-5）：60。

（百代公司）、《迎仙客》（百代公司）2 張；悲壯類的有《秋風》（新月公司）、《鴛鴦大開門》（新月公司）、《昭君怨》（新月公司）、《七級浮屠》（百代公司）、《孔雀開屏》（百代公司）等 13 張，其中新月公司 4 張，百代公司 9 張；激昂類的有《夏日》（新月公司）、《柳搖金》（新月公司）、《杯酒高歌》（百代公司）等 8 張，其中新月公司 4 張，百代公司 4 張；輕快類的有《平湖秋月》（新月公司）、《雀來紅》（百代公司）、《攝影搖紅》（百代公司）、《小桃紅》（百代公司）等 73 張，其中新月公司 10 張，百代公司 63 張；風景類的有《陌頭柳色》（新月公司）、《雨打芭蕉》（新月公司）等 3 片，均爲新月公司出品；寫實類的有《引擎叫鈴汽角》（上海哥倫比亞唱片公司）、《大雷雨》（上海哥倫比亞唱片公司）等 11 張，均爲上海哥倫比亞唱片公司出品。從此表中可以看出外國唱片所佔比例較大，文章指出由於外來唱片的質量和內容良莠不齊，故民眾教育館應實施嚴格的檢查。蔣社村認爲檢查的步驟主要爲：（1）調查各地灌片場所的性質與地址；（2）分函索閱各場所唱片歌詞；（3）詳細審查各種歌詞的內容；（4）編製合於己用的教育歌詞目錄；（5）根據自訂目錄陸續購置。〔註174〕在此基礎上，蔣社村推薦鎮江民眾教育館採用的教育唱片目錄書《百代公司教育唱片叢編》（百代公司印製），該書將所列教育唱片按歌名分爲名人演講類、革命類、愛國類、從軍類、勞動歌、親愛類、兒童類和公民類八大類，計 102 種；幻燈方面，可以採用的題材爲衛生教育類、民眾教育類、地理風景類，衛生教育類的有單張五彩幻燈片《飲水要煮開標語片》、《快打防疫針標語貼》、《安全助產圖片》、《種痘圖片》、《請靜聽》等 17 張，成套五彩幻燈片《衛生習慣圖片》、《健康與經濟圖片》、《學校衛生圖片》、《救急圖片》等共 12 張，其中《江蘇省立鎮江民眾教育館燈片出品目錄》中有語文教育類的《讀書好》、《識字好》、《寫字》、《四季勤學》、《路上難》等 52 張，公民教育類的《孫中山》、《國民黨》、《國旗》、《開會》、《長城》等 25 張，自然教育類的《地球》、《春夏秋冬》、《水的變化》、《衛生》、《傳染病》等 16 張。

　　蔣社村指出，除了購買輔助教材外，在實際教學中需要自製輔助教材，特別是幻燈教材。幻燈教材包括文字幻燈片和圖解幻燈片兩種，文字幻燈片即單用文字的幻燈片，應注重文字簡單；圖解幻燈片以繪圖爲主，輔以簡要說明，這類幻燈片的設計必須要有詳細的方案設計圖，以便幻燈片能夠恰當

〔註174〕蔣社村，教育電影輔助教材之選用與自製〔J〕，民眾教育通訊，1936（1）：23～36。

地起到輔助作用。幻燈片製作技術包括簡易製作法和攝影製作法兩種，簡易製作法即用卡通墨汁（Carteris Black India Ink）在玻璃片上寫字，寫完後蓋上玻璃片，在放映時不斷用手磨即可；攝影製作法步驟爲用長焦距的攝影機攝製材料，攝完後置於黑白幻燈片上，該過程中應注意溫度合適、時間準確，幻燈片曬完後，放入顯影液顯影、定影液定影就可完成。蔣社村在文後還給出了五種顯影液的配法，分別爲衣俞——海特路幾奴（幻燈片用顯影液辦法）、海特路幾奴顯影液（溫調幻燈片法）、鈉調色液——棕色變藍（幻燈片及電影片用）、硫化調色液——成棕色（幻燈片及電影正片用）、鐵調色特——成藍色（幻燈片及電影正片用）。〔註 175〕

（2）關於電影教學的方法與步驟。電影教學並不是有電影就能開展教學，必須有良好的教學法才能奏效。《教育電影實施指導》一書中給出了 10 條教學原則，即「1. 最宜於電影表現的科目，如天文、地理、生物、解剖、時事等，自應應用電影教學；2. 編印適用的說明書，幫助瞭解。3. 編製教學方案，以爲教學進行時的根據；4. 電影開映時，一面按照電影的畫面作淺顯的說明（用擴音機最好）；5. 用慢映機（Slow-Motion Machine）放映，以便在艱深處反覆觀看，反覆研究；6. 供給圖書，使之自動參考，此事可與圖書館聯絡；7. 與社會各方面，如商店、工廠、農場等機關聯絡，供給民眾以參觀的便利；8. 供給民眾以實驗的機會；9. 通訊研究；10. 與在日常生活中施行的教育活動聯絡。」〔註 176〕其中每項對電影教學實施的成敗都有重要影響，以當時流行的「講解教學」爲例，如果實施不當，觀眾則會由於錯誤的觀念而導致「感應結」（S-R Bond）的產生，使得第二次學習變得十分困難。該書深受桑代克教育心理學理論的影響，桑代克認爲人對知識和技能的學習實際上是在刺激（S）和反應（R）之間建立連接而形成「感應結」的過程，教學的任務在於嚴格安排情景、控制反應，使學習者形成恰當的「感應結」，最終形成良好的習慣；反之，則容易因環境的干擾，使其形成錯誤的「感應結」，導致不良習慣的形成。〔註 177〕蔣社村等分析道，電影教學的準備猶如普通教學中的備課，包括影片的選擇、影片的試映、字幕及畫面的記錄、教材單位

〔註 175〕蔣社村，教育電影輔助教材之選用與自製〔J〕，民眾教育通訊，1936（1）：23～36。
〔註 176〕蔣社村、宗秉新，教育電影實施指導〔M〕，上海：中華書局，1936：112。
〔註 177〕孟慶男，當代教學理論：概念、問題與原理〔M〕，長春：東北師範大學出版社，2006：29。

的劃分、教材內容的探究、補充教育的搜集、教學節目的訂定、說明書的編印、教學方案的編製、講解詞的練習、廣告的張貼等環節；與普通教學法類似，電影教學也應有合理的教學順序，分為引起動機、講映影片、問題複習、介紹參考資料及其他增加的節目等過程。

劉之常以影片《飲水衛生》為例，詳細說明了電影教學的方法和步驟，具體包括：①全片概念。含關於水與人生的認識、關於飲不潔的水的認識、關於改善不潔飲水的認識和關於飲清潔水的認識。②全片分節。分為第一節——新河鎮飲水不潔的成因及村民受害者的實況、第二節——小學校實驗不潔的飲水、第三節——小學校舉行飲水衛生宣傳、第四節——開河鑿井工程的進行、第五節——小學校實驗清潔的飲水、第六節——講求水利後的鎮民幸福。③教學進程。首先應引起動機，應將事先擬定的說明語製成幻燈片，插入放映；其次注意講映要點，教師應按畫面說明逐一講解，「按照畫面經過的時間，作極簡短明白的解釋，解釋的速度，要跟畫面時間的長短吻合」，「解釋的聲調不但要清楚，還要與畫面諧和」。〔註178〕在此過程中應注意科學知識的灌輸和音樂唱片的調和，「影片的字幕是很簡單，完全要靠教者的說明，對於這種畫面，一定要準備極精確極簡要的說明指示觀眾，使在這最短時間裏，可以得到最重要的科學智識，決不能輕輕放過。」〔註179〕「如小學校舉行慶祝會，小學生歌舞畫面，無庸加以說明，可利用音樂唱片配唱，則畫面更加生色。」〔註180〕再次，講映過程應「實行一面講一面映之方法，每節終了，並應將補充教材，製成燈片插入，並講解，使觀眾對於每節，再有一中心的認識。」〔註181〕④問題複習。影片映完後，為加深觀眾的記憶，要對片中的要點作一次複習，複習方法為在片內摘出若干問題，同時擬定若干條答案，用幻燈片映出，替代觀眾自問自答。⑤參考書籍。即把書名、編者、出售場所寫入幻燈片，插入放映。另外，實施電影教育需要說明書，「電影雖能把一種事實映演出來，但有地方還是不免要解釋的。所以有說明書，比較有益，說明書要用通俗的話編成，作為觀眾的課本，一方面讀，一方面看，那教育的效率一定是一日千里。」〔註182〕

〔註178〕劉之常，飲水衛生影片教育方案〔J〕，民眾教育通訊，1935（5～9）：52。
〔註179〕劉之常，飲水衛生影片教育方案〔J〕，民眾教育通訊，1935（5～9）：52。
〔註180〕劉之常，飲水衛生影片教育方案〔J〕，民眾教育通訊，1935（5～9）：52～53。
〔註181〕劉之常，飲水衛生影片教育方案〔J〕，民眾教育通訊，1935（5～9）：53。
〔註182〕劉之常，電影教育初步實施法〔J〕，民眾教育通訊，1934（3～10）：18。

綜上所述，20 世紀 20 年代後，隨著民眾教育館的普及，教育電影作爲社會教育的重要手段受到民眾教育館的充分重視。江蘇省立鎮江民眾教育館作爲國內最早推廣教育電影的民眾教育館，對教育電影理論和實施方法進行了較爲系統的探索，爲民國期間教育電影及電化教學的研究做出了重要的貢獻。

二、昌明電影函授學校的影戲理論研究

遊藝場中有戲劇、說書、電影等娛樂項目，均需大量的演員，所以必須開辦影戲學校，以培養所需人才。例如，1922 年明星影業股份有限公司成立的同時也創辦了明星影戲學校，旨在爲明星公司培養電影人才，當時明星影業股份有限公司的招股廣告和明星影戲學校的招生廣告同時刊登在《申報》上，在明星影戲學校的招生廣告中不僅言明了上課時間等細節，還闡明了演員的基本素養和職業操守。該校先由鄭正秋擔任校長，後由谷劍塵接任，學校授課教師有鄭鷓鴣、周劍雲、谷劍塵、唐豪等，首屆學生共 87 個（男 70，女 17），經考試畢業者 34 人。〔註 183〕明星影戲學校課程多側重於銀幕方面，非常實用。1926 年明星影戲學校招考試卷筆試部分共有四題：「1. 眼睛、嘴、手、腳和身體，你認爲何者於演劇爲重要？2. 眼睛的表演共幾種？請詳細將種數及動作與所表及何種感情一一述出。3. 在表演中什麼叫單調？什麼叫過火？4. 述你對電影事業之態度。」〔註 184〕明星影戲學校培養出的畢業生中余瑛曾主演影片《滑稽大王遊華記》，其他著名的演員還有邵莊林、袁紹梅、李萍倩、周文珠、王吉亭、梅熹、李清等。上海大世界遊藝場黃楚九創辦了中華電影學校，該校以培養電影演員爲宗旨，開設影劇概論、電影原理、電影行政、西洋近代戲劇史、電影攝影術、攝影場常識、導演術、編劇常識、化妝術、舞蹈和歌唱訓練等課程，教師有徐壽朋、洪深、陸澹安、嚴獨鶴、汪熙昌、徐琥、卜萬蒼、沈寶琦、顧肯夫。中華影戲學校對於學生資歷沒有要求，每晚 7～10 時分兩班上課，學制爲半年，全部課程共 360 學時。該校雖屬業餘性質，但學風嚴謹，培養出不少著名演員，如蝴蝶、徐琴芳、湯傑、朱飛、林雪懷、孫敏、高梨痕、周空空等。總的來看，20 世紀 20 年代開辦的

〔註 183〕籍之偉、鍾大豐，中國電影專業史研究（電影教育卷）〔M〕，北京：中國電影出版社，2011：7。

〔註 184〕方明光，海上舊影夢〔M〕，上海：上海人民出版社，2003：23。

影戲學校辦學時間通常較短，僅招一期或二期，時間 3 到 6 月不等，辦學的目的即培養馬上能夠投入電影拍攝的實用型人才，有需要則開辦，無需要則停辦。雖然由遊藝場和影業公司開辦的影戲學校培養目標和課程設置都比較單一，且不固定，但不可否認的是它們爲有志於電影事業的人提供了專業的訓練。

　　這一時期遊藝場和電影公司附設的影戲學校以培養演員爲主要目的，開設的課程均以表演爲主，而電影函授學校則以培養編劇、導演、演員等爲主要目的，較之前者顯得更廣一些，爲此開設課程兼及編劇、導演、攝影、音樂、美術等多方面，其中以昌明電影函授學校爲典型。昌明電影函授學校由留法電影技師汪煦昌、徐琥創辦，地址設在上海新閘路 708 號，由周劍雲、陳醉雲、程步高等任教，課程計分「編劇學」、「導演學」、「攝影學」、「表演學」、「化裝術」5 門，學生入學 3 個月畢業，學費 3 元。1924 年 3 月學校登報招生，據《民國日報》報導，「該校自登報招生以來，函索章程摺，達兩千餘份，現正排印講義，七月十號開始授課（每星期發講義兩次，約六千字），日來前往報名納費者甚多云。」〔註185〕該校於 1924 年 7 月 10 日正式授課，「學生極眾，日本、費列濱（即菲律賓——筆者注）、南洋群島等處，亦有報名納費者。」〔註186〕，開辦一年即行結束。該校曾印有授課講義，內含「影戲概論」、「導演學」、「編劇學」、「攝影學」四部分，講義於 1924～1925 年間編輯成書。從該書中可以管窺這一時期電影教育的理論、內容、教學思路以及所傳授的電影觀和藝術觀等諸方面的信息。

　　該書作爲教材雖分爲四部分，由不同的作者編寫，但各部分的基本框架大體一致，可以看做是一個整體。從各部分的具體內容來看，該書的主要目的在於普及電影基本知識，而不在於理論探討，但它呈現出一定的系統性，既包含基礎知識，彌補了其他影戲學校教學上知識點的不足，同時又將電影理論等藝術觀念貫穿其中。它沒有將演員的培養作爲唯一的事業去經營，而是著力培養電影的從業人員（尤其是幕後），甚至是培養民族藝術家。從內容上看，主要包括如下幾點：（1）影戲的內涵和價值。「影戲概論」部分共 20000字，時人評價道：「內容淵博詳盡，多未經人道之語」。〔註187〕該部分共 10

〔註185〕昌明電影學校將授課〔N〕，民國日報，1924-6-29，（8）。
〔註186〕昌明電影函授學校近況〔N〕，申報本埠增刊，1924-8-10，（1）。
〔註187〕昌明電影函授學校近況〔N〕，申報本埠增刊，1924-8-10，（1）。

章，分別爲：影戲之名稱、影戲之起源、影戲之歷史、影戲之原質、影戲之功效、影戲之種類、影戲之兩大劣點、影戲之國家色彩、中國影戲之前途，文中從「影戲」的名稱說到影戲的使命、功能，比較全面地表述了當時國人對於電影的認識和看法。文中認爲，電影與戲劇是不完全相同的，扮演電影的動作和表情，較舞臺劇更爲細膩和自然，但爲了統一名稱起見，還是將電影稱爲影戲。「影戲之原質」一章首先涉及戲的內容，繼而談及影的構成，並且重視影戲的社會功能，用了兩章來論述「影戲的使命」和「影戲的功效」，以期糾正時人對於影戲的藝術價值及其社會教育功能認識不足的毛病。書中已經認識到影戲的綜合價值，其中包含了文學、科學、心理學、社會學、技術和美學等。在「編劇學」部分，作者認爲看書和編影戲完全不同，要編好的影戲，切不可缺的兩種觀念爲時間觀念和空間觀念，如能將此兩種觀念分析清楚，則著手編劇時就可避免許多事實上的矛盾，許多時間空間上的錯誤，行見智珠在握，無往不利，荊棘載途，迎刃而解。〔註188〕但是，講義中對於影戲藝術地位的論述是比較樸素的，如「影戲概論」一部分中並未對藝術電影和非藝術電影做出區分，甚至連故事片與新聞片、紀錄片都未做出相應的區分；影戲之名雖符合電影戲劇化傾向，但卻不能指代新聞片、紀錄片、教育片中的任何一種，由於指代的模糊，講義中也沒有明確說明教育電影的含義。（2）導演學的理論與方法。「導演學」一部分共 19 章，其內容包括：①導演的任務；②導演的知能；③設計與準備；④演員的支配；⑤開拍前的聯繫；⑥怎樣對待演員；⑦導演的分場；⑧導演時應該注意的事項；⑨悲泣驚喜的導演；⑩避免恐慌；⑪音樂的幫助；⑫偷拍；第 13 至 19 章片段地介紹威廉・密勒（William De Mille）、雷克斯・英格蘭姆（Rex Ingram）、卓別林等人的導演經驗。該部分首先給導演與導演學下了定義：「影戲中擔任導演的人，叫做導演（Director；Producer；Stage Manager）。導演只是指導演員表演劇情；但是實際上卻並不這樣簡單，因爲有其他連帶的關係，於是便不能不更有種種兼籌並顧的任務：如劇本的審查、思考；演員的物色、支配；背景道具的準備；光線色彩的預商，都是處處要顧到，處處要負責的。」〔註189〕

〔註188〕周劍雲、程步高，編劇學〔J〕//丁亞平，百年中國電影理論文選（上）〔M〕，北京：文化藝術出版社，2005：43。
〔註189〕陳醉雲，導演學〔J〕//丁亞平，百年中國電影理論文選（上）〔M〕，北京：文化藝術出版社，2005：29。

該部分的另一個重要貢獻，在於提出「導演分場」論，該論十分類似於後來的分鏡頭概念，即「須把劇本照著劇情的順序，分爲許多幕，並且在每幕上面依次標明號數。但是導演的時候，並無依著這幕次的順序。」〔註190〕與好萊塢導演的工作理念不同，作者認爲，導演的工作應該伴隨製片始終，應該兼及製片員和導演的雙重任務。事實證實，這種論斷的結果是好壞相伴的，因爲經過數年的發展，中國的導演數量雖大幅度提升，但由於專門化程度不足，好的導演仍然不多。不過，在20世紀20年代初期，這樣的導演可以大大節約拍攝時間，節省成本，有助於補救當時捉襟見肘的電影經費預算。

　　昌明電影函授學校講義所包含的影戲理論，主要涉及電影藝術性質及特徵的討論。首先，講義將電影看成一種戲劇，認爲電影只是戲劇在銀幕上的表現形式。對於中國國民來講，電影作爲一種新興的外來娛樂品，必須符合中國傳統的娛樂文化的需要，而中國的傳統娛樂文化是以傳統的茶樓、劇場作爲標誌的，所以電影傳入之初即以茶樓、戲院或遊藝場爲主要場所。如前所述，1899年西班牙商人加侖白克（Galen Bocca）先後在上海的「升平茶樓」、「跑冰場」、「番菜館」放映電影，雷瑪斯也曾在「同安茶居」中放映電影。所以，將電影視爲戲劇的一種，無疑體現了早期中國電影理論家對於電影的初步認識，也是根植於本土的中國電影理論的最初形態。當然，30年代也有人認爲電影並非完全是戲劇，如徐葆炎認爲戲劇是綜合的藝術，它綜合了繪畫、音樂、雕刻、詩歌等藝術形式，並包含舞臺術、演劇術和編劇術，而電影則包含攝影術、舞臺術、演劇術和編劇術，二者不同的地方主要有：（1）戲劇所有的動作術中的發音術在電影中沒有了；（2）增加了戲劇所沒有的攝影術。〔註191〕徐葆炎指出，戲劇受到舞臺等條件的限制，電影則無此方面的限制，故能成爲新時代的新藝術，這種論斷可謂走在了時代的前沿。其次，講義闡明了電影的藝術價值，指出：「影戲爲綜合的藝術，它的原質，包含文學、科學、心理學、社會學、技術、美術等。」「最高的藝術，只有三個重要條件，就是『眞』、『善』、『美』。影戲是最高的藝術，自然不能忘這三個條件。」「因爲影戲是分工合作的藝術，不是一部分人所能獨立包辦的。」

〔註190〕羅藝軍，20世紀中國電影理論文選（上）〔M〕，北京：中國電影出版社，2003：29。

〔註191〕徐葆炎，活動影片之戲劇的研究〔A〕//丁亞平，百年中國電影理論文選（上）〔M〕，北京：文化藝術出版社，2005：67。

〔註 192〕雖然講義中對於電影的藝術價值的討論還顯得比較簡單、籠統、缺少
層次，但畢竟爲後人指明了研究的方向，如明星公司編導鄭正秋進一步將電
影的藝術價值和社會統一起來，闡述道：「論戲劇之最高者必須含有創造人生
之能力，其次亦須含有改正社會之意義，其最小限度亦當含有批評社會之性
質。易言之，即指謫人事中之一部分，而使觀者覺悟其事之錯誤焉。故戲劇
必須有主義，無主義之戲劇，尚非目前藝術幼稚之中國所亟需也。」〔註 193〕
孫師毅認爲，影戲應具有藝術和社會雙重價值，他說：「影劇，它是藝術；
但它又不是像普通的藝術作品那樣，只供少數同趣味的人的欣賞。它有藝術
方面的價值，同時還有它社會方面的價值。」〔註 194〕其中藝術價值包含影
戲對於人類感情方面的貢獻，社會價值類似於社會的教育價值，所以在一定
程度上可以說這種觀點成爲近代中國教育電影的理論源頭。

　　近代中國電化教育研究是從電影、特別是教育電影起步的，由於這個特
殊的原因和背景，早期電化教育研究集中在電影和教育電影方面，既然如此，
電影藝術也成爲其理論研究的主題和內容之一。昌明電影函授學校的影戲理
論研究改變了當時國人認爲有電影器件就能拍攝電影的膚淺認識，爲國人自
行拍攝電影提供了一定的理論指導。20 世紀 20～30 年代，國內開始出現一批
自製且較有質量的電影，如《孤兒救祖記》等。但這是一定時代背景下的產
物，隨著電化教育學理論研究的發展和繁榮，影戲及電影理論逐漸淡出近代
中國電化教育學的理論體系。

三、金陵大學「教育電影委員會」的創設與范謙衷的教育電影研究

（一）金陵大學「教育電影委員會」的創設

　　金陵大學是中國近代一所著名的教會大學。1888 年，美國基督教美以美
會創辦彙文書院；1891 年，美國教會基督會創辦了基督書院；1894 年，美
國教會長老會創辦了益智書院。1906 年，益智書院併入基督書院，取名爲宏
育書院。1910 年，宏育、彙文兩書院合併成立金陵大學。最初金陵大學僅設

〔註 192〕羅藝軍主編，20 世紀中國電影理論文選（上）〔M〕，北京：中國電影出版社，
　　　　　2003：14～19。
〔註 193〕鄭正秋，我所希望於觀眾者〔A〕//丁亞平，百年中國電影理論文選（上）〔M〕，
　　　　　北京：文化藝術出版社，2005：44。
〔註 194〕孫師毅，影劇之藝術價值和社會價值〔A〕//丁亞平，百年中國電影理論文選
　　　　　（上）〔M〕，北京：文化藝術出版社，2005：44。

有文科，鑒於各門自然科學教學的需要，1914 年開設農科，1924 年開設理科，並與文科合併爲文理科。1929 年，《大學組織法》規定：「大學分文、理、法、農、工、商、醫藥、教育、藝術及其他各學院。第五條　凡具備三學院以上者，始得稱大學，不合上項條件者，爲獨立學院，得分兩科。第六條　大學各學院或獨立學院各科，得分若干學系。第七條　大學各學院及獨立學院，得附設專修科。」〔註195〕爲了符合《大學組織法》的規定，1930 年春金陵大學又將文科和理科分開，與農科三科鼎足而立。理學院首任院長爲魏學仁。當年下半年，在魏學仁的帶動下成立了推廣委員會、發展委員會和交際委員會，推廣委員會尤其注重發展科學教育電影事業。

　　理學院的電化教育事業在全國開展較早，20 年代主要服務於農業推廣。1919 年，金陵大學農學院成立棉作部，以美國人郭仁風（J.B.Griffing）爲主任，當時他已開始用電影來推廣農業知識。據記載，「郭仁風陸續從美國弄來幻燈機、電影放映機，手發電機、電影攝影機，手搖留聲機等，親自與上述人員到各地農村宣傳植棉。起初放幻燈所用燈片與棉花無關，只是爲了在晚間吸引觀眾來聽演講。後來也拍攝一些植棉知識幻燈片，用來講解宣傳。」「拍攝電影是由郭仁鳳的一個美國朋友掌機，後來郭也曾掌機拍過。周明懿、邵仲香化裝農民表演植棉。……後來農學院增購了幾部美國農業部的植棉、種麥、森林管理保護等農業教育影片，在農學院放映，直到 20 年代末期還曾使用過。」〔註196〕魏學仁於 1928 年獲美國芝加哥大學研究院物理學博士，同年回國任金大理學院物理學教授兼註冊處主任，當時該院的教授還有陳裕光、潘澄侯、裘家奎、戴安邦、李方訓、吳汝麟、陳納遜、范謙衷、唐美森（J·G·Thomson）、楊簡初（兼）等；王應睞、李卓皓在該院化學系任助教。〔註197〕

　　1930 年，金陵大學化學系主任唐美森教授從上海柯達公司借回幾部 16 毫米無聲教學影片，在他的課程中用過幾次，反應很好，引起了理學院全院的重視，〔註198〕也引起了魏學仁的注意，而魏學仁早在美國留學時便見到教育電影在教學中的重大功效，遂決意推行教育電影事業。同年，魏學仁即從理學院中挑選出裘家奎、潘澄侯、戴安邦、吳汝麟、陳納遜、范謙衷等人，與

〔註195〕張國有，大學章程（第一卷）〔M〕，北京：北京大學出版社，2011：387。
〔註196〕孫明經，回顧我國早期的電化教育（中）〔J〕，電化教育研究，1983（3）：70．
〔註197〕王德滋，南京大學百年史〔M〕，南京：南京大學出版社，2002：612。
〔註198〕孫明經，回顧我國早期的電化教育（中）〔J〕，電化教育研究，1983（3）：71．

上海柯達公司合作按照各自的專業譯製教育電影，且大多不取報酬。從被選教授的背景來看，主要來自理學院動物學系、化學系和物理系，動物學系如陳納遜、范謙衷，化學系如裘家奎、戴安邦、潘澄候，物理系如吳汝麟。可見，20 世紀 30 年代魏學仁利用其在理學院中的人脈關係和學術影響力成爲金陵大學理學院教育電影事業的有力推動者。

1934 年，魏學仁將原推廣委員會重組爲教育電影委員會，由潘澄候任主席，范謙衷任副主席，委員有吳徵鎧、孫明經、裘家奎、劉景禧、劉碩甫、劉寶智、魏學仁共 9 人，其中除劉景禧爲教務處副主任外，其餘 8 人均爲理學院教師。教育電影委員會成立後，便開始了初期的攝製工作，由潘澄候主持，范謙衷協助工作，孫明經總理事務並擔任攝影師。孫明經日後回憶道：「當時所有的設備眞是極其可憐，既沒有攝影場，更沒有演員，亦沒有資本。設備方面僅有一個柯達 K 型攝影機和二百尺片子。這初期的攝影工作由潘澄候教授主持，曾攝成《國術》、《童子軍》、《水泥》三片，生物系的范謙衷教授也在上面花了不少工夫。」〔註 199〕此後，教育電影委員會擴充了攝影設備並陸續拍攝影片，至 1935 年計有放映機 4 架，攝影機 3 架，銀幕兩面及其他零星用件，〔註 200〕並拍攝了《蘇州名勝》、《上海》、《湘繡與紙傘》、《醬油》等 12 部教育電影。〔註 201〕

1935 年冬，教育電影委員會與中國教育電影協會合作拍攝教育電影，爲此成立「合作委員會」，由孫明經專司其事。該會預計拍攝的影片可按內容分爲四類：（1）大多數爲自然科學影片，以中小學學生爲假想之觀眾，並按教育部頒佈的課程標準拍攝；（2）國防影片，對於民族精神、固有文化、國防化學、特有之工業加以提倡與宣傳；（3）爲民眾教育館拍攝的衛生影片，宣傳滅蠅、驅蚊、防治霍亂和瘧疾等衛生知識；（4）包括公路、水利、風景等題材的教育影片，截至 1936 年 4 月底已攝製完成《蠶絲》、《陶器》、《西湖》、《醬油之速釀》、《皮革》、《防毒》6 部教育電影。〔註 202〕

值得一提的是，教育電影委員會還延請名家開設講座，以營造學術研究

〔註 199〕彭驕雪，民國時期教育電影發展簡史〔M〕，北京：中國傳媒大學出版社，2009：24。

〔註 200〕南京大學高教所校史編寫組，金陵大學史料集〔M〕，南京：南京大學出版社，1989：178。

〔註 201〕李金萍、辛顯銘，教育電影化的先驅——金陵大學電教軟件編製與推廣事業紀實〔J〕，電化教育研究，2007（4）：89。

〔註 202〕陳友蘭，電影教育論〔M〕，上海：商務印書館，1938：53。

的氛圍。例如，時任中央研究院院長的蔡元培應金陵大學校長陳裕光之請到教育電影委員會做學術講座，介紹他在國外所見電影、照片在教育、科研、科考等方面運用的情況，他在講演中強調了電影在教育、科研中的用處，孫明經任講座書記員。演講中，蔡元培提出了「電影哲學」的命題，認爲電影在實踐領域的價值等同於哲學在人類理性上的價值。會後蔡元培還向陳裕光、魏學仁建議，金大可否做一些有關國情、市情、行業情況的社會調查，嘗試用電影和照片做一些視覺記錄。〔註203〕

（二）范謙衷的教育電影研究

如前所述，20世紀30年代初金陵大學開始譯製教育電影，後又成立「教育電影委員會」自行拍攝教育電影，並開設電化教育課程，其中范謙衷功不可沒。范謙衷 1901 年生於浙江杭州，1927 年畢業於金陵大學後留校，1930年應魏學仁之邀在理學院譯製教育電影。1931 年，他留學美國加利福尼亞大學伯克利分校農學院，當時加利福尼亞大學正處於高速發展期，並形成了與美國其他常春藤高校不同的特色，即注重新興科技在教學中的應用。20 世紀20 年代下半葉，正值視覺教育運動開始在美國流行，加州大學便設置了擴展部（Division of Extension），該部提供課堂教學、講座、演奏會、圖片和其他可視化教學資源。擴展部教師多瑞斯（A.V. Dorris）根據其多年的工作經驗寫就《公立學校中的視覺教學》（Visual Instruction in the Public School，1928）一書，對日後范謙衷研究視覺教育理論影響頗著。范謙衷就讀的伯克利分校農學院注重電化教學，如在果樹專業中曾利用幻燈片和電影進行教學，〔註204〕所以便不難解釋范謙衷日後爲何能以動物學教授的身份如此關注電化教育。而在他留學期間，1932 年金陵大學的外籍英文教授惠勒（Wheeler）籌措攝製關於金大系列紀實影片帶回國，以期使國際上瞭解金大的辦學狀況，金大也爲此準備了攝影資料，這成爲早期金大嘗試自製教育電影的開端。〔註205〕因留學期間成績優秀，范謙衷於 1934 年獲美國科學司格馬錫（Sigma xi）金鑰匙獎並當選爲美國科學會會員，同年獲碩士學位後回國並出任金陵大學理學院動物學系教授。

范謙衷在理學院講授生物學、電化教育課程，其授課循序漸進，深入淺

〔註203〕鄧啓耀，視覺人類學導論〔M〕，廣州：中山大學出版社，2013：98。
〔註204〕德萬，加利福尼亞大學〔M〕，長沙：湖南教育出版社，1986：20。
〔註205〕校聞〔N〕，金陵大學校刊，1943-6-19，（2）。

出，受到學生的熱烈歡迎，金陵大學農學院學員王育頤日後回憶道：「我曾選修范先生（指范謙衷——筆者注）的生物學課程（即金陵大學理學院選修課——筆者注），親炙他的教授。他的講課深入淺出，條理清晰，使人印象深刻。然而生物學卻是我僅有的幾門獲得較好成績的學科之一。這一方面固然由於我對生物學比較喜愛，但更重要的是范老師深湛淵博的學問和循循善誘的教導，終使頑石點頭，受到教益。」〔註206〕除了講授生物學課外，他還在理學院講授電化教育課程。據孫明經介紹，理學院由物理系和化學系幾位老教師親自講授教育電影、推廣播音教育及開設電化教育訓練班，其中「任務最繁，而持續最久的是教定性分析化學課程的潘澄候教授。最早對電教理論著文，講電教理論並做出貢獻的是動物系教授范謙衷。」〔註207〕

在授課的同時，范謙衷積極參與理學院教育電影製作工作。據1935年9月8日《中央日報》報導，理學院與中國教育電影協會等機構合作完成的教育電影《農人之春》在比利時首屆國際電影節中獲獎，其中理學院教師范謙衷、潘澄候、魏學仁、邵仲香和周明懿均參與影片內容的集議和劇本的編製工作，後確定影片內容爲表演我國農民生活、農事經營、農民教育、農莊風景等，邵仲香和周明懿還協助影片拍攝。〔註208〕當年，范謙衷身兼金陵大學理學院院務會議（原名院務委員會）委員、科學教育委員會委員、教育電影委員會委員等數職，儼然成爲理學院實施電化教育的代表人物。

范謙衷留學美國之前，其工作主要是從事教育電影譯製，偶也講授電化教育課程，1934年回國後開始從事相關研究和撰寫論文。1934～1937年間，他在《科學教育》、《科學世界》等雜誌上共發表論文7篇，其中電化教育學論文3篇，分別爲《視覺教育》、《教育電影概觀》、《教育電影與高等教育》。關於范謙衷從事教育電影研究及著述工作的學術背景及基礎，主要可歸結爲以下兩點：其一，長期從事電化教育工作使其積累了足量的電化教育經驗，並能夠形成系統的研究成果予以發表，如前所述，范謙衷在金陵大學理學院工作期間，積極參與教育電影譯製、製作以及電化教育教學等工作，在這一過程中他積累了豐富的電化教育經驗並逐步形成理論；此外，20世紀30年

〔註206〕高澎主編，永恒的魅力——校友回憶文集〔M〕，南京：南京大學出版社，2002：293。

〔註207〕南京大學高教所校史編寫組，金陵大學史料集〔M〕，南京：南京大學出版社，1989：186。

〔註208〕農人之春影片參加國際賽會經過〔N〕，中央日報，1935-9-8，（3）。

代，國內教育學術研究已經比較發達，《教育雜誌》、《中華教育界》等教育類著名刊物均已創辦，尤其是 1934 年理學院創辦的《科學教育》更爲范謙衷發表研究成果提供極大便利。其二，范謙衷留學美國期間，恰值美國視聽教育運動流行，當時美國國內已有多本視覺教育類著作問世，〔註 209〕此類著作雖理論性普遍不強，相當一部分著作僅屬視覺教學工具的宣傳冊，但也偶有《視覺教育和學校旅行》、《公立學校中的視覺教學》等少量理論性較強的著作，范謙衷回國後便積極借鑒這些著作和理論以形成自己的研究成果。

　　另一方面，范謙衷選擇在《科學教育》雜誌上發表研究成果，究其原因，首先他是《科學教育》雜誌編委。《科學教育》雜誌編委會由余光烺〔註 210〕任主席，委員有張濟華、石道濟、吳詠懷、李方訓、范謙衷、陳納遜、裘家奎、劉恩蘭〔註 211〕、潘廷洸、戴安邦、戴運軌、魏學仁等 13 人，除了劉恩蘭外，其餘均爲理學院教師，可見該雜誌應是金陵大學理學院教師同仁探討學術的主要陣地，作爲理學院同仁和雜誌編委會的一員，范謙衷自然需要積極供稿。其次，爲了滿足《科學教育》雜誌欄目的需求。《科學教育》創刊初期，主編余光烺即將選題確定爲科學教育優良師資之養成，教學方法之改進和課本、教材、實驗、設備之選擇。〔註212〕然而，1934 年《科學教育》第 1 卷前 4 期共發表 40 篇專題論文，僅有 4 篇論文探討上述問題，其中便包括范謙衷的《視覺教育》一文。從 1935 年第 2 卷起，《科學教育》有意識地增加對國內外科學教育新方法的介紹，第 2 卷改進計劃中便有「討論科學教育專題。例如學生課外自習科學之指導，視覺教育之實施，室內學生作業之指導

〔註209〕這類著作主要有：1915 年，加利福尼亞視覺教育聯盟（Visual Education Association of California）出版的《我們的電化教育問題》（Our Visual Education Problem，加利福尼亞視覺教育聯盟出版）；1917 年，凱斯頓視圖（Keystone View）公司出版的《通過立體畫和幻燈片的視覺教育：讓學校工作更加視覺化和活性化》（Visual Education through Stereographs and Lantern Slides：School work Visualized and Vitalized）；1927 年，賓夕法尼亞州公共教學部（Department of Public Instruction）出版的《視覺教育和學校旅行》（Visual Education and the School Journey）；1928 年，多瑞斯（A.V.Dorris）編寫的《公立學校中的視覺教學》（Visual Instruction in the Public School）。

〔註210〕餘光烺（1897～1980），樅陽會宮鄉人，桐城中學畢業後赴日本、美國留學 11 年，1928 年回國，歷任東北大學、金陵大學數學系教授。

〔註211〕劉恩蘭（1905～1986），1919 年入南京彙文女子中學，1925 年畢業於南京金陵女子大學，1931 年獲美國克拉克大學地理研究院碩士學位，1933 年擔任金陵女子大學地理系系主任。

〔註212〕餘光烺，發刊詞〔J〕，科學教育，1934（1）：4。

等等。」〔註213〕為了滿足雜誌對稿件的需求，范謙衷陸續發表了另外兩篇電化教育學論文。可以說，范謙衷為了滿足雜誌對稿件的需求而努力撰寫電化教育類文章，反過來又促進了《科學教育》雜誌對電化教育文章的重視程度，進而提升了該雜誌對此類文章的錄用比例，如 1937 年第 4 卷第 2 期共刊載 7 篇論文，其中便有電化教育類文章 5 篇，除了范謙衷的《教育電影與高等教育》外，還有魏學仁的《中國教育電影概況》、潘澄候的《教育電影與社會教育》、孫明經的《教育電影之攝製》、段天育的《教育電影之推行》，這種比例可謂史無前例。

　　近代中國的「視覺教育」概念雖來源於美國，但在 30 年代的美國也並未得到很好的實施，這正如陳友松所指出的，「美國和整個文明的世界，對於視覺教育的興趣，已發展了三十餘年。零碎斷片的成績已有不少。但一想起教育的領域浩如煙海，又據去年羅馬會議中的報告，就是美國全國學校應用現代的圖解器具改良教學的，還不到百分之十。我們可以深信一般的教師對於視覺用品還是在五里霧中，莫名其妙。視覺教育在他們僅是視而不見的。」〔註214〕而在中國，視覺教育概念引入之初就受到學界的充分關注，並積極將之與教育電影的理論聯繫起來，可以說范謙衷實開其端。陳友松認為，視覺教育中教師們的工作量大，可用的視覺材料種類多，其中最難以操作的是教育電影，而探討其使用的可能性及如何系統地實施於教室中，則成為視覺教育的一項重點和難點。〔註215〕范謙衷圍繞上述問題展開深入的研討和分析，這一點主要表現在以下幾個方面：

　　（1）視覺教育理論。范謙衷系統地論述了視覺教育的意義、視覺教育在教育上之原理、視覺材料在各科教學上之應用、視覺教育用品之種類、視覺材料之使用、視覺教育機關之組織及推廣等重要課題。1934 年，谷劍塵就曾提及「視覺暫留」原理，即「見一像後，實物已動，影像尚存，所以電影的移動，不覺其移動，於是所留的影像和第二影相合而成為活動的狀態」，而人眼所能識別的速率為 1／15 秒。〔註216〕范謙衷則進一步揭示此現象背後的生理依據，並將暫留時間改為 1／12，他說：「感光之刺激極速，但刺激一去，其反應發生之影像亦立即消滅……心理學家由試驗證明網膜感受物象

〔註213〕編輯者言〔J〕，科學教育，1935（1）：前言。

〔註214〕陳友松，視覺教育的系統化〔J〕，教育雜誌，1936（2）：81。

〔註215〕陳友松，視覺教育的系統化〔J〕，教育雜誌，1936（2）：81。

〔註216〕中國電影資料館編，中國無聲電影〔M〕，北京：中國電影出版社，1996：1335。

於膜上能持久十二分之一秒，逾此時間則影像發生消滅，此影像存留於網膜上之時間，稱爲視覺暫留（Persistence of vision）。」〔註217〕在此基礎上，他按照換片速度應快於視覺暫留的原理，確定普通電影 1 秒鐘應放映的單格鏡頭數爲 16 張。〔註218〕在教育原理上，視覺教育主要依據直觀教學原則。另外，他將視覺教育材料分爲兩類：「一是屬於攝影方面者：照相圖片、圖畫雜誌之剪貼、透視鏡、幻燈映片、影片映張、活動電影。二是不屬於攝影方面者，課室示教之教授、學校作業旅行、學校博物館、標本物品及模型、掛圖表解地圖地球、電圖、戲劇表演。」〔註219〕多瑞斯認爲，「視覺教學」是廣義的，它意味著通過接受「看得見的經驗」而進行的教學，它需要用到所有類型的視覺形式和工具，如旅行、圖畫、模型、展覽、圖表、地圖、幻燈、電影等等。〔註220〕上述兩種觀點基本一致，可見范謙衷在研究和撰述時曾參考了多瑞斯的著作，但范謙衷將視覺教育材料分爲兩類且偏重第一類，這無疑是因爲他充分考慮到了中國的國情。

（2）教育電影發展史。國內對於電影史的研究起步於 20 世紀 20 年代。1924 年，鄭鳳恩在《電影發明史》一文中簡要地介紹了電影的發明者埃德沃德‧邁步里奇（Edward Muybridge）〔註221〕職業和生平活動。〔註222〕1925 年，毅華曾從國別文化差異的視角對世界電影發明者持不同看法，提到了盧米埃爾兄弟〔註223〕、埃德沃德‧邁步里奇、楊沖等多位電影發明者，使得學界對誰是電影發明者產生了多元的認識。〔註224〕1927 年，《視覺教育與學校旅行》一書介紹了約瑟夫‧涅普斯（Joseph Niepce）和達蓋爾（Louis Jacquse Mandre Daguerre）於 19 世紀攝製了世界上首張永久性照片。〔註225〕1934 年，

〔註217〕范謙衷，教育電影之概觀〔J〕，科學教育，1935（1）：23。

〔註218〕范謙衷，教育電影之概觀〔J〕，科學教育，1935（1）：23。

〔註219〕范謙衷，視覺教育〔J〕，科學教育，1934（4）：10-22。

〔註220〕A.V. Dorris. Visual Instruction in the Public School[M]. Boston: Ginn and Company ,1928：6.

〔註221〕埃德沃德‧邁步里奇（Edward J. Muybridge，1830-1904），英國人，1879 年他利用乾板和特製的照相機拍攝成功世界上第一套跑馬動作的動態照片。

〔註222〕電影發明史〔N〕，申報增刊，1924-8-24，（1）。

〔註223〕盧米埃爾兄弟（Auguste Marie Louis Nicolas，1862-1954；Auguste Marie Louis Jean, 1864～1948），法國人，1895 年 12 月在法國巴黎卡普辛路 14 號大咖啡館地下室放映了《工廠的大門》、《嬰兒喝湯》、《火車到站》等電影，這一天被稱爲電影誕生日，盧米埃爾兄弟被稱爲「現代電影之父」。

〔註224〕毅華，讀電影發明史後之感言〔N〕，申報第二張，1925-3-20，（7）。

〔註225〕Commonwealth of Pennsylvania Department of Public Instruction. Visual

谷劍塵則認為涅普斯和達蓋爾偶然發明了攝影箱，埃德沃德·邁步里奇用攝影機攝製照片，愛迪生發明了電影機（Kinetoscope），而對誰是電影發明者則未置一詞。〔註226〕

在充分吸取前人研究的基礎上，范謙衷將之拓展深化，並形成自己的教育電影發展史觀。《教育電影之概觀（續）》一文首先從技術層面入手，梳理了照相機、底片、鏡頭的演變過程，由於電影與攝影術有極密切之關係，故敘述電影發展史也必涉及攝影發展史。在照相機和照片發展史上，他列舉了數名意大利人和法國人。底片的發明為攝影發展史上一重大事件，范謙衷認為由德國人舒爾茨（John H. Schultze）和達蓋爾開其端，經過英國人塔爾博特（William Herry Fox Talbo）努力，最後由英國人阿切爾（F. Scott. Arecher）於1851年發明用火棉膠（Golloidion）塗於玻璃板上，浸過硝酸銀、碘化鉀及溴化鉀等之液內，遂成感光底片——即所謂「濕片」，而在攝影史上開一新紀元。〔註227〕濕片由於使用不便影響攝像技術的發展，乾片應之而生，「至1864年賽斯（B.J. Sayce）和博爾頓（W.B. Bolton）二人發明溴化銀塗於火棉膠上可於干時攝製，遂於製造相片底片得一大關鍵之改革。」〔註228〕為了增強感光速度和晶片聚光力，1840年匈牙利人匹茲伐（J.M. Petzval）發明了攝影鏡頭。可見，范謙衷將攝影主要部件發展過程逐一論述，並對發明者群體進行動態考察，從而開啟了攝影史撰寫的新紀元，而且這些論斷大多已為當代電影史所採納。

進而，范謙衷認為電影的發明為攝影術進一步發展的結果，教育電影的創始人為埃德沃德·邁步裏奇及法國人馬萊（E. J. Marey）兩人，「Muybridge費去二十五年至光陰從事於研究活動照相，彼之研究工作，大部在美國本雪凡尼亞大學（即賓夕法尼亞大學——筆者注）完成。」「Marey可謂創製教育電影之始祖。」〔註229〕儘管他將埃德沃德·邁步里奇誤認為法國人，然而認為上述兩人為教育電影創始人的提法卻頗具信服力。一般電影史論著中皆以盧米埃爾兄弟或愛迪生為電影的發明者，范謙衷對教育電影發明者的看法不

Education and the School Journey [M]. Harrisburge： Commonwealth of Pennsylvania Department of Public Instruction，1927：6.

〔註226〕中國電影資料館編，中國無聲電影〔M〕，北京：中國電影出版社，1996：1356。
〔註227〕范謙衷，教育電影之概觀（續）〔J〕，科學教育，1935（2）：143。
〔註228〕范謙衷，教育電影之概觀（續）〔J〕，科學教育，1935（2）：143。
〔註229〕范謙衷，教育電影之概觀（續）〔J〕，科學教育，1935（2）：145。

同，這與他對學校教育電影的理解有關。無論是愛迪生或是盧米埃爾兄弟，其拍攝的電影大多爲紀錄片或是娛樂片，在教育上的價值有限，不適合用於學校教學，但馬萊拍攝完成的幾部反映昆蟲飛翔、水產生物動作及其心臟跳動、毛細血管血液流動的影片卻極爲適合在學校教學中使用。〔註230〕

范謙衷在梳理電影發展史的過程中，認爲教育電影的發達是電影發展的必然趨勢，他強調：「電影之發明原在教育，而教育家亦首先利用電影以表演其研究。」〔註231〕後來民眾知電影的藝術和娛樂價值，於是電影院蜂起，不僅美國如此，中國也如此，「不得不推原於電影爲娛樂之興奮及激刺而成。」〔註232〕既然電影的發明原本便爲了教育，那麼這便爲他號召推行電影教育提供了依據。

（3）教育電影教材。由於長期在金陵大學任教，范謙衷對學校教育電影教材的理解比較狹窄，且主要集中在高等教育領域，加之參考美國當時大學教育電影題材，〔註233〕在此基礎上他將高等教育電影教材按課程性質分爲三大類，即屬於生物科學如動植物學、生理衛生學、農林科學等；屬於物理科學者，如地質學、物理、化學等；屬於社會科學者，如社會學、人文、地理、歷史等。〔註234〕范謙衷做出上述分類，並非僅憑其臆斷或冥想，而是由大量的實踐經驗中提煉總結所得。如他認爲，自然科學類課程研究的對象多屬於自然界實際的物體，比較生動，所以用電影來表現能給觀眾較深的印象，一般人容易瞭解；而社會科學類知識和教育電影的關係則不容易爲人所知，但卻不可忽視，「例如歷史上的事實固不能重發生，然仍可扮演編成劇本、攝成電影以教育民眾。如利用教育電影於人文地理則應用更廣，諸如人民生活狀態、起居禮儀、風俗人情，無不可一一攝成教育電影。」〔註235〕

（4）教育電影技術原理。一般來說，電影技術的進步綜合科學與藝術而成，有科學無藝術不得其神，有藝術無科學則不得其質。20世紀30年代，國

〔註230〕范謙衷，教育電影之概觀（續）〔J〕，科學教育，1935（2）：145。

〔註231〕范謙衷，教育電影之概觀（續）〔J〕，科學教育，1935（2）：145。

〔註232〕范謙衷，教育電影之概觀（續）〔J〕，科學教育，1935（2）：145。

〔註233〕1918年，杜菲（William R. Duffy）在德克薩斯大學出版的《通過幻燈和活動電影的視覺教學》（Visual Instruction through Lantern and Motion Picture Films）一書中述及德克薩斯大學提供藝術、古典、教育、健康、歷史、工業、自然、物理、地理、科學、旅行、戰爭等題材的幻燈片。

〔註234〕范謙衷，教育電影與高等教育〔J〕，科學教育，1937（2）：12～13。

〔註235〕范謙衷，教育電影與高等教育〔J〕，科學教育，1937（2）：12～13。

內外電影技術發展迅速，如 1931 年國內上映了首部有聲電影《歌女紅牡丹》，1935 年美國特藝色（Technicolor）公司拍攝了世界上第一部染印法彩色電影《浮華世界》（Vanity Fair）；至於有聲、有色電影之發展，尤其依賴於聲光電力及化學等科學的發展和電影技術的改進。總的來說，教育電影技術原理分為電影攝影機構造原理和攝製教育電影技巧兩方面。在電影攝影機構造原理方面，范謙衷提到了許多重要的概念，這些概念在當時可謂是全新的，並試圖闡明其原理。例如，電影攝影機片前均有光圈（Diaphragm），其原理為：「以節制光線射入之強弱，光圈度數之大小即可決定晶片之速度」〔註 236〕，他解釋道：「光圈度數即晶片光圈度數，用 f 系統表示圈度，如 f.8 即指晶孔寬度為 1／8 之晶片焦點距離。……晶片者，則光圈度數更多，而晶片速度則愈快。晶片光圈愈小，則物象愈有深度，而清晰反之。」〔註 237〕再如，關於「攝影速度」，他介紹道攝影電影轉動軟片的動力通常分為三種：一為手搖，二為小電動機轉，三為用鋼條（俗稱發條）轉動，當時普遍使用的電影攝影機均用鋼條轉動，至於攝影速度即指每秒鐘攝單格相片數目之多少。范謙衷已經意識到攝製教育電影技巧的專業性，他認為，「攝製電影技術已成專門學科」、「劇本如建屋之鋼條木架，決定建築成何形狀。攝影技術則粉飾塗抹顯示外表之美觀。」〔註 238〕如何提升教育電影攝製技巧呢？他指出首先應選擇合適的教育電影影片片寬。當時普通電影院所用的標準電影底片片寬為 35 毫米，而教育電影片寬通常為 16 毫米，相比前者，後者具有相同尺數影片放映時間更長、費用更少、放映更安全、可隨時隨地放映等優點；而且由於翻印技術的改良，當時電影院中放映的 35 毫米標準影片均可通過翻印而變為 16 毫米教育影片，故范謙衷積極提倡廣泛採用 16 毫米教育影片。其次，應掌握高超的攝製基本技術，掌控合理的攝製時間地點、攝影之物景、攝影之手法，並需考慮電影軟片之種類及用法等問題。〔註 239〕具體而言，范謙衷的教育電影技術原理研究具有如下特點：

①使用術語上儘量科學規範，以避免讀者產生歧義或誤解。由於當時學界對於教育電影技術尚比較陌生，沒有類似的中文譯名可供參照，所以范謙衷在

〔註 236〕范謙衷，教育電影之概觀（續）〔J〕，科學教育，1935（2）：146
〔註 237〕范謙衷，教育電影之概觀（續）〔J〕，科學教育，1935（2）：146
〔註 238〕范謙衷，教育電影之概觀（續）〔J〕，科學教育，1935（2）：148
〔註 239〕范謙衷，教育電影之概觀（續）〔J〕，科學教育，1935（2）：148～149。

行文過程中儘量將專用術語用中英對照的方式表達，如光圈（Diaphragm）、擴角鏡頭（wide angle lens）、遠攝鏡（Telephoto Lenses）、溶入溶出（Dissolve in and out）、雙攝（Double express）、單攝（Masking）、單格攝影（Single frame）、跟攝（Tracking）、柔光（Soft focus）等。

②原理的介紹和應用推廣並存。雖然范謙衷十分關注原理的介紹，如在說明「光圈」、「光線」的概念時儘量說明其原理，但事實上其重點仍在於為具體的教育電影拍攝提供實踐指導，如在《教育電影之概觀（續）》一文中，他還附錄了一張「戶外感光圈度試用表」，該表以標準鏡頭為例，給出了在不同光線下攝取各種物體所需要的光圈度；而且，在簡要解釋原理之後他還介紹了當時市場上出現的感光計、鏡頭等攝影附件。

五四新文化運動時期，伴隨著美國教育思想對中國近代教育發展影響的加深，中國教育「取法美國」已成為時代的主旋律，而中國電化教育學在初創時期，直接受惠於美國視覺教育的理論資源甚多，范謙衷對電化教育學研究便深受美國視覺教育理論的影響。首先，范謙衷在充分借鑒美國視覺教育著作並結合中國國情形成自己的電化教育學理論。如前所述，范謙衷留學美國之時，美國的視覺教育已十分流行，當時其國內已出版了多部專著，對范謙衷的教育電影研究產生了巨大影響，如范謙衷在論述「視覺教育」概念時參考了《公立學校中的視覺教學》一書，而他在論述「攝製教育電影技術之原理」時則明顯參考了《公立學校中的視覺教學》和《視覺教育與學校旅行》二書的附錄部分，即「視覺教育材料和工具指南」和「學校放映活動影像的要求」。其次，在借鑒美國各大學視覺教學課程開設經驗的基礎上開設金陵大學電化教育課程。1918～1928 年間，美國各大學廣泛開設視覺教學課程，明尼蘇達大學、堪薩斯大學二十多所高校為教師開設了授予正式學分的視覺教學課程，培養教師使用幻燈、電影掛圖等手段製作教材和操作各類設備的技能。1928 年，美國最古老和保守的大學如哥倫比亞大學、哈佛大學、耶魯大學也開始對視覺教學的科學研究逐步予以認可並提供便利，〔註 240〕如前所述，范謙衷留學的加利福尼亞大學十分注重視覺教育的研究和實踐，這有助於他歸國後參酌其經驗在金陵大學開設電化教育課程。

〔註 240〕A.V. Dorris. Visual Instruction in the Public School [M]. Boston: Ginn and Company ,1928：403.

四、大夏大學社會教育系電化教育學教學與研究的開端

大夏大學教育科創辦於 1924 年，1928 年張耀翔〔註241〕任該科主任，此外在教育科中教授教育學和心理學的教師還有黃敬思、魯繼曾、歐元懷、王祖扉、楊正宇、鄭通和、程湘帆等人。〔註242〕同年，大夏大學聘請洪深講授戲劇，據報導，「膠州路大夏大學近添聘英文戲劇專家洪深教授戲劇及近代英文。」〔註243〕洪深 1916 年從清華學校畢業後留學美國，1919 年考入哈佛大學戲劇訓練班，成為中國第一個專習戲劇的留美學生，並在波士頓音樂學院（The Boston Conservatory）學習，又在考柏萊劇院附設戲劇學校學習表演、導演、舞臺技術、劇場管理等課程，獲碩士學位。洪深從 1925 年起從事電影工作，於 1925-1937 年間任明星影片公司編導，寫出中國第一部較完整的電影文學劇本《申屠氏》，並引進有聲電影技術。洪深一生編譯 38 部話劇劇本，理論著作有《電影戲劇表演術》、《電影戲劇的編劇方法》、《戲劇導演的初步知識》、《抗戰十年來中國的戲劇運動與教育》等。1930 年，大夏大學將原有的各科改為學院，教育科遂改為教育學院，首任院長為陳選善，下設教育心理系、中等教育系、教育行政系和社會教育系，其中社會教育系成為近代中國大學最早創立的社會教育系之一。同年，馬宗榮參與創辦大夏大學社會教育系並教授電化教育課程。馬宗榮於 1918 年入日本東京大學社會教育系學習，師從吉田熊次教授，1930 年回國後擔任大夏大學社會教育系主任，並講授「映畫（即電影——筆者注）與教育」等課程。

1931 年，大夏大學社會教育系開設的課程有社會教育原理、社會事業概論、社會教育行政、比較社會教育、民眾學校教育、圖書館通論、圖書館教育論、圖書館組織與管理、民眾娛樂教育、公民教育、簡易技能、民眾文藝與教育、戲劇與教育、映畫與教育、音樂與教育、藝術與教育、演講與教育、健康教育、觀覽設施與教育、社會事業概論、社會教育問題設計、社會教育問題研究、教育行政、職業教育、職業指導、教育社會學、農村社會學，計

〔註241〕張耀翔（1893～1964），湖北漢口人，1915 年清華學堂畢業後赴哥倫比亞大學主修心理學，1920 年獲碩士學位後回國任北京高等師範學院教授兼教育研究科主任，在該校創立心理實驗室並應用心理測驗，從而成為中國心理學的奠基人之一。1921 年任中華心理學會首任會長兼編輯股主任，次年初創辦中國第一個心理學刊物《心理》並任主編。1928 年到大夏大學任教，兼授中央大學教育學課程。

〔註242〕張耀翔任大夏教育科主任〔N〕，申報，1928-9-5，（12）。

〔註243〕大夏大學新聘教授〔J〕，申報，1928-2-15，（11）。

27 門，〔註244〕課程種類豐富，既有較完備的基礎課程（如第一學年所修習的課程），又有較高質量的專業課程（中高學年每年都有專業課程）。令人注目的是，大夏大學社會教育系開辦之初就開設了電化教育方面的課程，如馬宗榮在社會教育學的理論框架內講授電影的教育功能，遂使大夏大學社會教育系成為近代中國大學中最早設置和講授教育電影及電化教育課程的系科之一。

　　為了滿足課程教學的需要，大夏大學大力擴充電化教育師資。1932年，大夏大學聘請當時商務印書館活動影戲部主任徐公美講授電影教育方面的課程，課程內容涉及電影編劇、導演、攝影、演技等方面的理論和實踐，並擬定若干專題進行研究，如「電影與兒童睡眠的研究」、「教育電影劇本的編製」、「營業電影院之改善研究」。大夏大學在上海時，徐公美十分注重學生的實習，實習地點通常為影片公司、城市社區等。據記載，「大夏大學電影教育班同學40餘人，4月16日由徐公美領導來明星公司參觀各部，對組織法及攝製科各設備詢問甚詳，各出手冊記名，雲將作參觀報告以代大學考試論文。」〔註245〕1933年，因陳選善赴任上海工部局華人教育處副處長，教育學院院長改由邰爽秋〔註246〕擔任。1935年，大夏大學聘請江蘇省立教育學院戴公亮講授電影教育理論和技術方面的課程，主要包括「電影教育的理論，電影放映機、擴音和發電機以及幻燈機的使用和修理，幻燈片的製作等。」〔註247〕戴公亮早年在蘇州讀中學，畢業後入江蘇省立教育學院民眾教育系學習，深受該院研究實驗部主任俞慶棠大力倡導視聽教學即利用電影、幻燈、圖片及文藝演出等輔助教學形式進行教育工作的影響，熱愛電化教育，其畢業論文題為《中國電影教育的初步建設》；1934年，戴公亮受江蘇省立教育學院委派去上海聯華影業公司等電影公司學習電影製作；1935年回到江蘇省立教育學院後在研究實驗部負責編導、攝影工作，他利用實景、圖片、動畫、字幕等表現手段攝製了宣傳抗日的教育影片《五十六年痛史》，影片

〔註244〕教育部立案私立大夏大學一覽〔R〕，上海：大夏大學，1933。
〔註245〕趙惠康、賈磊磊，中國科教電影史〔M〕，北京：中國電影出版社，2005：22。
〔註246〕邰爽秋（1896～1976），江蘇東臺人，1923年畢業於東南大學教育系，1924年獲美國芝加哥大學教育碩士學位，1927年獲美國哥倫比亞大學教育博士學位。歷任江蘇省立南京中學校長、廣西教育行政人員養成所教務長、國立中央大學教授、中山大學教授、暨南大學教授兼教育系主任、河南大學教授，1931年任大夏大學教授，1933年任大夏大學教育學院院長。
〔註247〕吳在揚，中國電化教育簡史〔M〕，北京：高等教育出版社，1994：29。

揭露了日本軍國主義從清朝光緒年間以來對華侵略的歷史。

除延聘優秀教師外，大夏大學社會教育系還通過開辦講座的方式來促進電化教育學的發展。1935 年，社會教育系即延請時任浙江大學電機系主任的胡汝鼎〔註248〕開設播音教育講座，講座內容包括國內播音史、國內播音現況和國產收音機展示。據報導，「近因中央極注意播音教育，爲增加學生對於機械方面之知識起見，特於本星期一下午五時，敦請建設委員會電機製造廠長兼浙大電機系主任胡汝鼎講播音教育之機械之設置，聽講者，有教育學院、理學院同學二三百人。胡君首述無線電發展四十年略史及其在我國之趨勢，並指示其正當用途。目前全國有廣播電臺大小百餘座。以中央廣播電臺爲最大有 75000 瓦，占全世界第二位。次述所攜該廠之國產大型收音機之構造與各部功用，收音機之估值以有選擇性與大公或信實性二條件爲最重要，其結構之趨勢，不必以真空管燈泡多少定優劣，乃在另件之改良，並分發建電五八號收音機說明書。此機專爲空鄉僻壤無電源之處，採用有收音遠用、電省、發音準、修理易四大特點。」〔註249〕

總之，大夏大學社會教育系開設伊始，就設置了電化教育相關課程和講座，雖然課程數量較少、名稱不統一、形式也不固定，但畢竟爲日後該系教育電影及電化教育課程的正式開設奠定了基礎。

本章小結

北京政府時期政局動蕩，戰爭連綿，電化教育基本處於放任自流的狀態，政府雖倡導在開展社會教育的過程中利用幻燈片、電影等電化媒體，但對電化教育本身並無任何全局規劃。南京國民政府成立後，開始通過建立電影檢查機制、組建中國教育電影協會等方式來規範電化教育事業，從而對電化教育的發展發揮了促進和導向作用。儘管存在著諸多難以令人滿意之處，但近

〔註248〕 胡汝鼎（1905～1985）1924 年考入上海復旦大學理工科，1925 年考入美國康乃爾大學，後轉入麻省理工學院半工半讀，每學期三個月讀書，三個月在「發明大王」愛迪生創辦的美國通用電器公司工作，畢業後經教授推薦在奇異電機公司任助理工程師，並繼續在麻省理工學院研究院學習，1929 年畢業獲碩士學位，同年回國，先後擔任工程技術部門主管和浙江大學教授、電機工程系主任、工學院院長。1933 年，他在國內將異步電機改爲同步電機，解決了有聲電影的關鍵問題，爲中國第一部有聲電影的製作做出了貢獻。

〔註249〕 大夏大學社會教育系名人講演〔N〕，申報第三張，1935-11-20，（11）。

代中國電化教育學由此拉開序幕，邁出了發展的第一步。

首先，推動電化教育學發展的主體和途徑呈現出多元化特徵。此期開展電化教育事業和學術研究活動的機構較多，類型各異，既包括民營出版機構，也包括政府主辦的民眾教育館；既包括學會組織，也包括電影函授學校和大學。較之清末民初以娛樂和盈利爲主要目的的遊藝場、電影院，上述機構不僅影響力增強，而且面向教育的主旨更爲明確，其開展電化教育事業和學術研究的途徑也不一樣。其中，有的以開設電化教育相關課程或講座爲主，如大夏大學、昌明電影函授學校等；有的致力於開展宣傳、組織和研究活動，如中國教育電影協會等；還有的既參與教育電影的拍攝、譯製和推廣活動，又積極從事電化教育學的引介和研究工作，如商務印書館、江蘇省立鎭江民眾教育館和金陵大學理學院等。它們各有所長，而又相輔相成，共同爲近代中國電化教育學的早期發展做出了不可磨滅的貢獻。

其次，電化教育學的研究方向和內容集中於幻燈片、電影特別是教育電影，從而構成了此期電化教育學學科的主要領域。總的來說，此期各類電化教育學研究主要基於傳統戲劇理論或視覺教育理論，對幻燈片和教育電影展開了較爲廣泛的探討，其內容涉及理論、教學、管理、設備和技術等方面，但片面追求其實性、實用性的特點比較突出，故而比較零碎、膚淺，且照搬、抄襲國外理論和方法的痕跡較爲明顯。另一方面，由於此期開展電化教育學教學和研究主體的性質不同，它們大多從各自特定的角度出發涉足教育電影的領域。因私立大學一貫重視社會服務，大夏大學主要結合社會教育學的方向開設教育電影方面的課程；出於造就電影及教育電影專業人才的目的，以求博得觀眾對影片的喜愛，昌明電影函授學校主要關注教育電影的藝術特性；作爲一所具有國際背景的教會大學，金陵大學理學院則積極引進歐美先進的電化教育理論，努力保持與國際接軌。

第三章 近代中國電化教育學發展中期 （上）（1936～1941） [註1]

　　南京國民政府成立後，對全國高等教育進行了較為全面、較大規模的整頓，有力地推動和加速了大學學科建設的步伐，加之民族資本主義經濟的相對繁榮也為大學學科建設提供了較為堅實的物質基礎。20 世紀 30 年代初，金陵大學理學院便創立了「教育電影委員會」，大夏大學社會教育系開設了電化教育方面的課程。在此基礎上，1936 年大夏大學開辦「電影教育講座」，陳友松開設教育電影課程；同年，金陵大學理學院設置教育電影部，江蘇省立教育學院增設電影播音教育專修科；1938 年，金陵大學理學院又創立了電化教育專修科。所有這一切標誌著電化教育學學科已正式進入大學的殿堂，成為中國現代大學學科體系的組成部分，大學遂成為近代中國電化教育學發展的主要基地和力量。全面抗戰爆發後，南京國民政府為了貫徹「抗戰救國」的戰略方針，把電影、播音等電化媒體視為團結民眾、凝聚民心、增強民族自信心和戰鬥力的重要工具和手段，遂採取種種措施加強了對電化教育的管理和掌控，並對教育電影及電化教育的健康發展起到了引領和導向作用，在一定程度上也為電化教育學的發展創造了有利的整體環境與空間。

第一節　大夏大學社會教育系的電化教育學研究

　　20 世紀 30 年代，大夏大學增設社會教育系，該系率先在近代中國開設了

[註1] 本章和第四、五章的部分內容曾以論文《近代中國大學與電化教育學的發展——以大夏大學、金陵大學和國立社會教育學院為考察中心》的形式發表於《高等教育研究》2014 年第 5 期。

電化教育學方面的課程，爲此延請教育電影和教育播音的專家、學者前來授課，如留美歸來的陳友松講授教育電影課程，留日歸來的馬宗榮講授教育播音課程，早期中國電影教育倡導者徐公美講授電影藝術等課程。在授課教學的過程中，上述學者根據自己的學術背景和專長撰寫出版了相關的理論論著，對中國電化教育學研究作出較大貢獻。

一、大夏大學社會教育系電化教育學教學和研究的發展

經過數年的發展，至 1936 年大夏大學社會教育系成爲教育學院中的大系，據報導，「邰爽秋氏自長大夏大學教育學院以來，院務極爲發達，本年該院新生三百餘人，而攻讀社會教育學尤多。」〔註2〕同年社會教育系中增設電影課程，開始培養教育電影人才。據 1936 年《申報》報導，「大夏大學教育學院社會教育系對於電化教育素極重視，茲爲造就電影教育實施人才、以應社會需要計，本學期起特增設電影教育概論、劇本做法、導演術、美術裝置（布景）、電影發達史、電影教育行政學程（即課程——筆者注），並經聘定專家洪深、羅剛、徐公美、姚蘇鳳、孫瑜、戴策、蔣楚生、劉吶歐諸人擔任講師（其他尚在徵集中）。該系除自備大批圖書及機械工學生參考實習外，更得中央電影各機關及本市各影片公司之贊助，特許該系學生前往參觀實習。」〔註3〕同年，大夏大學社會教育系又招聘了留學美國的陳友松。

也就在 1936 年，大夏大學開辦「電影教育講座」，由徐公美主持，並聘請姚蘇鳳、徐蘇靈、許幸之、向培良等人擔任講師，聽講人數約 200 餘人。上述教師中大多數係導演出身，對於電影攝製的技術和藝術素有研究。例如，姚蘇鳳早年畢業於蘇州工業專科學校建築科，30 年代末至上海，先後任上海教育局督學和上海《晨報》副刊、《每日電影》編輯，喜愛評彈，曾在多種報紙上發表有關評論文章。姚蘇鳳原先從事電影批評，30 年代後變爲導演，他編導的第一部電影是《殘春》，由徐來、鄭小秋主編；後又導演《婦道》，主演者爲徐琴芳和宣景琳；第三部爲《路柳牆花》，蝴蝶、嚴月嫻主演；第四部爲《青春線》，趙丹、陳波兒主演；第五部爲《夜合》，顧蘭君、黃耐霜主演。另外，他編寫的小說《女人女人》被天一影片公司拍攝成第一部有聲片《歌場春色》，曾轟動一時。再如，許幸之 1922 年上海美術專科學校畢業後赴日，

〔註2〕 各校消息〔N〕，申報第四張，1936-9-23，（16）。
〔註3〕 大夏設電影學程〔N〕，申報，1936-9-2，（16）。

入東京美術學校學習，1930 年任上海中華藝術大學西洋畫主任，同時參加「左聯」、「美聯」等組織，並被選爲美聯主席，曾創作油畫《工人之家》、《逃荒者》、《鋪路者》，發表敘事長詩《賣血的人》。1933 年，他任上海天一影片公司美術設計，1934 年任電通影業公司導演，翌年導演由夏衍、田漢編劇的影片《風雲兒女》，號召廣大青年行動起來，走上前線，獻身於偉大的民族解放事業；1938 年又與吳印咸合作攝製大型紀錄片《中國萬歲》（未發行），後在上海青鳥劇團、上海藝術劇社、中法劇社、大鐘劇社任編導，先後編導了《雷雨》、《日出》、《愛與死的搏鬥》、《阿 Q 正傳》等劇，出版了兒童獨幕劇集《小英雄》。該講座除了聘請固定講師講授外，還經常臨時性地聘請一些學者來講課，這些學者講課的時間和形式並不確定，還經常有找人代講的情況出現，如大夏大學曾請但杜宇〔註4〕講電影專題講座，但杜宇僅講了一次，發現講課須配備教材，頗不耐煩，遂轉請姚蘇鳳來續講，姚蘇鳳因口才頗佳，又有一套電影拍攝技術和藝術等的理論，學生們聽了覺得十分有意思，所以就持續了許多講。〔註5〕時任大夏大學教育學院院長的邰爽秋高度認可電影講座的價值，他說：「創設電影講座係仿美國各大學先例，蓋大學爲最高學府，對於此種教育園地新興之學術，自不可不及早設置，以應需要。本人常被彼邦各大學之函電稱許，謂極願彼此有互換之機會，故決以全力來將它發展。」〔註6〕

　　從 1936 年起，大夏大學教育學院各方面條件不斷改善，客觀上帶動了社會教育系和電化教育學的發展。據邰爽秋介紹，截至 1938 年大夏大學教育學院「（三）儀器　最初只有幾十件，後來增至 800 餘件：內有心理儀器 500 餘件，電化教育儀器 200 餘件。（四）研究實驗室　最初就設有研究和實驗室的設置，後來逐漸成立了教育行政研究室、教材研究室、心理實驗室、比較心理實驗室、社會教育研究室、電化教育儀器室、電化教育實習室，並與理學院合設勞作教育金木工場各一所。（五）附設機關　有小學一所，心

〔註4〕　但杜宇（1897～1972），早年畢業於上海美術專科學校，1920 年創辦上海影戲公司，開始自編、自導、自攝影片，處女作《海誓》是中國最早的三部長故事片之一；1931 年後上海影戲公司相繼併入聯華、藝華影片公司，他拍攝了《南海美人》、《失足恨》、《國色天香》等影片；1937 年「八一三事變」後赴香港，先後在大中華、亞洲、永華等影片公司任導演；1954 年退出影壇，主要爲《星島日報》創作諷刺漫畫。

〔註5〕　鄭逸梅，鄭逸梅選集（第四卷）〔M〕，哈爾濱：黑龍江人民出版社，2001：269。

〔註6〕　劉詠，科教電影史話札記〔A〕//上海電影史料（第 2、3 合輯）〔M〕，上海：上海電影志辦公室編輯組，1993：221～226。

理診查所一所，民生教育實驗區一處（與上海市教育局及念二運動促進會合辦），社會教育系並設有中國電影教育社，攝製教育影片若干種，均由教育部承購。（六）出版物　計有《教育建設》5 集、《教育研究通訊》1 期、《教育學會會刊》1 期、《心理季刊》6 期、《社會教育季刊》1 期，叢刊 2 種。（七）學生活動　教育心理系學生在滬西診查問題兒童十數名，社會教育系學生主持上海廣播電臺通俗教育講座二十餘次，教育行政系學生曾參與滬郊教育調查，以上種種都是本院師生在過去十幾年間努力的結果。」〔註 7〕社會教育系作為教育學院中重要一系，購置了攝影機、放映機、錄音機、化裝用品等設備，並建立了電化教育儀器室、電影放映室、電影實習室等研究室。社會教育系「中國教育電影社」是一個專供本系學生實習的影片攝製機構，曾拍攝了《肥皂》、《火柴》、《紡織》、《科學養雞法》、《動物園》等教育電影，這些電影攝製完成後全部由教育部收購，印製拷貝，發行各省市放映。

　　1937 年抗戰爆發後，大夏大學西遷，先與復旦大學聯合，遷至江西廬山，1938 年又與復旦大學分開單獨遷往貴州貴陽。同年，大夏大學教育學院共開設 71 門課程，其中社會教育系中開設「教育電影編製法」和「播音教育」課程，共占 6 學分，授課教師為社會教育系講師盧世魯〔註8〕。

表 3-1　1938 年春學期大夏大學教育學院課程一覽表

	課　程	教　師	學　分
普通必修課程	一年級基本國文	王佩芬、傅復天	5
	歷代文選	李青崖	5
	一年級基本英文	宋志俠、陸德音	5
	二年級基本英文	陳銘恩	4
	大學補習國文	李青崖	5
	大學補習英文	陸德音	5
	補習數學	任孟閒	3
	補習數學演習	金鶴皋	1
	日文	張夢麟、鄭宏述	3
	社會學原理	吳澤霖	3

〔註 7〕邰爽秋，今後之教育學院〔J〕，大夏週刊，1938（14-7）：9。
〔註 8〕盧世魯，曾任貴州省教育廳播音教育委員會委員、教育部主辦雲貴區中等學校兼辦社會幹部人員江西討論會講師、大夏大學社會教育系講師，1941 年任大夏大學社會教育研究室主任。

		政治學原理	諶志遠	3
		經濟學原理	董承顯	3
		普通心理學	魯繼曾	3
		普通生物學	郁康華	3
		普通生物實驗	郁康華	3
		倫理學	蘇希軾	3
		公文程序	王佩芬	2
		女生救護訓練	戴尙文	2
		軍事訓練	羅義廣	3
		體育	李松年	6
教育學院課程	教育行政系	地方教育行政	邰爽秋	3
		教育視導	邰爽秋	3
		教育調查	邰爽秋	3
		師範教育	邰爽秋	3
		公民教育	魯繼曾	3
		普通教育法	王裕凱	3
		西洋教育史	馬宗榮	3
		義務教育	馬宗榮	3
		職業教育	馬宗榮	3
		普通心理學（下）	魯繼曾	3
		教育心理學	陳一百	3
		教育測驗（下）	陳一百	3
		生理學	郁康華	3
		農村改進事業	喻任聲	3
		職業指導	喻任聲	3
		公文程序	王佩芬	2
		教學實習	王裕凱	3
	教育心理系	普通心理學（下）	魯繼曾	3
		教育心理學	陳一百	3
		兒童心理學	陳一百	3
		實業心理學	陳一百	3
		實驗心理學（上）	郭一岑、錢懷剛	3
		心理學派別	郭一岑	3
		教育測驗	陳一百	3
		普通教學法	王裕凱	3
		西洋教育史	馬宗榮	3

		職業指導	喻任聲	3
		生理學	郁康華	3
		教育實習	王裕凱	3
		比較社會教育	馬宗榮	3
		圖書館學	方金鏞	3
		教育電影編製法	盧世魯	3
		播音教育	盧世魯	3
		公民教育	魯繼曾	3
		普通教育法	王裕凱	3
		西洋教育史	馬宗榮	3
	社會教育系	義務教育	馬宗榮	3
		職業教育	馬宗榮	3
		教育測驗	陳一百	3
		普通心理學（下）	魯繼曾	3
		農村改進事業	喻任聲	3
		職業指導	喻任聲	3
		農村社會學	張少微	3
		社會事業概論	張少微	3
		生理學	郁康華	3
		公文程序	王佩芬	2
		教學實習	王裕凱	3

資料來源：二十七年春季註冊須知及開班課程索引〔J〕，大夏周報，1938（14-2）：特刊 2-10。

　　1938 年，大夏大學教育學院包含教育行政系、教育心理系和社會教育系三系，次年教育部出臺《師範學院規程》，規定「各公私立大學教育院系均奉部令停止招收新生，原有設備及學生或改組爲師範學院，或予裁撤，或分年停閉，自後即不再核准私立大學附設教育院系」。〔註 9〕但考慮到大夏大學教育學院辦學成績顯著，一次性停辦影響較大，故教育部酌情緩議，特許大夏大學教育學院暫時保留，只調整學系，教育行政系、教育心理系合併爲普通教育學系，社會教育系仍舊，添設職業教育系。普通教育學系系主任爲章頤年，分設教育行政組、教育心理組兩組，由於系主任章頤年未返校，由郁爽

〔註 9〕莊焜明，抗戰時期中國高等教育〔D〕，臺灣中國文化學院歷史學研究所博士學位論文，1979：275～277。

秋暫代；社會教育系系主任喻任聲〔註 10〕，分設圖書館組、民眾教育組、電化教育組三組；職業教育系系主任爲曾愼，分設農林組、工藝組兩組。〔註 11〕1940 年，大夏大學教育學院社會教育系必修科目電化教育課程改爲「電化教育與電影播音」。1941 年初，教育學院社會教育系擬定社會教育工作計劃，工作分爲兩類：其一爲在校內實行電化教育，據載，「茲悉該系定於每星期六下午七時至九時，在校內放映教育電影，實施播音教育，附近民眾來評觀聽者甚眾云。」〔註 12〕其二爲創辦民眾學校，具體負責人由社會教育研究室主任盧世魯派定，其中負責播音教育的人員爲胡道瑾、張齊鯤、翟開宣，負責電影教育人員有張齊鯤、陳遠輝、董汝瑜。據載，該校開辦之初取得了良好效果，「又悉民眾學校所招收之成人班已於四月七日正式開課，計有學生八千餘名，分高低兩班，授以國語、算術、常識、音樂各科。」爲了加強該校的教學效果，定於每週六放映電影，並於同年 4 月 19 日晚在大夏大學體育場開演《淞滬前線》、《滁州風景》、《醉翁亭》、《遁形墨水》、《卡通》等片，4 月 26 日第二次放映的節目有《海底動物》、《水族》、《爬蟲》等片，同時還舉行播音教育，廣播抗戰歌曲及民眾防空應有常識。另外，該校還積極籌備幻燈片教育等各項電化教育，「至幻燈片將於下周起開始放映，其他各項亦在積極籌備中，不日即可見諸實行雲。」〔註 13〕

　　1941 年，大夏大學教育學院普通教育學系和職業教育系全體師生奉教育部令轉入貴陽師範學院教育系和四川省立教育學院，社會教育系師生則轉入國立社會教育學院。對此，大夏大學校方文件中稱：「本校黔部前奉令，教育學院應自三十年度起停辦，法商學院合併，理學院土木系裁撤。教部對該院系學生之處置，亦有命令指示如下：『教育學系學生，分發國立貴陽師範學院，社教系學生，分發國立社會教育學院，職教系學生分發四川省立教育學院，土木系學生分發國立交通大學唐山學院，一律借讀四年畢業，畢業時仍由本校發給畢業證書。』」〔註 14〕教育部令停辦教育學院，表面原因是政府要創設

〔註 10〕喻任聲（1903～1963），早年畢業於美國西北大學，獲教育學碩士學位，回國後先後任教於江蘇社會教育學院、復旦大學，並歷任大夏大學教授、系主任、教育長等職。

〔註 11〕教育學院新訊〔J〕，大夏周報，1939（15-5）：6。

〔註 12〕放映教育電影、實施播音教育〔J〕，大夏周報，1941（17-9）：5。

〔註 13〕社教系工作人員派定〔J〕，大夏周報，1941（17-9）：3～4。

〔註 14〕調整院系後各系學生分發決定〔Z〕，華東師範大學檔案館館藏檔案，檔號：K81-1-104。

國立貴陽師範學院，其實反映出此時教育行政尚缺乏規劃。

雖屢經波折，但大夏大學濃厚的電化教育學研究和教學氛圍爲學者積極參與電化教育學的研究和教學提供了較好的平臺，這一點是毋庸置疑的。

二、馬宗榮的教育播音理論研究

近代中國電化教育學理論主要由教育電影理論和教育播音理論構成。30年代初期，由於普及國民素質的需要，各地大量鋪設無線電和創設廣播電臺，大夏大學在 1933 年即建成廣播臺。因此，不論是社會還是學校，均需要從事教育播音的大量專業人才，教育播音理論應運而生。

如前所述，1930-1935 年間，馬宗榮致力於創建社會教育系的課程，並在研究的基礎上撰寫了若干論著。例如，他編撰了《比較社會教育》、《現代社會教育泛論》，翻譯了吉田熊次的《社會教育原論》，取名爲《社會教育的設施及理論》。1936 年後，馬宗榮出版《社會教育事業十講》、《社會教育綱要》、《大時代社會教育新論》、《社會教育原理與社會教育事業》等社會教育著作，並發表了若干論文。30 年代，大夏大學社會教育系開設了社會教育課程，必修課如社會教育原理、比較社會教育、社會教育事業概論、社會教育行政、社會教育問題研究、社會教育問題設計，選修課包括戲劇與教育、電影與教育、民眾娛樂與教育、社會教育事業概論。〔註 15〕馬宗榮擔任其中多門課程的教學工作，並將教學與研究相結合，在此基礎上將其講稿整理出版，如《現代社會教育泛論》和《社會教育綱要》。

馬宗榮是近代著名的社會教育學家，其社會教育學研究主要集中於社會教育理論和社會教育事業。《現代社會教育泛論》將教育播音視爲社會教育實施機關中的一項，書中認爲相較於學校教育的各級教育行政機關，社會教育也須建立種種機關，或應用風化、教導、教授、感化、言說、直觀、行爲諸方法以施教，或負計劃、監督、助長的責任，或爲之訓練師資，或爲之圖謀聯絡進展，又或爲之體驗新法，社會教育機關分爲社會教育行政機關、社會教育實施機關、社會教育發展機關與社會教育實驗機關，其中社會教育實施機關包括無線電教育或稱教育播音。〔註16〕《社會教育事業十講》中寫道：「就所撰社會教育論文及講稿中，擇其極切實用之系統論述托兒所、兒童遊

〔註15〕馬宗榮，現代社會教育泛論〔M〕，上海：世界書局，1934：150～151。
〔註16〕馬宗榮，現代社會教育泛論〔M〕，上海：世界書局，1934：99。

樂園、夏令健康營、林間學校、感化院、盲啞教育院、博物院、動物園、教育播音、兒童與兒童福利十種社會教育事業之設施與教育之文十篇，再配以與此社會教育事業有關係之其他社教論著二稿，題爲社會教育事業十講。」〔註17〕該書第十講「教育播音的設施與教育」包括「教育播音的意義」、「教育播音的價值」、「各國教育播音的發達」、「我國的教育播音」、「教育播音經營的要旨」，其內容爲 1935 年發表在《教育雜誌》的《從教育播音的意義說到我國教育播音》一文擴充後（主要加入比較教育播音、我國的教育播音等內容）形成的，在「我國的教育播音」部分附錄《裝設無線電收音機辦法大綱》、《無線電收音指導員訓練班辦法》、《各省市教育廳局分期解繳無線電收音機價次辦法》、《各省市教育廳局收音指導員服務辦法大綱》、《中等學校利用教育播音須知》、《民眾教育館利用教育播音須知》、《延聘教育播音講師辦法》等教育播音官方文件。

　　綜合馬宗榮社會教育論著中有關教育播音的研究，其內容主要可分述如下：

　　1. **關於教育播音的內涵**。「教育播音」的概念爲馬宗榮自創，並多次在其社會教育學著作中出現，他最早在《現代社會教育泛論》中寫道：「無線電教育或叫做教育播音（Radio in Education）是用無線電設備而施教育的最新社會教育施設。主體者的教育機關設備播音機放送，舉凡一切學藝的傳授，政治、經濟、社會及其他時事等的消息，音樂、藝術、娛樂等，均得放送。客體者不必到校上課，設置收音機，即可得受一切教化慰安，其住址與校址的隔離，於學業毫無關係，誠爲最新最理想的社會教育實施機關。最近實施社會知育、社會德育、社會體育、社會技育、社會情育者所常用的最有效工具。」〔註18〕而後他在《社會教育事業十講》中闡述道：「教育播音（Radio in Educaion）是用無線電設備而施教育的最新社會教育施設，詳細的說，由主體者的教育機關設備播音機，用播送的方法傳授一切學藝、政治、經濟、產業、外交、社會等知識，報告時事消息、經濟市場的變動、危險信號、犯罪搜索等，兼播送音樂、藝術、娛樂以爲客體者慰安，客體者不必到校上課，只預備廉價簡單的收音機，或到附近設置收音機的社會教育機關去，即可獲得一切知識、消息、慰安，這樣的設施，謂之教育播音。」〔註19〕1942 年出版的《社會教

〔註17〕馬宗榮，社會教育事業十講〔M〕，上海：商務印書館，1936：1
〔註18〕馬宗榮，現代社會教育泛論〔M〕，上海：世界書局，1934：111。
〔註19〕馬宗榮，社會教育事業十講〔M〕，上海：商務印書館，1936：235。

育原理與社會教育事業》一書指出：「教育播音是用無線電設備而施教育的最新社會教育施設。詳細地說，由主體者的教育機關設備播音機，用播送的方法傳授一切學藝、政治、經濟、產業、外交、社會等知識，報告時事消息、經濟市場的變動、危險信號、犯罪搜索等，兼播送音樂、藝術、娛樂以爲客體者慰安；客體者不必到校上課，只預備簡單的收音機，或到設置收音機的社會教育機關去，即可獲得一切知識、消息、慰安，這樣的設施謂之教育播音。」〔註 20〕可見，馬宗榮認爲「教育播音」的內涵主要是「廣義」的，包含政治、經濟、社會、音樂、娛樂等，而並非局限於學校教學內容；上課地點並無限制，學校、社會均可。然而，較之《現代社會教育泛論》，《社會教育事業十講》和《社會教育原理與社會教育事業》中爲「教育播音」概念添增了新的內涵，如「學藝」、「產業」、「外交」、「經濟市場的變動」、「危險信號」、「犯罪搜索」等內容，這反映出前書主要將教育播音應用於社會教育領域，而後兩書不僅擴展了社會教育領域的範圍，而且主張將教育播音向學校教育領域滲透。

2. **關於教育播音的作用。**馬氏認爲，教育播音按其主題內容可分爲「教養」、「報告」、「慰安」三項，而按其接受對象可分爲「成人教育」、「青年教育」和「兒童教育」；此外，根據教育播音場所的不同，可分爲「社會教育播音」和「學校教育播音」，「慰安」和「報告」由於多在社會場所中播送，故可歸爲「社會教育播音」，「教養」內容則多在學校中播送，故可歸爲「學校教育播音」。馬氏認爲，教育播音的功能主要表現在縮短了教育主體和客體的距離，克服了空間障礙，因爲有了無線電通訊，無論受教育者身在何處均能接受到教育播音；在經濟層面上，由於播音機價格較之教師、電影來講都顯得低廉，所以具有較高的教育經濟效益。

3. **關於教育播音的原則和形式。**馬氏在闡述教育播音的要旨時，極力推薦國際智力聯盟（The International Institute of Intellectual Cooperation，馬氏譯爲「國際知的協力會」）的《學校播音》一書，該書認爲教育播音只是學校教育的一種輔助手段，並不能代替學校教育，學校播音的主要對象是中小學學生，但是對於 11 歲以下的兒童，由於其言語功能發育尚未完全，故也不能施以教育播音。《社會教育原理及社會教育事業》主張，教育播音的內容應預先

〔註20〕馬宗榮、藍淑華，社會教育原理與社會教育事業〔M〕，貴陽：文通書局，1942：148。

由學校教育與社會教育關係者根據科目性質制定「播音列表」，並規定播音時間、認眞選擇播音人。〔註 21〕通常，這類科目包括兩類：一類爲與生活密切相關的學科，如音樂、自然科學、衛生，另一類是抽象不易見的，如美術史、邏輯學、公民科、職業教育等。另外，教育播音可以具有不同的形式，馬氏列舉了八種，包括普通授業、講演、談話、簡單的說明、對話、劇化的形式、故事、教育的實況放送；〔註 22〕不同的形式都各具優缺點，應根據實際情況酌情采用。

　　分析馬宗榮關於教育播音的觀點，可發現如下特點：

　　其一，馬宗榮主要從社會教育學的理論框架中闡述教育播音問題，把教育播音作爲社會教育事業的重要途徑和手段來揭示其意義和作用。

表 3-2　馬宗榮主要著作結構一覽表

	《社會教育的設施及理論》	《現代社會教育泛論》	《社會教育綱要》	《社會教育事業十講》	《社會教育原理與社會教育事業》
社會教育原理	社會教育的本質（內含社會教育的意義、社會教育的必要、社會教育的地位）、社會教育的種類（內含社會教育的主體與客體、未成年者的社會教育、成人的社會教育、以一般社會爲對象的社會教育）	人與教育、教育的分化、社會教育的意義、社會教育與社會的教育、社會教育的主體、社會教育的客體、社會教育的理想及其作用的區分、社會教育的範圍、社會教育的學之根據、社會教育的可能	教育的意義及其分化、社會教育	社會教育的意義、社會教育的必要、社會教育的可能、社會教育的理想	社會教育的意義、社會教育的特徵、社會教育的目的、社會教育的教育者、社會教育的對象、社會教育的範圍、社會教育的必要、社會教育的可能
		社會教育與民衆教育、通俗教育、平民教育、成人教育、鄉村教育			社會教育與貧民教育、成人教育、民衆學校教育
社會教育發展	日本社會教育的沿革概要	我國社會教育的起源及其發達	我國社會教育的回顧及前瞻		

〔註21〕馬宗榮、藍淑華，社會教育原理與社會教育事業〔M〕，貴陽：文通書局，1942：150。

〔註22〕馬宗榮、藍淑華，社會教育原理與社會教育事業〔M〕，貴陽：文通書局，1942：149～150。

社會教育設施與社會教育事業	圖書館、教育的觀覽設施、綜合的社會教育機關、民眾娛樂(包括演戲、音樂、電影、無線電播音)、民眾教化運動、公民教育、鄉土教育、社會體育、職業指導、殖民教育	社會教育的方法、社會教育的機關(包括無線電教育、電影等)		社會教育的實際(包括社會教育的方法、社會教育的機關及事業)、教育播音的設施與教育(內含教育播音的意義、教育播音的價值、各國教育播音的發達、我國的教育播音、教育播音經營的要旨)	社會教育的方法、社會教育的機關、社會教育事業(包括教育播音、電影等)、展覽會、博覽會

資料來源：吉田熊次著，馬宗榮譯，社會教育的設施及理論〔M〕，上海：中華書局，1935；馬宗榮，現代社會教育泛論〔M〕，上海：世界書局，1934；馬宗榮，社會教育綱要〔M〕，上海：商務印書館，1937；馬宗榮，社會教育事業十講〔M〕，上海：商務印書館，1936；馬宗榮、藍淑華，社會教育原理與社會教育事業〔M〕，貴陽：文通書局，1942。

　　由表 3-2 可見，4 本社會教育學著作對於教育播音在社會教育和社會教育學中的地位和作用的認識不盡相同，如《社會教育的設施及理論》便將教育播音視為「民眾娛樂」的一種，書中認為無線電播音為一種「自樂的娛樂」，「為自己不表演而只看他人表演，聽他人歌唱，以自樂的娛樂，如演戲、電影、播音等屬之。」〔註 23〕綜觀馬宗榮的社會教育學著作，可知他將教育播音同時視為社會教育課程（內容）、社會教育設施（手段）和社會教育事業的一種。他認為，社會教育課程包括五類：社會知育、社會德育、社會體育、社會技育、社會情育，其中社會情育包括藝術教育和休樂教育兩種，教育播音則屬於休樂教育中的一種；教育播音同時為社會教育的一種設施，他說：教育播音「誠為最新最理想的教育實施機關，為最新實施社會知育、社會德育、社會體育、社會技育、社會情育所常用的最有效工具。」〔註 24〕作為社會教育的一種設施和手段，教育播音並不是萬能的，還需要與其他媒體協同使用並與教師密切配合，教師的任務主要包括準備媒體和輔助講解，「播者及

〔註 23〕吉田熊次著，馬宗榮譯，社會教育的設施及理論〔M〕，上海：中華書局，1935：248。
〔註 24〕馬宗榮，大時代社會教育新論〔J〕，貴陽：文通書局，1941：245。

學校教師宜密接不斷的協力，共同勞作。尤以教師的活動爲重要性。爲教師者非預爲準備黑板、地圖、標本等視覺的輔助教具不可。又優良的收音機之必要，自不待言。教師對於播送前，先對聽眾予以講題的預備知識及播送後的整理工作，亦頗爲重要。」〔註25〕

　　但由於當時中國教育的社會基礎薄弱，社會教育非由政府提倡不可，故他更趨向將教育播音視爲社會教育事業的一種。他認爲，社會教育的對象不僅僅是男女老幼、智力高低的所有公民，社會教育實施的可能性依據是人之視覺和聽覺均具有直觀吸收表象知識的能力，因而社會教育的教育者不拘個人或團體，社會全體都是社會教育的受教育者。但社會教育事業指的是國家、政府對於社會教育施與的指導性手段。他強調：「惟是社會教育的事業，乃國家地方政府應有的責任的一種，所以國家對於全國的社會教育，要有一種組織的統一的計劃，兼得於一定的範圍以內，掌管全國的社會教育事業。地方政府對於該地方區域內的社會教育事業，也要有一種的計劃，兼得於一定的範圍之內，掌管該地方的社會教育事業。」〔註26〕同時他認爲，教育播音作爲社會教育事業的一種，它的對象固然是社會全民，但在當時經濟、人力、物力不允許的情況下，學校可在辦理學校教育播音的同時兼辦社會教育播音。他說：「學校教育不必拿校門來做它的極限，一方面，要走出校門來和社會接觸……一方面，開放校門，歡迎民眾入校聽講學習，直觀，運動，休樂，利用其設備作種種的體驗或解決人生的問題。」〔註27〕「開放學校收受教育播音的收音機室兼施播音教育。」〔註28〕此外，作爲一項「事業」，教育播音還需講求「經營法」，《社會教育事業十講》和《社會教育原理與社會教育事業》均論及教育播音的「經營法」，主要包括對播音的形式、適合播音的學科、播音教材、播音時間、播音人、收音等的經營。

　　其二，採用日本社會教育學與教育播音理論，其研究均借鑒日本的相關成果，又根據本國國情加以改造。「社會教育」一詞來源於日本，有學者認爲日本教育家佐藤善治郎發表於1899年的《社會教育法》是中國近代最早的社會教育譯作，〔註29〕該書闡述社會教育的基本觀念和具體方法，書中論及的

〔註25〕馬宗榮，社會教育事業十講〔M〕，上海：商務印書館，1936：284。
〔註26〕馬宗榮、藍淑華，社會教育原理與社會教育事業〔M〕，貴陽：文通書局，1942：5。
〔註27〕馬宗榮，大時代社會教育新論〔J〕，貴陽：文通書局，1941：316。
〔註28〕馬宗榮，大時代社會教育新論〔J〕，貴陽：文通書局，1941：321。
〔註29〕王雷，中國近代社會教育史〔M〕，北京：人民教育出版社，2003：151。

教育事項中有歌謠及音樂兩項。隨後在 1912 年出版的日本通俗教育會編《通俗教育事業設施法》一書中，將電影、音樂、幻燈、活動照片等電化教育工具列爲通俗教育事項，並高度強調它們的作用：「通俗教育之範圍果何如乎？以廣義解釋之印刷演說及說教均包括其內，以狹義解釋之，惟演劇、講談、幻燈、活動寫眞（指照片──筆者注）等而已。狹義事項行之較易。苟完全行之收效，反較廣義之通俗教育爲大。」〔註30〕書中將「講談」（即講演──筆者注）列爲通俗教育爲重要的事項，其次是幻燈和活動照片，「如通俗博物館通俗圖書館巡回文庫之設立、演劇之改良、幻燈、活動寫眞之改善雖均屬漸次設施之事項，然首先注意者係通俗講演等之施設……其次如幻燈活動寫眞及一般之講演亦須改良，至於是等設施之順序及改良之方法等由調查委員會〔註31〕切實調查研究，先擇其最適合於我國而克奏卓效者見諸實行。」〔註32〕除此之外，書中還提到「音樂堂」（即音樂廳──筆者注）等通俗教育設施，「不論何日，夜間亦當開演奏會，蓋音樂堂之功用，不重悅耳而重在能發達高尙之趣味也。」〔註33〕日本通俗教育研究會於 1916 年出版了《調查日本社會教育紀要》，其中記錄的 35 種社會教育設施與事業中含「電影」和「通俗音樂」。馬宗榮翻譯日本教育學家吉田熊次的《社會教育的設施及理論》一書將社會教育的理論和實踐結合起來，對此馬氏介紹道：「本書爲日本東京帝國大學教育學系教授吉田熊次博士所作，原名《社會教育原論》，吉田氏爲日本現今有名的教育學者，擔任東京帝國大學教授歷二十五載，其學識經驗之超群，在彼邦已屬有口皆碑，對於社會教育之研究，已有三十餘年之歷史。是書共分五篇，第一篇敍述社會教育之原理，多係吉田氏之主張；第二篇以對象爲綱，以各國所設施之社會教育事業爲領，介紹各國的社會教育設施及其沿革甚詳；第三篇以下，以各種社會教育機關爲經，以各國之社會教育設施及其沿革爲緯，亦詳爲介紹。其所取材，悉以吉田氏兩次出國調查所目見者爲骨幹。」〔註34〕吉田熊次在採納了《通俗教育事業設施法》和《調查日

〔註30〕 日本通俗教育研究會著、武進伍達譯，通俗教育事業設施法〔M〕，上海：中國圖書公司：8。

〔註31〕 調查委員會爲日本通俗教育研究會下設機構。

〔註32〕 日本通俗教育研究會著、武進伍達譯，通俗教育事業設施法〔M〕，上海：中國圖書公司：10。

〔註33〕 日本通俗教育研究會著、武進伍達譯，通俗教育事業設施法〔M〕，上海：中國圖書公司：113。

〔註34〕 吉田熊次著、馬宗榮譯，社會教育的設施及理論〔M〕，上海：中華書局，1935：

本社會教育紀要》中所列舉的社會教育事業，並在充分調查國內外社會教育的基礎上，完成了《社會教育的設施與理論》中社會教育設施部分的寫作，可以說，該書這部分充分吸收了前人研究成果的特長和優點。

　　由表 3-2 可見，馬宗榮所著的《現代社會教育泛論》、《社會教育事業十講》、《社會教育原理與社會教育事業》從其內容而言，都包含社會教育原理、社會教育發展、社會教育設施、社會教育事業等方面，基本上是一致的。而且，在一些細節上，也比較傾向於採納日本社會教育學理論和教育播音理論。例如，在《比較社會教育》中馬宗榮介紹了日本社會教育歷史和現狀，書中將日本的「放送事業」（即播音事業——筆者注）分為報告、教養、慰安及兒童時間四項，這些提法是與《社會教育的設施及理論》相一致的；在《現代社會教育泛論》中，馬宗榮也承認其書在體例上參考了吉田熊次的著作，「本書共分上下兩編，前編敘述社會教育之原理，個人對於我國社教意見多在此編中發揮；後編記載我國社教之史略，蓋欲使讀者體驗我國過去社教上之成敗，以證實前編原理之真實性若何耳。惟是關於前者，國內外尚乏同類之著作可資借鏡，故所列之十六章之體系，純以個人所見，參考吉田熊次先生之系統的教育學之體系而成。」〔註35〕

　　雖然如此，並不意味著馬宗榮的三部著作僅僅是吉田雄次著作的翻版。20 世紀 20-30 年代，受「教育救國論」的影響，各種教育思想紛紛湧入國門，不一而足。針對這種情況，馬宗榮將「社會教育」與「通俗教育」、「民眾教育」、「社會教化」、「平民教育」、「成人教育」等概念作了一番辨析，力求揭示它們的源流與異同，為社會教育及社會教育學進行了準確的學術定位；另外，馬宗榮還引入了「社會教育分工」的概念以對應於學校教育的「課程論」，其包含文化方面的訓練、政治方面的訓練、自衛方面的訓練、經濟方面的訓練等內容，這明顯已超越了吉田熊次著作的內容和體系。

　　在教育播音理論的形成方面，與吉田熊次的著作不同，馬宗榮將教育播音同時視為社會教育課程、社會教育設施和社會教育事業的一種，並力圖打破學校教育播音和社會教育播音的藩籬。除此之外，他還主張縮減教育播音的內容，強調「教育播音」的作用，這也與吉田熊次著作中的相關內容大不相同。有關「教育播音」內涵的解釋首先來自於《社會教育的設施及理論》

1～2。
〔註35〕馬宗榮，現代社會教育泛論〔M〕，上海：世界書局，1934：2。

中的「無線電播音」,「今日日本的放送事項,可大別之爲報告、教養、慰安及兒童時間四項目。報告事項有氣象通知報告、告知、報時、官署公示、新聞產業、年中行事、題目預報、日用品價值、經濟市況等。教養事項有無線電播音體操、榮單、家庭婦人講座、家庭大學講座、趣味講座、語學講座、補習講座、名士講演、宗教講演等。慰安事項有和樂、洋樂、演藝、演戲等。兒童時間有兒童新聞、談話、童話、課外教授、童謠、唱歌、和樂、洋樂、演藝、兒童劇等。要之無線電播音的放送事項的大部分,幾包含廣義的社會教育。就中,教養事項是成人及青年教育。慰安事項是無線電所主持的民眾娛樂的部分。兒童時間爲兒童的校外生活指導的一種。」〔註36〕而在《社會教育事業十講》中,馬宗榮僅將教育播音根據內容分爲「教養」、「報告」、「慰安」三項,所列事項也比上述事項大大縮減了。由於當時國內成人教育尚不發達,政府更無暇考慮兒童教育,而且教育播音事項也不可能有日本那麼全面,所以說,這應是馬宗榮在充分考慮國情的基礎上做出的決定。在《社會教育原理與社會教育事業》一書中,馬宗榮列出了三點教育播音的價值,即:(1)教育播音可實施社會智育、社會德育、社會體育、社會技育、社會情育;(2)過去的文化由書本上獲得,即以眼與紙爲獲取的工具,然至播音出現後,可由電波的音響而獲得文化,而以耳爲獲得的工具,且其教化效力甚大,平均可及十萬人以上,爲普及教育無上的利器;(3)現今的教育,頗趨於資本化的傾向,受教者非用極高之代價不易獲得相當之教育,但自教育播音發明後,民眾可以較廉的代價或無代價得聆名人專家的教化,而獲得相當的知識。〔註37〕而《社會教育設施及理論》中僅寫道:「作民眾娛樂的無線電播音,可使民眾坐而享受,只就這點說,已較之電影爲便利,又得自由選擇各地的放送的自由聽聞,均是其優點。」〔註38〕可見,上述三點價值是馬氏基於其社會教育學理論及本土的教育實際所提出的,論及教育播音的規模效益和個體效益,內容全面、豐富,較之吉田熊次著作中對「無線電播音」功能的描述充實了不少。

〔註36〕吉田熊次著、馬宗榮譯,社會教育的設施及理論〔M〕,上海:中華書局,1935:262。

〔註37〕馬宗榮、藍淑華,社會教育原理與社會教育事業〔M〕,貴陽:文通書局,1942:148。

〔註38〕吉田熊次著、馬宗榮譯,社會教育的設施及理論〔M〕,上海:中華書局,1935:263。

　　可以說，馬宗榮充分理解吸收了《社會教育設施與理論》等書的社會教育學框架和理論以形成自己的社會教育學和教育播音理論，並用於指導中國的社會教育和教育播音實踐。馬宗榮在《大時代社會教育新論》一書中說道：「著者編著本著時，時有『如何使社會教育中國化』的印象在於腦中，故所採用的方法及教材，特注意介紹本國所有的材料。」〔註39〕本著這一初衷和宗旨，他構建了包括社會教育認識論、社會教育成立論、社會教育目的論、社會教育課程論、社會教育方法論、社會教育機關論、戰時社會教育論、學校兼辦社會教育論等內容，構建了包括社會教育理論與實踐兩大領域的完整的、具有本土化色彩的社會教育學理論體系，並將教育播音理論巧妙地穿插在社會教育課程論、社會教育方法論、社會教育機關論、學校兼辦社會教育論等內容中進行論述。此外，他還列專章深入地探討了教育播音的有關問題，如《社會教育事業十講》、《社會教育的原理與社會教育》從如何經營作爲社會教育事業的教育播音、教育播音定義、教育播音施教者、教育播音受教育者、教育播音作用、教育播音方法等方面談國內教育播音的實施問題，已具有相當的本土化意味，如《社會教育事業十講》中稱：「由上所述，可知教育播音的價值甚大，而吾國中央教育行政當局對於教育播音之態度，採爲輔助教育，頗合播音教育的原理，故各地方教育行政機關各學校各民眾教育機關宜儘量利用此最有價值的教育播音爲工具，以完成其教育。實施教育播音者，除注意上述各點外，更須注意於教材的選擇……收音的各學校、民眾教育館，宜注意勸誘學生或民眾來受播音教育，播送前準備各種直觀教具參考圖書予以預備知識，事後代爲整理其知識並努力於共同討論研究批判。各地方教育行政機關，應宜圖播音教育的進展，取締不良播音，教授民間自造簡單收音機械，亦屬不可少的要圖。」〔註40〕由此可見一斑。

　　總的來講，馬宗榮主要側重於社會教育事業方面來闡述其教育播音理論，並認爲應根據中國特殊的國情加以改造。但由於缺乏技術和藝術方面的背景，其理論比較側重對教育播音功能和作用的探討，而忽視了它的技術性能和藝術性能，這是一大缺陷。

〔註39〕馬宗榮，大時代社會教育新論〔J〕，貴陽：文通書局，1941：凡例。
〔註40〕馬宗榮，社會教育事業十講〔M〕，上海：商務印書館，1936：285。

三、陳友松的教育電影理論研究

如前所述，陳友松於 1926 年赴美國留學，1936 年回國後在大夏大學開設教育電影課程，每班約 100 多名學生，據稱這是近代中國大學最早開設的教育電影課程。〔註 41〕正如有的學者所指出的，「陳友松曾在哥倫比亞大學學習視聽教育課，授課教師爲著有美國第一本有聲教育電影著作的教育電影專家亞恩士倍傑（V.C. Amspiger）〔註 42〕博士，歸國後陳友松根據講義，並結合中國教育電影現狀與需求，於 1937 年 2 月出版了《有聲的教育電影》，在引進和傳播美國視聽教育理論以及本土化創新方面做出開拓性貢獻」。〔註 43〕在講授教育電影課程之餘，陳友松利用他在中國教育電影協會任職之便，主辦有關電化教育的期刊，如 1936 年底由中國教育電影協會上海分會創辦、中國電影教育用品有限公司發行的《電化教育》雜誌即聘請陳友松擔任主編。

（一）《電化教育》與教育電影及電化教育研究

《電化教育》由中國教育電影協會上海分會創辦，爲月刊，自 1936 年12 月 5 日創刊至 1937 年 6 月 5 日共出版五期，此後停刊。有的專家稱，該刊是中國創辦最早的電化教育專業期刊，〔註 44〕可見該刊在中國電化教育史上佔有突出地位。因此刊由中國教育電影協會上海分會創辦，故其撰稿人，特別特約撰稿人均爲中國教育電影協會上海分會會員。據載，該刊特約撰述人有方治、王平陵、余仲英、谷劍塵、吳研因、吳劍眞、邱錦義、李君磐、沈西苓、邰爽秋、周佛海、周建雲、金擎宇、范謙衷、姚蘇鳳、胡雄定、俞慶棠、段天煜、孫明經、徐公美、洪深、陳公素、陳立夫、陳果夫、陳劍翛、陳禮江。陳鶴琴、高天樓、高踐四、郭有守、程步高、彭百川、黃行白、張北海、張道藩、張景石、黃天佐、楊敏時、黎民偉、褚民誼、趙鴻謙、鄭貞

〔註41〕 孫明經，回顧我國早期的電化教育（上）〔J〕，電化教育研究，1983（2）：28～35。
〔註42〕 亞恩士倍傑（V.C. Amspiger）任職於美國電氣研究出品股份公司（Electrical Research Products INC, 簡稱 ERPI），它是美國攝製有聲教育電影的大本營，其中設有有聲教學影片研究部，其研究人員均爲教育學各學科的專家，研究部主任即爲亞恩士倍傑，副主任爲布魯士特（M.Brunstetter），兩人都兼任哥倫比亞大學師範學院的教育電影講師。
〔註43〕 蔡建東，陳友松電化教育學術思想研究〔J〕，現代教育技術，2011（3）：5。
〔註44〕 曹敬、馮立昇、李龍，我國創辦最早的電化教育專業期刊——《電化教育》〔J〕，電化教育研究，2012（8）：114。

森、蔣學滋、蔣建白、劉之常、潘公展、潘抑強、潘澄候、魯覺吾、蔡楚生、盧蒔白、鍾靈秀、戴策、應雲衛、魏學仁、羅明祐、羅剛、歐陽予倩。1936年，陳友松帶頭上海教育界人士發起成立中國電影教育用品公司，他任籌備委員並參與籌措公司股份，該公司主要業務爲銷售國產教育電影附件及教育電影片，以抵制當時的電影利權外流。在陳友松的倡議和帶領下，該公司發行出版《電化教育》雜誌，由他任主編，以便更好地促進和推廣該公司的業務。陳友松認爲：「如果瞎眼專提倡電影教育的實施，不提倡國產，講求國產的學術，我們便是老百姓的大罪人。有識之士，慘淡經營，企圖電影自給的苦心，已表現在呱呱墜地的中國教育電影用品股份有限公司（即中國電影教育用品公司──筆者注）了，要爲這些嬰兒設托兒所、幼稚園、小學、中學、大學以及研究院使他們成一個堂堂正正的三民主義之下的國民，必須聘請學者名師，灌輸日新月異的知識技能。換言之，電影事業需要一種刊物，把這些學者名師的秘訣，發表出來，鞭策國產的勃興。」〔註45〕同時，陳友松確立了該刊的辦刊宗旨和目標，他指出：「本刊發行宗旨，在乎協助政府、宣傳電教，深願海內賢達，著作專家，對於電化教育研究、技術座談、影片批評、國內外電影教育諸方面，多多惠賜鴻著。」〔註46〕陳友松在發刊詞中說道，該刊的辦刊目標有五：一爲「現在中樞方積極提倡電影教育，然而要收『登高一呼萬山響應』之效，必須要有一個深入下層的刊物，作爲宣傳、研究、介紹、溝通和推動的喉舌。」二爲「影片之供給與製造問題，成了極複雜而專門的問題。至於實施方面，必須要適當的教育行政的機構和充裕的教育經費。凡此種種，非電影與教育界嚴密組織研究不可。」三爲「教育電影不是單純的電影界和單純的教育界，可以『閉戶造車』的。亦當與全國各種學術團體連成一交通的密網。……然而這種經緯高端的大合作，猶導百川入大海，非籍一有力的專門的言論機關，去策動不行。」四爲「可以吸收大量的人材與勞動，我們要研究並實行如何使電影與國民經濟建設運動打成一片。」五爲「教育電影是教育工具演進的最近階段的一種，它有它的特殊地位，足濟其他之窮。……當研究如何在實施電影教育時兼用其他一切視聽用品，種種問題。」〔註47〕可見，陳友松對該刊的期望較高，而且劃定的讀者

〔註45〕陳友松，發刊詞〔J〕，電化教育，1936（1）：3～4。
〔註46〕本刊徵稿啟事〔J〕，電化教育，1937（5）：6。
〔註47〕陳友松，發刊詞〔J〕，電化教育，1936（1）：3～4。

群體範圍較廣，該刊發刊時曾寄 10000 份分贈全國各級學校各民眾教育館以及各教育機關，僅收取寄發郵費，一概免去訂購費用。如果有團體個人索閱，即按期贈閱一年；當然，這是新出版刊物為拓寬讀者群體所必需之舉，然也透露出刊物及陳友松對於讀者群體定位的廣泛。陳友松曾明言：「要言之，本刊志在把富有現代人生的春風夏雨的電影送到五嶽之江的域中，那些蓬門敝巷的小小蒙童，那些窮鄉鬧市的迷途羔羊，那些滿布中華的蚩蚩之氓，使他們得一點活的教育，使他們的生活，多放一點光明，加速國難教育的效率。」〔註48〕陳友松對《電化教育》辦刊宗旨、目標以及讀者群體的認識使該刊有了明確的定位，並深深影響到稿件的選擇和錄用，故《電化教育》上發表的論文雖非全為陳友松所著，但仍體現了陳友松本人的電化教育思想。

　　《電化教育》雖然僅出版了五期就停刊了，但其內容十分豐富。該刊主要分為五大欄目，分別為「電教研究與討論」、「教育節目播音預報」、「電教技術」、「法令」和「一月間」；其中「電教研究與討論」和「電教技術」欄目刊登的文章理論性較強，可稱之為電化教育研究論文。

表 3-3　《電化教育》部分電化教育學論文一覽表

論文作者	論　文　題　目	所在欄目	卷　期	起始頁
陳友松	發刊詞	無	1936（1-1）	3-4
方治	教育電影化與電影教育化	電教研究與討論	1936（1-1）	5
蔣建白	實施民眾教育與完成電化教育網	電教研究與討論	1936（1-1）	5
陳友松	電影教學的爭論	電教研究與討論	1936（1-1）	6-7
張爾椿	攝製優良教學影片之商榷	電教研究與討論	1936（1-1）	8-9
盧蒔白	實施電化教育之商榷	電教研究與討論	1936（1-1）	10
劉之常	幻燈映畫教學與燈片攝製法（一）	電教技術	1936（1-1）	14
徐公美	小型電影的研究	電教技術	1936（1-1）	15
胡雲光	編輯電影片之簡易用具	電教技術	1936（1-1）	16
盧蒔白	美國之合作教育電影庫	電化教育之研究與討論	1937（1-2）	3-5
張爾椿	攝製優良教育影片之商榷（續）	電化教育之研究與討論	1937（1-2）	6-7
許其仁	電化教育總動員	電化教育之研究與討論	1937（1-2）	8-10

〔註48〕陳友松，發刊詞〔J〕，電化教育，1936（1）：4。

劉之常、蔣社村	幻燈映畫教學與燈片攝製法（二）	電教技術	1937（1-2）	13-14
徐公美	小型電影的研究（二）	電教技術	1937（1-2）	15-16
盧蒔白	影片損傷之普通原因	電教技術	1937（1-2）	17
陳友松	電影的勢力及其研究	電化教育之研究與討論	1937（1-3）	3-6
張爾椿	攝製優良教育影片之商榷（續）	電化教育之研究與討論	1937（1-3）	7-8
劉之常、蔣社村、範鼎仁	幻燈映畫教學與燈片攝製法（三）	電教技術	1937（1-3）	11-14
徐公美	小型電影的研究（三）	電教技術	1937（1-3）	15-16
盧蒔白	利用人造光源的攝影露光問題	電教技術	1937（1-3）	17-19
張爾椿	攝製優良教育電影之商榷（四）	電化教育之研究與討論	1937（1-4）	3-4
劉之常、蔣社村、范鼎仁	幻燈映畫教學與燈片攝製法（四）	電教技術	1937（1-4）	5-7
徐公美	小型電影的研究（三）	電教技術	1937（1-4）	8-12
周凱旋	一年來浙江省電影教育	電化教育之研究與討論	1937（1-4）	15-18
李祺錫	巡迴電化教育底商榷	電化教育之研究與討論	1937（1-5）	1-2
陳友松	兒童電影最近的發展	電化教育之研究與討論	1937（1-5）	3-5
劉之常、蔣社村、范鼎仁	幻燈映畫教學與燈片攝製法（五）	電教技術	1937（1-5）	7-10
陳友松	小型電影的研究（五）	電教技術	1937（1-5）	11-16

資料來源：根據《電化教育》各卷、各期目錄編製。

　　分析表 3-3 文章的內容，主要可歸納如下：

　　1. **教育電影攝製藝術及取材研究**。《攝製優良教育影片之商榷（續）》通過大量的實驗，概括了當時教育電影主要問題在於：①影片過於冗長，但詳細部分卻不能記錄，易於混亂和忽視。②主題範圍太寬泛，包括劇本於短時間內包含大量題材、缺乏討論與分析之機會、浮泛之提議、變異過多以致混亂、對於事態之後果與檢討方法先加決定。③心理方面不適合於學者，不適

合於任何學習年齡、學習階段，或想要適合任何學習階段而導致取材不精。④主題貧乏。⑤題材缺乏一致性，如在社會科學影片中無一中心人物，以及把很不連續的場面糅合在一起。⑥不能激發學者作進一步之思索，這主要表現在沒有促進學習者進一步探索的空間、不許學習者作任何活動、不使學習者進入疑問狀態。⑦題材貧乏。⑧技術條件低劣，主要包括拍攝條件太差、演員演出水準太差、導演表現手法太差等。〔註49〕《小型電影的研究（三）》一文談攝影藝術手法和技巧問題，其中藝術手法包括鏡頭的角度、回轉速度、遠近法、時間和空間上的技巧，攝影技巧包括鏡頭的技巧、攝影機的位置、編輯整理等特殊方法，作者徐公美論及攝影在時間和空間上的技巧時認為「這就是電影蒙太奇（montage）方法的根本要素。把在完全不同的地點中被攝影的兩種斷片連結，而造成好像在同一地點攝影似的場面。或者把在完全不同的日子中被攝製的兩種斷片連接，而造成好像在同一日期中攝影似的場面。這種手法是電影構成中的一種特殊的手法。」〔註50〕

　　教育電影取材方面，如《攝製優良教育影片之商榷（四）》一文所列之優良教育電影檢查表依問案式或論述式為之而不添加主觀意見，篇末所附之推測關係供攝製與發行雙方關於教片題材及成效之研究；檢查表分為三段，分別為題材、表現方法、技術三項。〔註51〕《小型電影的研究（二）》主要談小型電影劇本和拍攝技巧的問題，徐公美在文中提供了幾種適宜的小型電影劇本以供選擇，包括風景電影、取材於人物的小品電影、寫實電影、教育科學電影、純粹電影、電影劇。徐公美對於上述電影劇本並未加以明確區分，如寫實電影中也含有風景電影，這一類電影總須有某種新聞性的條件和價值，如典禮、博覽會、運動會、團體競技、演藝、動物、一家的集合等等；同時，寫實電影中也包含某些記錄片，如《新聞紙（即報紙——筆者注）的經過》、《造米的經過》、《海苔的採集》等，另外取材於機械工業、製造工業、地理、歷史、理科、作物法、運動等的科教片可統稱為教育科學電影。該文還指出，在電影藝術上小型電影在攝製時要注意大小的變化、動作和動性的對立、明暗性的強弱、場面轉換的速度。〔註52〕張爾椿在《攝製優良教育影片之商榷（續）》一文中側重於從在學校中購買和使用的情況來評價教育電影的價值，

〔註49〕張爾椿，攝製優良的教育影片（續）〔J〕，電化教育，1937（1-2）：5～7。
〔註50〕徐公美，小型電影的研究（三）〔J〕，電化教育，1937（1-3）：15～16。
〔註51〕張爾椿，攝製優良教育影片之商榷（四）〔J〕，電化教育，1937（1-4）：4。
〔註52〕徐公美，小型電影的研究（二）〔J〕，電化教育，1937（1-2）：15～16。

「蓋攝製者最大之問題，爲是否其出品能應求者之需要。」〔註53〕經過一番調查，張爾椿列出了學校各類教育電影購置情況一覽表。

表 3-4　學校各類教育電影購置情況一覽表

科　目	生理衛生學	物理學	生物學	事業地理學	人文地理學	職業指導	自然研究
購平均數	148.4	119.2	109.5	108.5	107.6	76.1	61.2
統計指數	39.7	43.7	35.1	35.1	43.7	不詳	33.8

資料來源：張爾椿，攝製優良教育影片之商榷〔A〕//中國教育電影協會上海分會，電化教育〔J〕，中國電影教育用品有限公司，1937（1-3）：7。

　　文中以全科目選購數目百分比爲標準，求出各項科目選購之平均數，並附統計指數（統計指數與選購數目百分比平均數至中率相等）。從表 3-4 可知各類電影的受歡迎度，即生理衛生學居首，而自然研究最不受歡迎，實用科學居中。〔註54〕

　　2. 電化教育設備、技術研究。電化教育設備方面，《幻燈映畫教學與燈片攝製法（四）》一文介紹幻燈機的種類，如膠玻紙片幻燈機使用於固定教室課堂，通常有兩個鏡頭，一個作紙上映像用，一個做玻片映像用，並有反光鏡等附件，最常用的有阿臺潑脫幻燈機（Adept small epidiascope）、發暮羅司幻燈機（Famulus High Power episiascope）、麥共斯以幻燈機（Magister High quality epidascope）、保羅鐵康 LRM 幻燈機（Balopticons model L.R.M）、保羅鐵康 CR 幻燈機（Balopticons model C.R）；另外，還有特種幻燈機如來克託幻燈機（Lektorcepidiascope）（用於識字繪畫教學）、蔡司倍而撒柴幻燈機（Ziess Balsazar Projector）（供書寫映像用）、保羅鐵康自助箱型 AU 型（Balopticons model AU）（適合公眾場所使用）、保羅鐵康暗箱幻燈機（Balopticons Automatic）（適合個人使用）。〔註55〕《小型電影的研究（三）》一文介紹了膠片的種類，即其片幅的大小和長短，它們根據電影種類和性質的不同而不同，當時比較常用的膠片一筒 400 毫米，但也有一筒 200 毫米、100 毫米、50 毫米的短片，小型電影膠片以 16 毫米的膠片最多。在介紹攝

〔註53〕　張爾椿，攝製優良教育影片之商榷〔J〕，電化教育，1937（1-3）：7。
〔註54〕　張爾椿，攝製優良教育影片之商榷〔J〕，電化教育，1937（1-3）：7。
〔註55〕　劉之常、蔣社村、范仁鼎，幻燈映畫教學與燈片攝製法（四）〔J〕，電化教育，1937（1-4）：5～7。

影時，首先介紹鏡頭的知識，一個鏡頭直徑越大，它的鮮明程度越高；鏡頭和膠片的表面距離越遠，它的黑暗程度越高，畫面越大；鏡頭後面「絞機」的作用在於控制明暗的程度。在說明鏡頭的明暗性時，徐公美列舉了幾個數學術語和計算公式，如焦點距離（Focal Length，略稱為 F.L）＝從鏡頭後到膠片表面的距離÷鏡頭的直徑＝從絞機的位置到膠片表面的距離，寫度（Rapidity）＝F.L÷絞機的直徑＝表示鏡頭的明暗性。有了上述兩個數學公式，讀者很容易理解焦距與鏡頭明暗性、畫面大小密切相關，比如，一個鏡頭的焦距越長，它的畫面就越大，但並不影響「絞機」的大小。此外，「通焦點距離」（Hyperfocal Distance）是指人們將鏡頭的焦距調至最大時從映出最鮮明的影像的攝影機到最接近被攝物體之間的距離，所以，超過了「通焦點距離」的被攝影物體，無論哪一種均可以映出鮮明的圖像。為了使讀者更直觀地瞭解鏡頭焦距與圖像鮮明度之間的關係，徐公美還在文後專門提供了不同焦距下圖像明暗程度的差別對照圖，通過比較發現，以 1 英寸或 25 毫米鏡頭最好，3 英寸的焦點距離已經算是「望遠鏡頭」，15 毫米焦距的鏡頭則是一種「廣角鏡頭」。〔註 56〕

　　電化教育技術方面，《幻燈映畫教學與燈片攝製法（二）》介紹幻燈片的技術原理，為了便於讀者理解，劉之常解釋道，幻燈機與照相機大致相同，不過插入的玻璃片位置不同，在使用幻燈機時，應先對放映場地作適當的布置，其方法與一般電影放映場中方法基本相同，即電源插上，待幻燈機對光準確後，開始將幻燈片一張一張插入框內，推動片框開始放映。劉之常以當時最常用的愛博克司（Diabox）幻燈機為例加以說明。〔註 57〕盧蒔白在《影片損傷之普通原因》認為當時廣泛應用的是 16 毫米的電影，由於膠片本身過小，齒孔又十分細軟，映演的機器十分緊湊，所以極為容易使電影發生損傷。通過總結全國各地電化教育巡迴放映的經驗，盧蒔白指出：「一個主管的技士，對於幼稚助手最容易發見之弊病便是工作魯莽、慌張，以及只顧了銀幕上的畫景而忘記了放映的機器。而一切的損壞，就會在他們不知不覺中造成了。所以放映時最重要的事便是注意到機器所發出的聲浪。」〔註 58〕具體的損傷則表現為片盤的歪曲、齒孔的蝕大和破壞、影片的傷紋、影片的起泡、

〔註56〕徐公美，小型電影的研究（三）〔J〕，電化教育，1937（1-4）：11～12。
〔註57〕劉之常、蔣社村，幻燈映畫教學與燈片攝製法〔J〕，電化教育，1937（1-2）：9。
〔註58〕盧蒔白，影片損傷之普通原因〔J〕，電化教育，1937（1-2）：17。

影片的脫落。〔註 59〕《利用人造光源的攝影露光問題》一文主要探討國產電影拍攝所需要的人造光源的攝影露光問題，人造光源首先應注意的是如何露光的問題，有了反光燈後就會遇到攝影的露光問題，單純用增加光圈放到最大無法徹底解決光線不足的問題，所以在解決露光問題之前要先將反光燈的位置和將被攝體放在光線較好處後才行。文章指出：「在決定其露光標準之前，我們應首先充分注意到所使用的影片的性能，以及感光速度感色性等問題。同時照明法的研究，當然也不容缺少。」〔註 60〕在影片的性能部分，盧蒔白力求說明人造光的優點，他解釋道，當時特快全色電影的感色能力已經與普通電影不同，受紅色系的影響比較大，所以人造光源紅色系強烈的特性使其在拍攝這種電影的時候有著明顯的優勢，人造光源的使用必牽涉到對人造光源強度的控制，利用光的強弱與距離的遠近成反比例的特性精確控制人造光源的強度，同時還應注意「光暈」的現象，因爲它常會使露光失敗。文中第三部分爲標準露光測驗，方法是將被攝體置於暗室中，反光燈向者被攝體，放在距離 2 尺的位置，鏡頭開放，攝取約 0.5 尺的影片，再將反光燈移至距離 3 尺的地方攝影，如是由 2 尺起移至距離 15 尺的地方，將其照明的效力分別攝影來比較，人們可以在攝成的影片中看到非常光亮的地方以及暗的地方，其中有幾幅畫面的明暗度如恰到好處，那麼選取這部分反光燈的位置和鏡頭的露光就可以了。〔註61〕當然，技術並不能代替攝製的藝術，「但是技術是藝術以前的東西，這是很明瞭的。所以全仗技術，可以創造優秀的作品，我以爲在意義上是不對的。當然這不是工作的全部，你必須把自己的情緒表現於影片的情景中，這才是重要的。」〔註62〕徐公美的《小型電影的研究（五）》一文認爲，我們在拿攝影機來藏膠片而開始攝影被攝影物體之前，須先要決定鏡頭的明暗、攝影機和被攝影物體間之距離以及各種尺度等等，所以需考慮的因素有太陽光線、太陽的位置、被攝影物體的色彩區別、攝影機的位置、膠片的性質；此外，技術上的要求有的已較爲專業，如首先需要「迅速閉開器（shutter）」的速度，「迅速閉開器」是電影攝影機獨有的器械，普通電影攝影機的「迅速閉開器」大概在 1 秒鐘內，回轉 16 個膠片側部洞孔的速度，由於電影的攝影必須使相片高速運轉，所以在黑暗的攝影場所要求更高；其次，

〔註 59〕 盧蒔白，影片損傷之普通原因〔J〕，電化教育，1937（1-2）：17。
〔註 60〕 盧蒔白，利用人造光源的攝影露光問題〔J〕，電化教育，1937（1-3）：17。
〔註 61〕 盧蒔白，利用人造光源的攝影露光問題〔J〕，電化教育，1937（1-3）：17～18。
〔註 62〕 盧蒔白，利用人造光源的攝影露光問題〔J〕，電化教育，1937（1-3）：17～18。

需要「迅速閉開器」展開角度，徐公美還提出要使用「露光表」，他解釋道所謂的露光表因攝影機的種類而有變化，主要取決於「迅速閉開器」展開角度的不同，「迅速閉開器」的展開角度越大，越要長久的「露出」時間，同時它的鮮明程度也隨此而高；再次，需要掌握回轉速度與「露出」的關係，換言之，「還有一件我們須要注意的，就是由於回轉的速度而引起『露出』上的變化的事實。」〔註63〕

3. **教育電影教學法研究**。《幻燈映畫教學與燈片攝製法》主要研究幻燈片教學法，指出幻燈片教學從教學地點來分，可分爲室內、室外及巡迴三種；就工具上分，可分爲燈片單用、播音連用、收音連用及影片連用四種；就教材上分，可分爲識字及圖畫兩種，彼此各具特殊效能。在室內教學時，應一面講解，一面發問，還需對燈片教材進行準備複習，室內教學應注意黑幕、影幕、電源等硬件設備的完善；室外教學多是臨時性質的，故對硬件的要求不高，只是在教學時，施教人員要運用通俗的講解，教材方面應側重夏令衛生、各種有趣的圖畫文字；巡迴教學應以縣爲單位，排定日程表後對所有鄉鎮進行巡迴施教，由於鄉村多沒有電源，故應採用電石來發光；教材應根據鄉村的需要製作，硬件上需要黑幕和影幕，燈片自助教學法可以省去換片的麻煩，只要一架幻燈機，就可自動放映 72 張燈片，在教學時將 72 張燈片順序插入機內播放。文中指出與擴音機連用法適用於大規模的集團教學，如在 100 人左右的場所中使用，此時硬件上還需要擴音機，擴音機有兩用及三用兩種，電源需自備；教材方面要求「播音內容與燈片教材，必須去密切的聯絡，決不能有所歧異。」〔註64〕與收音機連用，即指幻燈教材輔助電臺播音。文中還指出，識字教學法即利用幻燈片來進行識字教育，每個教室應控制在 50 人左右，方法即將課本印在幻燈片上與擴音機連用，施教者還可以用細鉛線在燈片上指示，影幕上可以看得清楚，如同教師拿鞭子在黑板上指點。〔註65〕總之，該文論述的教學法涉及電化教學過程中的教師、學生、幻燈機、教材等多種因素及其相互之間的內在聯繫，已較爲全面、系統。

4. **國內外教育電影發展狀況研究**。國外教育電影發展方面，陳友松的《美

〔註63〕徐公美，小型電影的研究（五）〔J〕，電化教育，1937（1-5）：11～16。

〔註64〕劉之常、蔣社村、范鼎仁，幻燈映畫教學與燈片攝製法〔J〕，電化教育，1937（1-5）：8。

〔註65〕劉之常、蔣社村、范鼎仁，幻燈映畫教學與燈片攝製法〔J〕，電化教育，1937（1-5）：9。

國之合作教育電影庫》一文介紹當時美國正在興起的教育電影庫的運作機制。〔註66〕此外，陳友松還在第三期發表《電影的勢力及其研究》，由於陳友松有豐富的留美經歷，文中處處以美國的教育電影為例論述電影的走向，如引用美國聯邦教育署長、時任佛羅里達大學校長泰格第博士（Dr J.J. Tigert）的話：「電影在製造與意向與論及思想上是現代的最大的權威，已為大家知道了。其用途日增，則其領域必因之日發達，而其影響大眾的權利也必增加。」〔註67〕陳友松列舉了美國電影研究協會編著的《我們這一代的電影用品》（A Generation of Motion Picture），該書根據社會評價，從數千部佳片中選擇若干代表作，如《亡國恨》（Ben Hur）、《大遊行》（Big Parade）、《蓬車》（The Covered Wagon）、《沒落的美國士人》（The Vanishing American）、《快驛》（The pony Expness）、《林肯傳》（Abraham Lincoln）、《十誡》（The Ten Commandments）、《鐘樓怪人》（The Henchback of Notre Dame）、《萬王之王》（The king of Kings）。在論述教育電影的作用時，陳友松借用了哈佛大學教育學院院長何孟士（Holmes）的研究成果，即用有聲電影輔助教科書時學生的知識增長了20%至40%。〔註68〕陳友松在第五期發表的《兒童電影最近的發展》一文對當時英國、蘇聯兩國兒童電影教育研究狀況進行深入的介紹，並將兩國相關研究的主要領域歸結為關於兒童喜歡什麼電影的研究、兒童影片的供應、兒童電影的攝製三個方面。〔註69〕從以上三篇文章可以看出，陳友松相當注意引進美國教育調查的研究方法，如在談到社會對於電影的種種看法時，他認為只有認真收集事實，用科學方法加以研究，才能得出可靠的結論，用他的話來說，即「自一方面觀之，我們知道市場上已有好些極佳的影片，同時也有好些極佳的影片在攝製中，我們也知道一般的影片所供給觀眾的娛樂與知識是戲劇從來做不到的。……如果所有這些名人的話是對的，可用事實證明。如果是不對的，也應當可以證實。」〔註70〕

　　關於國內教育電影發展，《電化教育總動員》更像是一篇政論性的文章，文中認為電化教育具有迅速、普遍、經濟、能號召民眾四大功效。在論述電化教育的經濟效能時，作者許其仁還做了一個粗略的預算：「今設以民眾教育

〔註66〕陳友松，美國之合作教育電影庫〔J〕，電化教育，1937（1-2）：5。
〔註67〕陳友松，電影的勢力及其研究〔J〕，電化教育，1937（1-3）：3。
〔註68〕陳友松，電影的勢力及其研究〔J〕，電化教育，1937（1-3）：3。
〔註69〕陳友松，兒童電影最近的發展〔J〕，電化教育，1937（1-5）：4。
〔註70〕陳友松，電影的勢力及其研究〔J〕，電化教育，1937（1-3）：4。

館爲標準，就教育部二十二年度全國民衆教育館統計，共 11249 所，每所平均以一百人聽講計，共約 13 萬人。以每天 30 元之教育費分攤於 13 萬人的身上，則每人只佔教育費 0.00033 元，即大洋三毫三絲，約合小銅錢一枚。如再以各種聽講人數加入計算，則所佔尤少。就電影教育言，每晚計算油力、機力、人工、旅費等，有十元足矣。今設以觀衆 2000 人計算，則每人所攤，亦不過 0.005 元（大洋五釐）。」〔註 71〕文中談到，過去民衆教育館對於會員十分難以號召，使用電化教育後民衆教育館號召力大增。除了工具之外，電化教育人員也非常重要，電化教育人員不僅包括辦理電化教育的工作人員，還包括政府機關人員、電影材料商等。《一年來之浙江省電影教育》一文即介紹了 1935 年浙江省電影教育所取得的進展，主要包括（1）電影教育經費的增加；（2）電影教育網的實現、教育電影巡迴放映區的劃分；（3）教育電影的攝製；（4）教育電影的增加，該部分中附錄了《浙江省教育廳教育影片目錄》，該目錄是周凱旋在詳細調查了浙江省教育廳資料的基礎上製作的，因而十分詳細，其中購買的電影有《發之清潔及淋浴》一卷、《清潔衣服及潔淨手臉》一卷、《齒的生長》一卷等衛生、科學類電影 66 卷，自製 6 卷，包括《蠶絲》一卷、《浙江省社會教育人員暑期講習會》二卷、《浙江省二十五年度學生暑假集中軍訓》一卷、《軍事委員會主辦防空展覽會及浙江省文獻展覽會》一卷、《浙江省第三屆一區運動會》一卷；（5）實施電影教育機關的增加；（6）廳辦電影巡迴隊出發之情形；（7）教育部電化教育人員訓練班學員之選送；（8）電化教育參觀團之組織；（9）電化教育服務處之設立；（10）教育電影的供給；（11）教育影片說明書之編撰；（12）刊物的編輯。〔註 72〕李祺錫的《巡迴電化教育底商榷》一文對教育影片推廣進行了探討，認爲我國當時「窮鄉僻邑的民衆、學生，他們自身的生存問題尚無解決的方針；更談不上家庭、團體、社會、民族、國家底結合。要教他認識，國家、民族、社會、團體、家庭、個人底結合，那麼就須巡迴電化教育」。〔註 73〕因此，作者論述了有關巡迴電化教育的五個方面，分別爲「訓育人才」、「款項的籌劃」、「常年經費」、「巡迴教育及保管的辦法」、「專項的交予」，他認爲「照這五種計劃實施，三年內就可普遍鄉村」。〔註 74〕

〔註 71〕許其仁，電化教育總動員〔J〕，電化教育，1937（1-2）：8。
〔註 72〕周凱旋，一年來之浙江電影教育〔J〕，電化教育，1937（1-4）：15～18。
〔註 73〕李祺錫，巡迴電化教育底商榷〔J〕，電化教育，1937（1-5）：1。
〔註 74〕李祺錫，巡迴電化教育底商榷〔J〕，電化教育，1937（1-5）：1～2。

（二）《有聲的教育電影》：近代中國教育電影研究的標誌性成果

《有聲的教育電影》可謂近代中國第一部系統研究教育電影的專著，全書分爲 12 章，比較全面地論述了教育電影的許多重要問題。書中認爲，電影教育和教育電影是行爲和工具的關係，「電影教育是用電氣、電光機械，將實物實事的形體、關係、動作，或聲音、顏色，或故事中的事物表現在銀幕上，借視聽的官覺，做各種目標不同、方法不同、對象不同的經驗改造的過程，教育電影就是應用於這種過程的電影活動與設備」。〔註75〕在此基礎上，陳友松主要從三個方面來闡述教育電影理論：

第一，關於教育電影的定義和分類。他指出，教育電影有廣義和狹義兩種定義，廣義的教育電影包括用於娛樂、休閒的各種電影，狹義的教育電影專指用於教育的電影，陳友松比較認可狹義教育電影的意義和價值，他認爲：「中國的教育工具停滯在書本、黑板、粉筆時代。急需一種利器來鞭策我們的教育情性。現代的教育家與學者，都承認電影是教的新利器了。因此電影教育或教育電影成了一個新名詞。」〔註76〕這一觀點引起了當時學界的共鳴，如大夏大學教授徐公美認爲教育和電影二者應該統和爲一，用他的話來說，「應當設計教育和電影兩方面，總有意義。倘若依照議題所示，單只是在教育上立論，那麼對於電影界，似乎未免太忽視了。何況自己雖是個教育園地開拓者，卻又是始終不會和電影界完全隔絕的一個」。〔註77〕因此，從事電化教育和教育電影研究的學者，既必須是一個教育學者，也必須時刻與電影界保持聯繫，甚至應該成爲一名電影學者；單純的電影人才的培養並不是教育電影得以發達興旺的有效途徑，而應該代之以既有教育理論功底、又具備廣博電影知識的人才的培養；爲了培養這種人才，便要設置像露天電影場、電影巡迴車、教室電影裝置、影片節目編配、電影教學法等方面的課程，並加強這些方面的研究。

第二，關於教育電影的作用。陳友松主要從「門戶觀」、「工具觀」、「比較觀」三種視角來闡述教育電影的作用。「門戶觀」指人類知識的門戶包括視覺、聽覺、嗅覺、味覺等官覺，而教育電影作爲人類知識視覺和聽覺兩大門戶的延伸，對人類知識的增長具有重要作用。「工具觀」指電影具有增進人類

〔註75〕陳友松，有聲的教育電影〔M〕，上海：商務印書館，1937：10。
〔註76〕陳友松，有聲的教育電影〔M〕，上海：商務印書館，1937：5。
〔註77〕徐公美，非常時期的電影教育〔N〕，上海：正中書局，1937：8。

知識、情意的工具作用，他認為，如果說希臘的劇院和近代的報紙是人類教育史上兩次重要的工具革命的話，那麼教育電影就是第三次工具革命，因為電影能提升人直覺經驗的價值，將系統穩固的知識建立在感性之上；同時，電影是傳播社會道德觀、政治觀的權威媒介，真正縮短了人與人之間的距離，它也是國際化的工具及手段，不僅美國、英國及歐洲其他發達國家，世界上大多數國家均可擁有這種教育工具及手段，許多教育材料、內容都可以通過這種工具及手段進行互換和交流，從而大大提升教育的國際化程度。在沒有任何實驗設備的教室，借助電影就可以完成模擬的實驗。總之，陳友松強調人類思維的發展是從具體到抽象的過程，教育電影充當了思維發展的催化劑，它既影響人類的思維，也影響到人類的知識、感情生活與品行等諸多方面，而這些正是教育的全部內容。「比較觀」認為教育電影雖然作用廣大，但並不是萬能的，它必須與其他教育工具協同使用，「電影限於實物實事的代表，究竟不如實物實事的真實，所以直觀教育如參觀、旅行、博物院、展覽會、科學實驗和模型等不可偏廢。」〔註78〕

第三，關於電影教育實施問題。教育電影實施主要包括教育電影的製作、推廣及如何在不同環境中實施電影教育等問題。陳友松指出，影片的製作、推廣是十分複雜的過程，必須有周全的計劃，大致說來必須有「（1）擬定各科教材領域的有聲片，（2）攝製有聲片及其繼續不斷的改良之研究程序，（3）教育者與技術人才的學識及經驗之統整，（4）推銷制度之設立，使製成了的有聲片，能得其所用而且能普及到各機關」。〔註79〕根據實施場合和實施對象的不同，電影教育可相應地分為學校電影教育和社會電影教育兩種，包括中小學、大學、專科學校、社會教育機構等類，在此基礎上，陳友松針對有聲電影與課程連貫、場所設置及運用、有聲影片單元計劃、電影教育行政等問題展開討論。

陳友松回國後能在電化教育理論方面取得重要的研究成果，主要由如下因素促成：（1）美國教育電影理論研究起步於20世紀初期，明顯早於世界各國，在電影史上曾經有過美國電影與法國電影爭雄的局面，但美國電影迅速成為世界電影的翹首，其原因固然是多方面的，而優秀的教育電影理論實屬

〔註78〕方輝盛、何光榮主編，陳友松教育文集〔M〕，北京：社會科學文獻出版社，2009：379。

〔註79〕陳友松，有聲的教育電影〔M〕，上海：商務印書館，1937：79～80。

重要原因之一；陳友松赴美留學期間，廣泛接觸美國教育電影理論，這爲其
歸國後取得出色的研究成果奠定了基礎。（2）自 1930 年大夏大學社會教育系
設立後，電化教育課程就以不同的名稱出現在其課程教學體系中，如 1931 年
的「映畫與教育」，這類專業課程的持續開設促使教師們長期從事有關教學活
動，並由此而產生出較爲豐碩的研究成果。（3）大夏大學教育學院發展至 1938
年已編輯出版期刊《教育建設》、《教育研究通訊》、《教育學會會刊》、《心理
季刊》、《社會教育季刊》等教育期刊，尤其是陳友松主編教育電影專業期刊
《電化教育》有力地推動了大學內外的學術交流，激發了師生的研究熱情，
促進了整體水平的提升；這一時期，大夏大學教育學院逐步建立起社會教育
研究室、電化教育實習室、教育電影放映室等，遂使得師生具有開展電化教
育教學實習的優越條件。

　　如前所述，范謙衷率先在近代中國大學中開展電化教育學研究，並首創
了視覺教育和教育電影理論，陳友松則在此基礎上進一步地擴充和深化。從
研究主題來看，陳友松主編的《電化教育》雜誌和陳友松出版的《有聲的教
育電影》較范謙衷的研究明顯豐富；除此之外，內容上也較范謙衷的相關研
究深入了，這主要表現在：

　　（1）吸收結合了世界上最新的技術成果。范謙衷主要使用「視覺教育」
的概念，在電化教育設備、技術方面主要論述照相設備、無聲電影機的設備
及其使用法；隨著 20 世紀 30 年代有聲電影和電視的問世，陳友松意識到應
將「視覺教育」概念擴充爲「視聽教育」，後者則包括電影、電視、播音等媒
體和工具，而陳友松也主要討論有聲電影放映機的設備、使用法和有聲電影
片的製作法。

　　（2）更加注重將理論與實踐相結合。在電化教育實踐方面，由於限於在
高等學校教學的經歷，范謙衷主要探討高教領域中的電影教育問題，並對高
等教育電影取材問題進行了專門的探討；陳友松則針對不同的教育對象（包
括中小學、大學、專門學校、成人教育）設計出不同的教學法，討論的問題
包括教育電影拍攝、教育電影與課程配合、教育電影單元計劃等；另外，他
還嘗試解答當時最新出現的電化教育實踐問題，如大量附圖詳細說明視聽教
育的建築設計等問題。無疑，這種進展表明陳友松的相關研究在學科理論和
體系上更加完備和成熟，並更爲關注將理論用以指導實踐。

四、徐公美的教育電影理論研究

由於與政府方面的聯繫較爲密切，徐公美的教育電影理論具有更強烈的時代性和政治性。作爲中國第一代研究教育電影的學者，徐公美撰寫了大量教育電影論著，如《電影場》（1936 年）、《日本電影教育考察記》（1936 年）、《非常時期的電影教育》（1937 年）、《電影藝術論》（1938 年）、《電影發達史》（1938 年），並在大夏大學講授「電化教育」課程。具體說來，其理論包含如下幾個方面：

1. **電影的藝術性問題。** 徐公美在《電影藝術論》中圍繞著電影的藝術性及其與其他性質的關係等問題進行了探討。關於電影的藝術性，國內學者早就有所認識，但對其是否一門純粹的藝術，20 世紀 30 年代的學界爭議較大。劉吶歐認爲，「影片藝術是以表現一切人間的生活形式和內容而訴諸人們的感情爲目的，但其描寫手段卻單用一隻開麥拉 camara 和一個收音機。」〔註80〕「然而影戲雖然這樣獲得了這些織接和開麥拉技巧的偉大的完成，但依然脫不了『劇的部分』的羈絆——故事、演技和文學的努力——字幕等，就是幕面的構成也要受著傳統的繪畫的影響。所以當時便生出了一種要求，即逐出一切文學的演劇的繪畫的東西，而創造一種一元的純粹的絕對的影片，劇情、演員、演技、繪畫的構圖一切都不要，要的是屬於影片本身的視覺的、音樂的要素，能夠再現沒個性的、現實的影片的純粹性和絕對性。」〔註81〕與劉吶歐不同，徐公美並不贊成將電影視爲一種純粹的藝術，他強調，影片「它是一種藝術，同時也是一種大規模的企業。假如它忽視企業性，那就不能獲得藝術的存在性。這便是電影藝術和從前的其他藝術根本不同的特性。」〔註82〕在現實之中，企業家通常習慣秉行以營利爲目的的商業主義，而藝術家通常信奉影片應以藝術性至上，這兩者都是錯誤的，所以，徐公美認爲電影的藝術性和企業性是不能夠被分割開來的。

2. **電影教育管理。** 1936 年，徐公美赴日考察電影教育，並在《日本電影教育考察記》中詳細記述了日本電影教育管理的情況，如日本電影行政組織，

〔註80〕劉吶歐，影片藝術論〔A〕//丁亞平，百年中國電影理論文選（上）〔M〕，北京：文化藝術出版社，2005：105。
〔註81〕劉吶歐，影片藝術論〔A〕//丁亞平，百年中國電影理論文選（上）〔M〕，北京：文化藝術出版社，2005：112。
〔註82〕徐公美，電影藝術論〔A〕//丁亞平，百年中國電影理論文選（上）〔M〕，北京：文化藝術出版社，2005：280。

內務省、文部省的電影立法，電影檢查，電影師資的訓練，電影學術研究團體及學校等。1937 年，他在《非常時期的電影教育》一書中介紹了美國、德國、英國、意大利、法國、蘇聯、澳洲聯邦政府、匈牙利、西班牙、捷克、南斯拉夫、瑞典、波蘭、芬蘭、墨西哥、加拿大、日本等國的電影教育管理情況，包括教育電影製作的國家補助、教育電影博物館的設立、優良教育電影的推廣、大學電影教育講座的設立、國產教育影片的上映等。在此基礎上，徐公美對中國電影教育管理提出了針對性的建議和對策，他認為，為了能夠兼顧全國電影教育系統，教育部應下設「教育電影局」，主要工作包括教育影片之編輯、供應和組建電影教育工作人員訓練學校。為了更系統地規劃教育電影局，他還專門為之草擬了一份《組織條例草案》，並提出了該局的三年計劃進行大綱，其中在電影人才培養上，他主張應博採各國通例，分為導演科和演員科二科。同時，他認為政府應在各地設立具體的電影教育場所——「電影場」。「電影場」與盈利性質的商業影院不同，它要使觀眾一見便知為教育所用的，它可以由公共會場、學校禮堂、餐廳等固有設施改造而成，電影場的實際工作與民眾教育館類似，主要負責放映教育電影、提供電影解說、引發討論等。這一概念在當時還是全新的，關於電影場的建築、具體實施方法的研究在當時更是空白，為了彌補這個缺陷，在《電影場》一書中，徐公美對「電影場」的構造、設備、管理、施教方法、影片來源、推廣事業和影片檢查等進行了系統的探討。

3. **戰時教育電影方針。**1936 年，徐公美在杭州的中國教育電影協會第四屆年會上就曾提出「限制外片傾銷案」，但並未引起關注。他認為應嚴格控制國際影片交流，一方面絕對不能使涉及軍事國防和特殊秘密設施的教育電影流於國外，另一方面應對外國影片的輸入在內容和數量上例行檢查制度，以保護國產電影的發展。〔註 83〕抗戰爆發後，教育電影有助於促進民眾國防的意識的呼聲越來越高，據此徐公美認為應利用教育電影大力倡導軍事教育，故電影教育的取材應集中在下列在四個方面：（1）將以往歷史上民族革命的故事攝入影片，使國民觀覽後增進愛國的觀念；（2）將最近國內各項已經完成的生產建設，在銀幕上映演出來，使國民知道中國漸漸具備現代國家的基本條件；（3）將已經完成或正在進行的軍事準備，擇其可以公開者攝影公映，使國民恢復其自信力，而堅強抵抗的情緒；（4）凡關於非常時期國人應該負

〔註83〕徐公美，非常時期的電影教育〔M〕，上海：商務印書館，1937：76～78。

擔的工作以及必不可少的常識，都得運用電影爲宣傳工具。〔註84〕他主張，在國難時期國防是一切活動的中心，國防不僅包括武力戰、經濟戰，還包括思想戰、精神戰；另外，對於攝製良好的民族電影應予以嘉獎，遴選的標準包括促使人類精神向上者，可爲更生建設之借鑒者，可爲科學教育之資助者，發揚固有道德表現我民族文化之特質者。〔註85〕

4. **電影教育教學法**。徐公美主要從教學與電影的整合的角度來闡述其電影教育教學法，他指出，教學與電影不是機械相加，而是有機的整合，具體表現爲：有許多優良影片取向逐漸統一；民營電影業有注意教材影片的傾向；小型影片開始普及；教室中放映電影愈加普遍。〔註86〕在此認識的基礎上，徐公美認爲，電影教育教學法主要包含預備、教授和整理，具體包括放映前的編製法、放映中的說明法、放映中的伴奏法和放映後的指導法。〔註87〕即放映教育影片時，需要穿插一些滑稽的卡通片，但長度不能超過正片的五分之一；放映無聲電影片時，應通過發放說明書和口頭的形式予以適當的說明，闡明影片的梗概；放映電影時應注意配以精心選擇的配樂；全片放映終了後，還需予以教育的指導。可見，徐公美爲了使電影教育過程獲得最佳的教學效果，主張採用文字、口頭解說、音樂、卡通片等多種方式，並在電影放映的前、中、後等不同時期內穿插進行，十分具體完備並已具有現代電化教學法的雛形。

總的來說，徐公美的教育電影理論的價值、意義可歸納如下：

首先，揭示了電影具有的藝術、教育、商業等多種社會屬性。20世紀30年代之前，國內電影界對於電影的認識更多地局限在商業和純藝術領域，對於電影的教育屬性認識不足。徐公美強調電影與教育的聯姻，並實現教學與電影的有機整合，爲當時電影教育的順利開展指明了方向；他將電影置於教育的大口袋中，至今仍影響著人們對於教育技術學科的認識，同時，他認爲電影涉及「娛樂」、「產業」、「教育」三大範疇，〔註88〕並藉此揭示電影具有藝術、教育和商業三大社會屬性，有利於電影在發揮教育作用的同時實現藝術上的超越和商業上的推廣，這在當時是電影本質的最佳呈現，在今天也不

〔註84〕徐公美，非常時期的電影教育〔M〕，上海：商務印書館，1937：58。
〔註85〕徐公美，非常時期的電影教育〔M〕，上海：商務印書館，1937：77。
〔註86〕徐公美，日本電影教育考察記〔M〕，上海：商務印書館，1936：125～126。
〔註87〕徐公美，電影場〔M〕，上海：商務印書館，1937：36～39。
〔註88〕徐公美，非常時期的電影教育〔M〕，上海：商務印書館，1937：57。

乏啓示意義。

　　其次，促進早期電化教育的良性發展。徐公美對我國早期電化教育的設計和規劃具有較大的可行性，有些建議得到採納和實現，取得了良好的效果，如拍攝抗戰電影的思路在 30 年代中後期的官營電影機構中便得到很好的踐行；有些建議未得到採納和實現，但仍具有一定的價值，如建立「電影場」和「教育電影局」。

　　再次，踐行電化教育理論的「引進－本土化」思路。儘管在徐公美之前，也有一些學者對電化教育理論引進過程中的本土化問題作了一些探索，但總體而言較零散且缺乏深度。有的學者認爲，本土化理論的形成需要三個條件：一爲引進必須與研究西方自身發展變化相結合，二爲引進要有自主意識並達到會同境界，三爲引進必須從植入性轉向生成性。〔註 89〕徐公美正是在參考世界各國並親自詳細考察日本電影教育的基礎上，對中國電影教育提出了指導性、建設性構想，如《日本電影教育考察記》與《非常時期的電影教育》兩書在介紹各國電影教育經驗基礎上大量提出了推進中國電影教育的若干建議，《電影場》一書則著重構建中國式電影教育實施機構的模型，內容豐富、全面，且與中國現實聯繫較爲密切。

第二節　江蘇省立教育學院電影播音教育專修科及其電化教育學教學、研究

　　1936～1941 年間，江蘇省立教育學院電化教育學研究十分活躍。1936 年初，該院開設電影播音教育專修科培養電化教育專才，有的學者稱這是我國大學首次開辦的電化教育專業。〔註 90〕本節擬從該院的教學和理論研究兩方面進行探討，以求揭示該院早期對電化教育學學科建設的貢獻。

一、江蘇省立教育學院電影播音教育專修科電化教育學教學、研究概述

　　1928 年，江蘇大學民眾教育學校成立，聘請俞慶棠兼任該校校長，後江

〔註89〕侯懷銀，20 世紀上半葉教育學在中國引進的回顧與反思〔J〕，教育研究，2001（12）：68～69。

〔註90〕朱敬，影音教育中國之路探源——關於中國早期電化教育史的理解與解釋〔M〕，天津：天津大學出版社，2010：79。

蘇大學改為國立中央大學，該校隨之更名為中央大學區立民眾教育院，1929年改為江蘇省立民眾教育院。1930 年大學區制廢除，江蘇省立民眾教育院與江蘇省立勞農學院合併，成立江蘇省立教育學院，同年 9 月招考新生。學院最初設民眾教育、農事教育兩個學系和兩個專修科，公開對外招生，學生不限於本省籍。1930 年，俞慶棠回院擔任研究實驗部主任，為了學院的名稱，她和當時的教育行政當局有過一番爭執，她堅持要採用「民眾教育學院」這個名稱，以顯示它培養民眾教育師資和研究、實驗民眾教育的特點，但教育部藉口《大學法》中無此學院名稱的規定，拒絕其請求，雙方協調之下決定採用「江蘇省立教育學院」這一名稱。〔註 91〕雖然如此，學院的辦學宗旨依舊不變，即「本院設立之主旨在養成江蘇省六十一縣民眾教育、農事教育服務人才，並為全省民眾教育、農事教育研究設計及實驗之場所，本院名稱雖為教育學院，但本院辦理之宗旨、師生共同努力之途程與夫精神之貫注乃專載民眾教育、農事教育，與普通大學之教育學院迥然不同，近年以還，陝西、雲南、廣東、廣西、四川、湖南、河南、江西、安徽、山東等省學生紛紛前來本院研究民眾教育、農事教育，是則本院之使命，又間接及於江蘇以外各省矣。」〔註 92〕

學院的交通方便，「本院在無錫北門外通惠路社橋之西距車站輪埠約二里，汽車可直達，交通極稱便利」，設施較少，但卻十分多樣，院舍佔地 103 畝，房屋 200 多間，包括禮堂、教堂、科學館、教職員宿舍、男生宿舍、女生宿舍、辦公室及食堂、農事試驗場辦公處，圖書館、實驗工廠、醫院、調養院等。〔註 93〕學院行政系統實行院長負責制，下設院務會議。

表 3-5　1934 年江蘇省立教育學院組織系統一覽表

院　務　會　議				
總務會議、教務會議、研究實驗會議	研究實驗部	教務部	總務部	黨義訓練委員會、院務設計委員會、經濟稽核委員會、社會教育輔導委員會
	各種民眾教育實驗機關	民眾教育系、農事教育系、民眾教育專修科、農事教育專修科、農事試驗場、實習指導委員會、實驗工廠	民眾醫院	

〔註91〕童潤之，江蘇省立教育學院始末記〔A〕//中國人民政治協商會議江蘇省暨南京市委員會文史資料研究委員會，江蘇文史資料選輯（第 13 輯）〔M〕，南京：江蘇人民出版社，1983：37。

〔註92〕江蘇省立教育學院一覽〔R〕，江蘇省立教育學院，1934：17。

〔註93〕江蘇省立教育學院一覽〔R〕，江蘇省立教育學院，1934：18。

視導股、調查股、通訊股、編輯股、發行股、研究圖書室	註冊股、課務股、訓育股	文書股、會計股、事務股、衛生股

資料來源：江蘇省立教育學院一覽〔R〕，江蘇省立教育學院，1934：19。

1934 年，各學系課程分為普通必修課程、本系必修課程、分組課程及選修課程四種，民眾教育系分為鄉村教育、工人教育、圖書館、健康教育、社會教育行政、藝術教育、民眾科學教育等組，農事教育系分農藝、園藝、畜牧獸醫、農業經濟等組。在此基礎上，1936 年學院教務部將農事教育專修科改為勞作師資專修科，勞作師資專修科則分農藝、工藝、家事三組，並增設電影播音教育專修科，其中劃分為電影與播音兩組。課程方面，除農業教育系科的課程大致參考農學院校各系的課程並增設一些教育學科的課程進行整合以外，其他系科、特別是民眾教育系科都須重新編制。由於擁有課程編制的自主權，民眾教育系按照自身的需要設置了一些電化教育學課程，如1932 年民眾教育系和農事教育系均含有 1 學分的「幻術」（即幻燈片技術）課程，必修科目課程中則有「影片之放映及管理」、「攝影之沖洗」、「無線電之收發」及「無線電機之製造與裝設」等電化教育技能類課程。〔註94〕1934 年，民眾教育系民眾科學教育組分組課程即有「教育電影之理論與實際」（1 學分），「電影劇本做法」（1 學分）、「電影導演法」（1 學分）、「影戲機汽油燈留聲機鐘錶電燈電鈴電話」（4 學分）等四門電化教育學課程〔註95〕，該系選修課程亦含「幻燈片製造法」（1 學分）、「無線電機之製造修理與使用」（2 學分）兩門此類課程〔註96〕。另外，學院附設的講習班中也開設了電化教育學課程，如 1935 年江蘇省立教育學院設立無線電製造收音講習班，面向中小學和社教機關教師講授一般常識，講習班課程分聽講和實習兩部分，其內容包括：（1）民眾教育演講方面：關於民眾教育意義與範圍，鄉村民眾教育經驗談，民眾教育與地方自治，農事教育，鄉村教育。（2）無線電學科方面：無線電學，播音問題，收音機製造法，收音機修理法。（3）收音機實習方面：礦石收音機三種，單管收音機二種，來復收音機二種，低周放大收音機二種，高周放大收音機，交流收音機三種。〔註97〕1936 年，電影播音教育專修科創

〔註94〕江蘇省立教育學院一覽〔Z〕，無錫：江蘇省立教育學院，1932：20～29。
〔註95〕江蘇省立教育學院一覽〔Z〕，無錫：江蘇省立教育學院，1934：29～30。
〔註96〕江蘇省立教育學院一覽〔Z〕，無錫：江蘇省立教育學院，1934：30。
〔註97〕本院廣播電臺，本院三年來電播教育的實施〔J〕，教育與民眾，1937（8-9）：

辦後，定學制兩年，招收高中畢業生，邀請聯華公司導演孫師毅為專修科主任，該科分為電影與電播兩組，學生任選一組為主、一組為副。

表 3-6　1936～1937 年間江蘇省立教育學院電影播音教育專修科電化教育學課程簡表

課程種類		課　程　及　學　分
普通必修課		黨義 2、體育 4、軍事訓練（女生免修）3、看護（男生免修）2、音樂 1、國文 3、英文 8、國語及演說 6，共計 29 學分。
專門必修課		教育概論 3、高級物理學（偏重聲光電部分）3、應用電工學 2、社會學 2、心理學 2、現代中國文學 2、民眾教育之理論與實施 3、民眾教育參觀與實習 1，共計 18 學分。
分組必修課	電影教育組	電影攝影及洗印技術 3、電影劇本習作 2、有聲電影原理 2、電影行政 1、世界電影發達史 2、有聲教育電影 1、電影批評 1、影片教育法 1、電影實習 6，共計 19 學分。
	播音教育組	無線電學 3、播音教學法 1、播音劇本習作 2、真空管 2、電池學 1、電播行政 1、世界廣播發達史 1、電播實習 6，共計 17 學分。
分組選修課	電影教育組	電影化裝術 2、電影表演術 2、電影導演論 2、電影置景術 2、卡通制做法 3、記錄電影及電影編輯術 3，共計 14 學分。
	播音教育組	原動機 2、短波無線電、電報學及電報實習 1、電話學原理及傳送線路 2、電視學 1，共計 8 學分。

資料來源：趙冕，我國電影行政概觀及改進之主要途徑〔J〕，教育與民眾，1937（8
　　　～9）：1372～1373。

從表 3-6 可以看出，電影播音教育專修科必修課程設置重視學生具體情況，一般理論上偏重教育類課程，如普通必修課根據男女生性別差異設有軍事訓練（女生免修）、看護（男生免修）課程，根據民眾教育過程中學生需要經常深入農村的特點設置國語及演說課程；專門必修課中技術課程的設置也體現高度的專業化特徵，如根據當時電化教育學涉及到的物理學知識的特性，高級物理學課程偏重聲光電部分；在一般理論上較為重視教育學、心理學、民眾教育理論，如教育概論占 3 學分，心理學占 2 學分，民眾教育之理論與實施占 3 學分，民眾教育參觀與實習占 1 學分。分組必修課程所佔學分比重較大，其中電影教育組分組必修課程共 19 學分，播音教育組分組必修課程共 17 學分，基本與專門必修課程學分持平，且比較側重於技術。分組選修

1469～1470。

課程所佔學分比重較小，電影教育組比較側重於藝術，而播音教育組則偏向於新興的無線電技術。從專修科課程的發展過程來看，學院電化教育學課程的開設始於 1932 年，但直至 1936 年才初具規模。具體來說，1932 年設置教育播音類課程，主要涉及無線電學科和收音機實習方面，1936 年電影播音教育專修科成立後設置的課程涉及教育播音的理論與實踐、教育電影的理論與實踐，其內容已比較系統。

學院電影電播教育專修科的師資來源於兩方面：一方面是學院原有各機構的教師，如 1934 年學院院長高陽，教務部教師 11 人（含陳禮江等），農事試驗場教師 18 人，實驗工廠 5 人（含汪畏之等），圖書館 5 人，研究實驗部教師 10 人（含俞慶棠、甘豫源、朱若溪等），北夏普及民眾教育實驗區 20 人（含趙冕等），惠北民眾教育實驗區 7 人（含徐錫齡、喻任聲等），南門實驗城市民眾教育館 7 人，成人心理研究室 2 人（含陳禮江等）、總務部 10 人，民眾醫院 2 人，研究生 3 人。〔註98〕據童潤之回憶，自開辦到抗戰開始之間先後受聘來院任教或工作的教授有俞慶棠（研究實驗部主任）、孟憲承（教務主任）、雷沛鴻（成人教育）、李蒸（比較教育）、劉季洪（民眾教育）、古楳（鄉村教育）、陳禮江（教育心理）、王倘（鄉村社會學）、陳友端（教育心理）、趙冕（社會教育行政）、甘豫源（民教概論）、童潤之（農業教育），以及農藝、園藝、畜牧、獸醫及農業經濟專家如顧復，劉同圻、張照、臧廣田、王企華等，還有電影、播音專家孫師毅、陳汀聲等，各方學者不下四百餘人。〔註99〕其中較有名者，如戴公亮，江蘇省立教育學院籌備者之一，1935 年為學院民眾教育系第五屆學生初次試講「電影放映」課程，俞慶棠隨班聽課，授課內容包含電化教育概論、電影放映機、擴音機、發電機的使用與修理、幻燈片的製作（繪製、攝製）技術，選課的學生有干四民、張秀含等多人，課程結束時俞慶棠和學生均表示滿意。〔註100〕另一方面為電影播音教育專修科向外招聘的教師，如司徒慧敏、許幸之、楊霽明、萬古蟾、辛漢文、孫師毅、丁噹等人，田漢、歐陽予倩曾來院講學；其中著名導演、編劇許幸之早年畢業

〔註98〕江蘇省立教育學院一覽〔R〕，江蘇省立教育學院，1934：13～16。

〔註99〕童潤之，江蘇省立教育學院始末記〔A〕//中國人民政治協商會議江蘇省暨南京市委員會文史資料研究委員會，江蘇文史資料選輯（第 13 輯）〔M〕，南京：江蘇人民出版社，1983：40。

〔註100〕戴公亮，江蘇省立教育學院創辦電化教育史實〔J〕，江蘇教育史志資料，1989（1）：36。

於上海美術專科學校，後赴日進東京美術學校學習，1930 年任上海中華藝術大學西洋畫主任，同時參加「左聯」、「美聯」等組織並被選為美聯主席，曾創作油畫《工人之家》、《逃荒者》、《鋪路者》，發表敘事長詩《賣血的人》，1933 年任上海天一影片公司美術設計，1934 年任電通影業公司導演，翌年導演由夏衍、田漢編劇的影片《風雲兒女》，號召廣大青年行動起來，走上前線，獻身於偉大的民族解放事業。外聘教師到校教授課程範圍十分廣泛，如黨義、國文、英文、音樂、軍事訓練、教育概論、社會學、影片教育法、國語及演說、世界電影史、卡通制做法、電影攝影及洗印技術、電影置景術等。

招生方面，1936 年夏招收高中畢業生 28 名，同年秋招收高中畢業生史錦棠（史行）、肖紀正、鄭永福、張潤、張治、葉運開等 24 人，1937 年又招收孫良錄、蘭馥馨、徐鰲山、唐滄淑、朱彤等 25 人。〔註 101〕學生來源不限於江蘇，有些省份如廣西、雲南、陝西，甘肅等省的教育廳也經常保送學生來院學習，授課時都採用電影和幻燈作為輔助教學工具。〔註 102〕

除了教學和研究之外，學院電影播音教育專修科的教師們積極參與學院的電影攝製活動。1936 年冬專修科接受當時教育部的委託，由孫師毅編導、戴公亮和楊霽明攝製了題為《除舊布新》的教育影片，其內容主要記錄該院蓬戶工人教育實驗區的情況和蓬戶教育實驗區人力車工人的生活：通過民眾夜校來提高他們的文化水平；通過組織人力車合作社自行籌款購買人力車，輪流拉車，免除車行老闆的剝削，提高他們的生活水平。除了攝製以外，其他工作則由電影播音教育專修科學生擔任。雖然拍攝條件比較艱苦，但師生們卻樂在其中。戴公亮回憶道：「電專科（即電影播音教育專修科——筆者注）為了理論聯繫實際，要攝製紀錄片和教育片，但最困難的是沒有設備和經費。由院向蘇教廳爭取到一隻特種 16 毫米電影攝影機，並配合蘇教廳攝製江蘇省第四屆全省運動會的紀錄片，我應用攝影技巧拍攝賽跑、撐高跳、足球射門、籃球投籃等動作的慢動作（快攝），分析其動作，也拍攝微速動作（慢攝），

〔註 101〕關於 1937 年電影播音教育專修科招生人數，戴公亮在《母院電化教育工作的回顧》（載 1991 年《無錫文史資料第 25 輯．江蘇省立教育學院專輯》）一文中稱 25 人，而他在《江蘇省立教育學院創辦電化教育史實》（載 1989 年第 1 期《江蘇教育史志資料》）一文中稱 30 人，本書取第一種說法。

〔註 102〕戴公亮，母院電化教育工作的回憶〔A〕//中國人民政治協商會議江蘇省無錫市委員會文史資料委員會，無錫文史資料（第 25 輯）江蘇省立教育學院專輯〔M〕，中國人民政治協商會議江蘇省無錫市委員會文史資料委員會，1991：98。

誇張其競賽的氣氛，在當時來說引起體育界和觀眾們的注意。」〔註103〕

　　另外，從表 3-6 中可以看出，學院十分注重學生的實習，如電影教育組和播音教育組的分組必修課程中均含有 6 學分的實習課程，占該組分組必修課程學分的 1/3。學院《學則》中規定：「本院各學系學生之修業年限爲四年（第二第三學年暑假期間須到指定地點實習四星期，工作四十八小時），專修科學生之修業年限爲二年（第一學年暑假期間須到指定地點實習四星期，每星期工作四十八小時），修業期滿考察成績及格者，由院發給畢業證書，其各系畢業生得稱教育學士。」〔註104〕從 1928 年起，學院研究實驗部曾先後成立黃巷民眾教育實驗區、農民教育館、農村社會服務處、麗新路工人教育實驗區、高長岸實驗民眾教育館、社橋實驗民眾教育館、實驗衛生模範區、江陰巷實驗民眾圖書館、南門實驗城市民眾教育館、崇安寺民眾茶園、蓬戶教育區等，其中有的撤銷，有的歸併，至 1934 年只剩有北夏普及民眾教育實驗區、惠北民眾教育實驗區、崇安寺民眾茶園、蓬戶教育區、南門實驗城市民眾教育館、黃巷鄉自治協助處、鄉村自治協助處等實驗區。各民眾教育實驗區經常將普通民眾列爲教育對象，如惠北民眾教育實驗區還經常將南起社橋、黃巷，北至胡家渡這一廣大地區的工農群眾列爲其教育對象，光復門外的實驗民眾學校的日班、夜班學生多達千人，其中有工人、店員、失學青年等，也都是其教育對象，如此龐大的教育對象群體，光靠學院的教師來開展教學顯然是不夠的，需要更多實習學生參與其中。早在 1933 年，學院成立學生實習指導委員會，負責學生實習指導事項，而學院研究實驗部下設的實驗區則成爲學生實習的主要場所。據記載，「關於學生實習一切事宜，現由本部實習指導委員會處理之。各系科學生入院後一年即須開始實習以期養成學生深入民間之習慣並認識社會實際情形及獲得實際之教育經驗，本院附設之惠北民眾教育實驗區即爲專供各系科學生實習之區域，至其他各民眾教育實驗機關亦爲各系科學生附帶之實習機關，倘有特別情形者，亦得赴本省或外省各民眾教育機關實習，實習時間各學系學生以最後一學年爲限，專修科學生以最後一學期爲限，實習事項各學系一年級學生參觀本院各實習機關，二年級學生參加院內外各種社會化民眾教育活動事業，三年級學生參加本院各實驗機關民眾活

〔註103〕戴公亮，母院電化教育工作的回憶〔A〕//中國人民政治協商會議江蘇省無錫市委員會文史資料委員會，無錫文史資料（第 25 輯）江蘇省立教育學院專輯〔M〕，中國人民政治協商會議江蘇省無錫市委員會文史資料委員會，1991：98。
〔註104〕江蘇省立教育學院一覽〔R〕，江蘇省立教育學院，1934：24。

動事業並往外埠參觀以資借鑒，四年級學生則長期居住鄉間或城市。專修科一年級學生實習事業與各系一二年級學生相同，二年級學生實習事項與各系三四年級學生相同。」〔註105〕

專修科學生常在期刊雜誌上發表電化教育研究論文，由於能力水平和現實取向的限制，這些論文大多以研究電化教育實施方法爲主。例如，蕭紀正在《解決教育影片供給問題的路向》一文中，對教育電影製作的策略作了一番探索，旨在推進國家電影教育的實施。文中將教育電影分爲學校教育電影和社會教育電影，前者也稱爲教學電影，作者指出當時學校教育電影大多是普通的教育電影，即便是少數的教學電影多半也是從國外購買的，而社會教育電影雖然比教學電影來得多，但只是在眾多的商業電影中選擇一些含有較多教育意味的電影，重新剪輯翻拍而成。爲了克服這種困境，作者認爲應該仿照各國通例採取建立教育電影攝製機關、在中央攝影場中設立教育電影股、與學校合作攝製、令商業影片公司籌設教育電影科、選用外片等五項措施。〔註106〕朱彤在《值得注意的兒童電影教育》一文中分析道，兒童電影教育不僅意義重大，而且實施起來比成人電影教育效果更大，具體表現在利用視覺教學上的意義、陶冶品性道德上的功用、培養民族意識等方面。爲了實現上述目標，作者主張相關電影機構應多拍攝切合兒童需要、灌輸科學知識、傳授生產技能的兒童教育電影，同時要善於利用卡通片，全國各地應廣泛設立兒童電影院並培養兒童電影教育人才。〔註107〕周凱旋在《關於電影教育實施的幾個問題》一文中針對電影教育實施的具體方法作了深入的探討，該文指出電影教育工作中的施教方式應採用社會制式；影片的放映應先放映教育電影，再放映娛樂電影，最後再放映教育電影；放映的時間以十分鐘爲宜；放映的地點應設在農村，時間應安排在晚上 8 點左右；放映安全方面應由公安警察、鄉鎮派出所的壯丁、學校的童子軍協助加以解決；其他輔助注意事項如放映前應加以片情說明、舉行儀式、進行通俗講演，並根據各地情況不同限制人數和適當收費，放映後進行宣傳等，因此講映人員需具備言行一致、身體強健、耐勞忍苦、態度和悅、多才多藝等素質。〔註108〕除了學術上的交

〔註105〕江蘇省立教育學院一覽〔R〕，江蘇省立教育學院，1934：41。

〔註106〕蕭紀正，解決教育影片供給問題的路向〔J〕，教育與民眾，1937（8-9）：1379
～1380。

〔註107〕朱彤，值得注意的兒童電影教育〔J〕，教育與民眾，1937（8-9）：1381～1387。

〔註108〕周凱旋，關於電影教育實施的幾個問題〔J〕，教育與民眾，1937（8-9）：1390
～1394。

流和研討外，學院學生還經常配合教師通過共同攝製教育電影的方式來促進電化教育的實施，當時學院規定每月應攝製兩部教育新聞片，以該院各實驗區內的活動為題材。

　　1937 年抗日戰爭全面爆發，10 月江蘇省立教育學院師生分散到無錫南郊和北郊北夏普及民眾教育實驗區上課，11 月學院師生西遷，一部分師生被遣散或自動回鄉，圖書儀器家俱等物均分散在郊區熟識的農家委託他們代為保管，大部分師生和教職員眷屬在高陽、俞慶棠的率領下分乘民船和汽輪撤往漢口。到漢口後，電影播音教育專修科的師生被遣往重慶，其他師生和教職員眷屬約 200 人則輾轉於 1938 年初到達桂林。〔註 109〕在此期間，電影播音教育專修科部分學生參加抗日宣傳工作，如史錦棠奔赴延安參加革命，徐鰲山隨金山劇隊赴南洋群島宣傳抗日，也有部分師生留在漢口參加中國電影製片廠拍攝《保衛我們的土地》、《熱血忠魂》、《八百壯士》等影片的工作。學院遷入桂林後，原有民眾教育、農事教育兩系改為社會教育系、農事教育學系，另設農業教育專修科和勞作師資專修科。1938 年全院共有學生 87 人，其中社會教育系一年級 13 人，民眾教育系二年級 3 人，民眾教育系三年級 6 人，民眾教育系四年級 6 人，農事教育學系一年級 11 人，農事教育學系二年級 5 人，農事教育學系三年級 6 人，農事教育學系四年級 10 人，農業教育專修科一年級 15 人，勞作師資專修科二年級 5 人，另各系科旁聽、借讀生共 7 人。〔註 110〕1941 年夏，學院宣佈停辦，社會教育系高年級學生被併入國立社會教育學院繼續肄業，其餘學生就地插入廣西大學，電影播音教育專修科師生則於 1942 年併入國立社會教育學院。

二、《教育與民眾》的創刊背景、主要內容及特色

　　編印民眾教育刊物的意識在 20 世紀初就已經萌芽，關於這一點伍達〔註111〕曾指出：「如以印刷出版物分佈於社會，社會人民皆可隨時隨地取擷展之謂

〔註 109〕童潤之，江蘇省立教育學院始末記〔A〕//中國人民政治協商會議江蘇省暨南京市委員會文史資料研究委員會，江蘇文史資料選輯（第 13 輯）〔M〕，南京：江蘇人民出版社，1983：43。

〔註 110〕資料室，本院的一頁〔J〕，教育與民眾，1938（1）：32。

〔註 111〕伍達（1880～1913），字博純，1910 年任武陽勸學所總董，1911 年後任南京臨時政府教育部社會教育司司長，不久辭職從事社會教育工作，組織中華全國通俗教育研究會，著有《通俗教育設施法》等。

也。……一紙風行，不論地方遠近，人數多寡，皆可得觀感之益。故圖說畫報，其影響較之戲劇演講爲博。」〔註112〕他認爲，雖然由於當時民眾識字率過低，收效甚微，但應予以積極提倡，以備日後進一步普及民眾教育所需，「而印刷出版物，僅及於一部分之識字人民。此言似矣，不知印刷出版物，一可爲戲劇講演等之資料，一可促人民識字進步……立國於世界，本不宜有不識字之人民，將來國語統一，文化漸進，即無慮此；而印刷出版物之重要，固無分現在與將來也。」〔註113〕

20 世紀 20 年代末，江蘇省立教育學院牽頭掀起民眾教育運動，爲了配合這場聲勢浩大的群眾運動，該院於 1929 年 5 月創辦《教育與民眾》月刊，以研究民眾教育學理及實施方法爲主旨。編者「武」在《編者的幾句話》中說道：「我們認定這月刊不是牟利的刊物，不是一機關的宣傳工具，卻是研究民眾教育的公共喉舌。舉凡解決民眾教育上的困難問題，發明民眾教育新的設施，介紹國外民眾教育的特點專長……我們願請投稿諸公肩起責任來，使中國民眾教育的前途，顯露出鮮麗的光彩，這是同人等所馨香祈禱的。」〔註114〕此外，雷沛鴻曾在該刊發表題爲《民眾教育的自覺運動》的文章，提醒學界認清民眾教育的使命、主旨和事實。作者認爲，民眾教育的關鍵在於爲服務民眾而從事民眾教育，而非爲了教育本身而辦民眾教育。這是對 30 年代開展民眾教育形式化傾向嚴重的一個嚴厲警告。

《教育與民眾》創刊初期以介紹民眾教育爲主，偶有一些介紹幻燈教育的文章。前 3 卷主要介紹國外成人教育，如《新俄成人教育鳥瞰》、《德國成人教育》、《美國成人教育之面面觀》、《印度的成人教育》、《歐洲國家的成人教育觀》、《德國的工人教育》等。第 4 卷後，該刊開始逐漸關注民眾教育的具體問題、事實和解決方法。「民眾教育運動似乎已經從個『要人知道』的時期到了一個『要求效率』的時期了。基於此義，本刊擬於第四卷中多徵集些民眾教育上的具體問題、事實和解決方法，以供從事民眾教育的人在實際上做的時候多得些觸類旁通和免蹈錯誤的借鏡。」〔註115〕第 5 卷後，該刊開始關注國外成人教育中的電化教育，並將它作爲一種工具和方法加以專門介紹。「本刊對於國外成人教育運動的理論與經驗，屢屢介紹者，至少是有兩層

〔註112〕趙光濤，民眾教育之前夜與伍博純先生〔J〕，民眾教育月刊，1931（3-7）：15。
〔註113〕趙光濤，民眾教育之前夜與伍博純先生〔J〕，民眾教育月刊，1931（3-7）：15。
〔註114〕武，編者的幾句話〔J〕，教育與民眾，1930（10）：2。
〔註115〕第四卷的展望〔J〕，教育與民眾，1932（4-1）：2。

用意。其一是欲借他人的經驗而減少我們嘗試的錯誤和省掉跑些冤枉的路；其二是欲借他人的方法、問題等而獲得些觸類旁通的刺激。在這兩層用意之下，各國成人教育所依憑的理論和採用的方法，值得我們加以介紹的還有許許多多，如校友教育、父母教育、播音教育、鄉村建設的理論與實際、電影教育、工人教育的實驗等等，都需要我們各有專篇詳述之。」〔註116〕

　　隨著抗日形勢日趨嚴峻和民族意識的不斷加深，《教育與民眾》的辦刊宗旨也發生了一些變化，即承擔起號召民眾自衛、鄉村自治、抗戰救國的職責，「尤其是在這國難嚴重的非常時期，我們更應該加緊訓練的工夫，診治一般民眾漠視國事、袖手旁觀、聽其自然……等等的毛病，去培養民眾組織團體的意識，使民眾有組織團體之能力、興趣與習慣。」〔註117〕1936年，第7卷第7期的卷首語云：國家每經重大侵略的時候，知識分子的情緒總是緊張一下，這種短期的緊張，只有增加敵人對我們的認識，對於國難的解救是沒有幫助的，所以，非常時期教育者應有的基本認識是作出戰時教育的計劃藍圖並認清把握要點，〔註118〕藍圖的實現至少需要具備三個條件，即有人領導、堅定的國人信念、一套行之有效的方法。其中，電化教育便是戰時教育的有力武器。第7卷第8期卷首語指出：「電影的功能，不但可以供給民眾高尚的娛樂，調和民眾的身心；更可以增廣民眾的知識，鼓勵民眾的興趣，轉移民眾的心向，改善社會習俗，發揚民族精神。因為它形聲兼具，給予觀眾的印象較普通的圖畫與文字深刻，所以近年來世界各國竭力提倡，更負起了傳播國家重要政策，培養民族意識的特殊任務。」〔註119〕1936後，該刊便開始頻頻發表電化教育文章並開設專號予以專題探討，如1937年第8卷第9期即為「電影與電播教育」專號。據該刊自述，開闢專號的原因在於「電化教育的實施，現在已經得到全國普遍的推行，這是值得慶幸的事。然而因為它產生的不久，還正是嬰兒時期，所以無論理論方面、實際方面，有待研究的地方很多，我們為了適應這種需要，希望這嬰兒有正常的、無限量的前途發展，所以在這一期特輯『電影與電播教育』專號」。〔註120〕

〔註116〕卷首語，〔J〕，教育與民眾，1934（5-7）。
〔註117〕卷首語，〔J〕，教育與民眾，1936（7-6）。
〔註118〕卷首語〔J〕，教育與民眾，1936（7-7）。
〔註119〕卷首語〔J〕，教育與民眾，1936（7-8）。
〔註120〕編者言〔J〕，教育與民眾，1937（8-9）。

表 3-7　1932～1937 年《教育與民眾》部分電化教育論文一覽表

作　者	題　名	所在欄目或專號	發表時間（卷-期）
江蘇省立教育學院	本院利用無線電播音實施民眾教育	無	1932（4-1）
江蘇省立教育學院	中國教育電影協會緣起	無	1932（4-1）
彭百川、張紀培	意大利國立教育電影館概況	無	1932（4-2）
劉之常	非常時期民眾電化教育之材料	非常時期之民眾教育	1936（7-7）
俞慶棠	歡迎中國教育電影協會第五屆年會	教育電影的實施	1936（7-8）
潘公展	電影教育運動的檢視	教育電影的實施	1936（7-8）
郭有守	二十四年份國產電影的陣容	教育電影的實施	1936（7-8）
陳友松	什麼是優良的教育電影	教育電影的實施	1936（7-8）
戴公亮	教育電影的本質與特性	教育電影的實施	1936（7-8）
戴公亮	電影在教育上的功能	教育電影的實施	1936（7-8）
余上沅	教育電影與戲劇	教育電影的實施	1936（7-8）
王平陵	國防教育電影的建設	教育電影的實施	1936（7-8）
吳研因	如何廣置有關兒童的教育電影	教育電影的實施	1936（7-8）
蔣建白	兒童電影的展望	教育電影的實施	1936（7-8）
谷劍塵	教育電影運動聲中的四個重要問題	教育電影的實施	1936（7-8）
陸銘之	電影與幻燈在教育上價值的比較	教育電影的實施	1936（7-8）
谷劍塵	電影識字教學的研究	教育電影的實施	1936（7-8）
徐公美	中國戲劇電影論	教育電影的實施	1936（7-8）
江蘇省立教育學院研究實驗部	本院教育電影實施概述	教育電影的實施	1936（7-8）
趙冕	我國電影行政概觀及改進之主要途徑	電影與電播教育	1937（8-9）
蕭紀正	解決教育影片供給的路向	電影與電播教育	1937（8-9）
朱彤	值得注意的兒童電影教育	電影與電播教育	1937（8-9）
周凱旋	關於電影教育實施的幾個問題	電影與電播教育	1937（8-9）
卓越	蘇聯的電影事業及其教育效能	電影與電播教育	1937（8-9）

盧顯能	美蘇意日四國教育電影的比較觀	電影與電播教育	1937（8-9）
範本中	播音教育與娛樂	電影與電播教育	1937（8-9）
陳汀聲	播音設備的研究	電影與電播教育	1937（8-9）
陳汀聲	收音機的管理問題	電影與電播教育	1937（8-9）
徐朗秋	播音演講的技巧	電影與電播教育	1937（8-9）
陳汀聲	收音機的管理問題	電影與電播教育	1937（8-9）
秦柳方	歐洲各國的農業播音	電影與電播教育	1937（8-9）
江蘇省立教育學院廣播電臺	本院三年來電播教育的實施	電影與電播教育	1937（8-9）

資料來源：根據 1932～1937 年《教育與民眾》各卷、各期目錄編製。

　　從作者的身份來看，可分為兩類：一類為大學師生。這類人數量較多，發表文章數量也最多。其中，又以江蘇省立教育學院的師生為最，如戴公亮、谷劍塵、趙冕、蕭紀正、朱彤、周凱旋、盧顯能、範本中、陳汀聲、徐朗秋、秦柳方等人；另一類是教育行政部門人員、民眾教育館館員、期刊編輯和電影機構職工，如劉之常、潘公展、郭有守、王平陵、吳研因、蔣建白、陸銘之。可見，《教育與民眾》具備了以學術界人士為主，電影界、教育行政部門、文化界人士共同參與的作者群體。這不僅提升了刊物的學術質量，而且無形中也使刊物獲得了政治力量的支持。

　　綜觀上述研究論文，其內容主要聚焦以下幾個方面：

　　1. 分析國內電化教育發展現狀。20 世紀 20～30 年代，歐美各國開始在成人教育過程中應用電化教育工具，開展各種實驗，並取得了良好的效果，在此背景下，江蘇省立教育學院開始嘗試使用這些工具。《本院利用無線電播音實施民眾教育》一文中即詳細報導了江蘇省立教育學院利用播音實施民眾教育的經過，「本院有鑒於此，在今年六月間裝置一播音臺，欲探索此項教育方法在民眾教育上種種可能之發展。在暑期中於每日下午三時半至四時半播送音樂及通俗講演。講演內容以衛生問題為最多，次則為與農民有關之問題，再次則為時事問題。開學後並設以無線電播音委員會專司其事，委員三人，為陳湘圃、徐錫麟、汪畏之。」〔註 121〕《本院教育電影實施概述》一文詳述了該院 1929～1936 年間開展電影教育的情況；20 世紀 30 年代，民營電影公

────────────

〔註121〕本院利用無線電播音實施民眾教育〔J〕，教育與民眾，1932（4-1）：88。

司參與國產電影的製作，但力量比較薄弱，爲了切實瞭解情況，以利於工作的進一步開展，《意大利國立教育電影館概況》對 1927～1932 年間，全國電影院數目及在各大城市的分佈情況、美片運入中國的英尺數、中國電影公司及製片數目等做了詳細的統計。郭有守在《二十四年份國產電影的陣容》一文中，刊載了 1935 年中央電影檢查委員會公報上所載核准的國產影片目錄。結果發現：與 1932 年相比，公司減少了 50%。明星、聯華、天一公司產量減少了二分之一以上，只有藝華公司較 1934 年有所增加。天一又在香港設廠，藝華則晉升至第三位；從類別上來看，國產電影十分之七爲社會類，其次爲教育、倫理、愛情、滑稽等類。〔註 122〕作爲第一個官方直接參與的教育電影機構——中國教育電影協會，它的設立與組織機構的完善是教育電影運動史上的大事。《中國教育電影協會緣起》詳細介紹了該協會發起的原因和教育電影的取材範圍，使讀者對其有了總體的認識。〔註 123〕俞慶棠趁中國教育電影協會第五屆年會之機，提出了對中國教育電影的三點希望：（1）在國難嚴重的非常時期，教育電影的內容希望能多攝製培養民族意識的影片，灌輸與國防有關的各種知識，揭露帝國主義侵略中國的陰謀與暴行，喚起民眾的自覺與自信心，啓發民眾愛國的熱忱，指示民眾爲國效勞的途徑。（2）希望今後全國的電影事業一致向教育化的路徑上邁進，把目光由都市轉移到農村去，使占全國人口最大多數的農村勞苦大眾，也得享受教育電影的機會。（3）對於電影教育的工具加以改進，使之適應中國農村環境，簡單而便於應用，對於下層實施技術人員加以適當的訓練，使之對於影片的說明和對於民眾的啓示，能夠有恰當的應付。〔註 124〕

　　2. **考察電化教育的教材和內容**。電化教育教材是開展電化教學的中心環節，它對教學內容的傳授、教學方法的實施都有重要影響，運用得當能有效提升教學質量和教學效率。民國時期國內還未具備大規模獨立製作電化教育教材的能力，故對電化教育教材的採集、分類十分必要。劉之常在《非常時期民眾電化教育之教材》中指出，所謂民眾電化教育，就是利用電力化的工具對民眾所實施的一種教育，如電影、電播及幻燈等均屬此範圍；電化教育

〔註122〕郭有守，二十四年份國產電影的陣容〔J〕，教育與民眾，1936（7-8）：1434
　　　　～1435。
〔註123〕中國教育電影協會緣起〔J〕，教育與民眾，1932（4-1）：140。
〔註124〕俞慶棠，歡迎中國教育電影協會第五屆年會〔J〕，教育與民眾，1936（7-8）：
　　　　1426。

的實施，具有教學時間短、受教者容易普及、民眾所學知識印象深刻等優點，而非常時期的電化教育，主旨在於喚醒民眾瞭解國家和國際大事，培養民眾的愛國心。因此，他認為，非常時期的電化教育教材須具備揭示國難史實、發揚民族精神、增進自衛知能、促進新生活運動等四項目標。劉之常藉此選擇了電影教材 48 部，幻燈片教材 32 部，教育唱片 24 部。上述教材按內容和主題可分為：（1）關於時事和中國歷史常識。這類主題的教材通常為幻燈片和唱片，內容較少，適合配合電影並口頭講解，例如《中國歷代疆土與現代疆土比較圖表》、《日本對華領土的侵略圖》、《日本在華的租借地與商埠圖》、《歷代先賢先烈遺像及史略》、《歷代民族英雄遺像及史略》等幻燈片教材；（2）以抗戰宣傳為主題的紀錄片和故事片。這類影片以民營電影公司攝製的為多，如《共赴國難》（上海聯華公司出品）、《熱河血淚史》（上海暨南影片公司出品）、《自由魂》（上海聯華公司出品）等；（3）教學電影。這類電影主題豐富，包括校園生活、衛生常識、科學知識等，且絕大多數為自製，適合在各類學校和社會教育機構中使用，例如《童子軍大露營》、《江蘇中學生集中訓練》、《爬山運動》、《防火》、《避火》、《救火》、《衣服的潔淨》、《洗面洗手》等。

　　3. 檢討教育電影存在的不足並確定評估的標準。20 世紀 30 年代末至 40 年代初，中國教育電影運動已由宣傳期進入了實踐期，有些學者開始檢討實踐中遇到的問題。潘公展在《電影教育運動的檢視》中批評道：教育電影運動只停留在南京、上海、鎮江、杭州等大城市，而未能深入到其他省市，其主要原因在於對農村和工廠的關注度不夠，另外國內教育電影的娛樂性不足，不能引起觀眾的興趣。作者認為，教育電影運動過去的缺陷是只有少數教育家參與其中，缺乏和電影界實際的聯繫，一些民營公司雖也拍出了一系列教育電影，但由於牟利上不及純商業電影來得好，所以並不能有計劃地加以開展；另一方面，由於缺乏電影的表現手法，教育界拍攝出的電影枯燥，不能引起觀眾的興趣，故教育界、電影界應切實加強合作，以推動教育電影運動的發展。

　　確定教育影片評估標準是自製教育電影的關鍵，20 世紀 20 年代有的美國大學就開始進行此項工作，如 1920 年哥倫比亞大學師範學院教授麥克默里（McMurry）就曾引導七十多位學生確定評估教學影片的標準，提出意見並油印出來分發討論。以陳友松為代表的留美學生及時預見到這一趨勢，並積極加以引介。他在《什麼是優良的教育影片》一文中認為，評價影片是否

爲優良的教育電影大致包含以下五大標準：第一個標準爲容易引起並集中學生的注意；第二個標準是教學影片異於普通娛樂影片的一個要點，即應使觀眾心裏產生問題；第三個標準是第一和第二個標準的總結，即影片應使兒童發生嚴密的思考、神經系的反應結或觀念聯合、傳授新的事實和洞見、助心之發育或成長；第四個標準是社會學的標準，即影片應在課程內佔據一定地位，並對觀眾的人格產生影響；第五個標準是關於影片的品質方面，包括它應攝影優良、畫面排列整齊、場面長度適中、字幕簡略明瞭、藝術感強。〔註125〕五大標準中，前三個是學生學習心理的問題，第四個是制度化和課程編製的問題，第五個是實施技術的問題。以上是無聲片的評價標準，30年代末期有聲片逐漸進入中國市場，有聲教育電影也越來越多，針對這種情況，陳友松特意爲教師編製了一個有聲教育電影的評價量表，其考核標準包括影片目標、影片內容、影片視聽方面的技術、影片對於其他課程資料的貢獻、影片的價值等六個方面，該標準總體與無聲片評價標準相似，但在細節處顯得更細膩，如影片的目標是否明晰、具有眞實性、供給學生豐富的經驗；影片的內容是否切題、正確、充實且完整；影片內容是否能統一而一貫地，瞭解或領悟性、有側重點地發展；影片是否畫面不動搖、光線適中且有藝術感、攝製各場面角度適宜，聲音是否有無關的雜音、音量不變、與圖畫同步，演員是否與劇中人物相配、表演技術是否適當；對於本科目及相關科目是否有價值和貢獻；影片的教育價值和藝術價值如何等。〔註126〕

電影教學是電化教育工作的中心環節，除了必需優良的教育電影和施教環境外，還要有良好的電影教學法。谷劍塵在《電影識字教學的研究》一文中指出，推廣教育電影需要電影教室。爲此，他草擬了無聲電影教室的經費預算：「第一，教室的黑暗設備，用黑色的綢或布作表面，用綠色或紅色的綢和布類作裏子，就窗戶的大小，分別縫製，約計閱兩間到閱七間及長五間到十二三間的教室，製備費需洋五十元到三百元。第二，銀幕，在教室中可利用粉牆修葺而成，否則用布自製，連縫工需費洋五元到十二元。第三，柯達D式放映機需洋三百元。第四，兩用幻燈機，需洋二百四十元（中華教育用品社出品）。第五，擴音機連馬達留聲機等需洋一千四百元。第六，其他附件若乾元（無電之處要購備發電機與電池）。」〔註127〕電影識字教學由於價格比較

〔註125〕陳友松，什麼是優良的教育影片〔J〕，教育與民眾，1936（7-8）：1437～1438。
〔註126〕陳友松，什麼是優良的教育影片〔J〕，教育與民眾，1936（7-8）：1440～1443。
〔註127〕谷劍塵，電影識字教學的研究〔J〕，教育與民眾，1936（7-8）：1481。

昂貴，只適合在工廠或者軍隊中使用，不適合在小規模的民眾學校中使用。有了良好的電影教室後，爲了使講師的口頭講解和銀幕上畫面保持一致，以便發生明白的、聯繫性的動作，還必須有良好的電影教學法，故要求講師必須對教材的處理、電影的呈現方式、時間的支配有非常嫻熟的技巧。《關於電影教育實施的幾個問題》係作者三年電影教育工作的經驗總結，簡要介紹了施教方式、影片講映次序、次數及休息時間、講映地點及場所、講映時間、片情說明、收費、舉行儀式、輔助事項、宣傳、講映人員等問題。

　　20 世紀 30 年代，隨著民眾教育運動的廣泛開展，其內容和手段有了明顯的提升，故如何在民眾教育過程中使用電化教育的工具和手段進行教學成爲一個重要問題。作爲民眾教育運動宣傳和研究的平臺，《教育與民眾》的電化教育理論研究具有某些重要特徵。

　　首先，密切聯繫民眾教育實踐，但理論的系統性和深入性略顯不足。《教育與民眾》上刊載的電化教育論文大多聚焦於電影識字、推廣農村教育電影、電化教育教材編撰等問題的解決之道，對如何在開展民眾教育的過程中實施電化教育確有積極的導向作用。但從另一方面來看，這種過強的問題導向意識使其容易就問題談問題，忽略對問題背後理論源頭的進一步探索，進而忽視了對電化教育的基本理論和學科建設等問題的探討。例如，潘公展、郭有守、王平陵等人站在政府的立場上談教育電影管理問題，但並未揭示出問題背後的政治、經費、文化等方面的原因；陳友松、谷劍塵等人發表的電化教育文章理論性稍強，但他們或基於其留學背景、知識背景和實踐經驗，大多僅涉及某個問題，使人難以窺知電化教育理論的全貌；蕭紀正、朱彤、周凱旋、卓越、範本中等人廣泛探討了電化教育作用、特殊對象的電影教育、各國電影教育比較、電化教育教材推廣、人才培養等問題，內容豐富，但由於作者均爲江蘇省立教育學院學生，接觸電化教育的時間並不長，文章理論深度明顯不足。

　　其次，具有較濃厚的本土色彩。作爲民眾教育運動的理論基礎，民眾教育理論即爲國人在結合來自日本的社會教育學理論和來自美國的實用主義教育理論等多種理論的基礎上，根據本土實際創立的；而電化教育作爲民眾教育運動過程中的一種重要方式和手段，其在民眾教育理論中也佔有一定位置，因而《教育與民眾》上刊登的電化教育論文在研究方法、材料搜集方面具有較濃厚的本土色彩。作爲民眾教育運動的大本營，江蘇省立教育學院發

表相關文章報導該院電化教育開展的情況；郭有守、彭百川、張紀培等人深入到中央電影檢查委員會、各電影公司、各電影院搜集材料，並藉此撰寫相關文章，故較能反映當時電影界的實際狀況；劉之常、谷劍塵等人或基於在民眾教育館，或基於在大學中從事電化教育實踐的經歷，針對本土化電化教育實踐中產生的問題探討對策，繼而整理成爲論文發表。

三、陳汀聲、徐朗秋的教育播音理論研究及實踐

1932 年，江蘇省立教育學院從無錫國難委員會無線電廣播電臺手中購置50 瓦特播音機一臺（1935 年擴大爲 75 瓦特，1937 年擴大爲 100 瓦特），於當年 7 月 3 日學生畢業典禮上首次播音，暑假期間電臺每日下午 4 時播出「通俗講座」，由該院部分師生輪流主講。1935 年，經南京國民政府交通部核准，發給民營電臺執照，電臺正式播音，電臺呼號 XLIJ，功率 75 瓦，頻率 1310千赫，波長 270 米。同時改造播音室，添置上等話筒、電唱頭等，遂使發音效果更佳。1935～1936 年間，學院添置了若干器件，如美國 Webster 電器唱頭 1 隻，大理石話筒 1 具，6 伏特 100 安培蓄電池 1 隻，唱片 60 張，助調器1 隻，自製話筒活動架子 1 座。〔註 128〕新廣播電臺效果良好，據報導，「本臺自 75 瓦新播音機改造以來，發音清晰、射程幾可達江蘇全省，如江浦、鎮江、上海等地均有來信報告成績。」〔註 129〕1936 年，學院廣播電臺的頻率變爲 790千赫，據報導，其原因爲「本臺以前周波爲 1310 千周波，近來因該段波長左右均爲商人電臺，演講時間頗受干擾，故於 1935 年呈准交通部，將本臺波長遷移至 790 千周波處播音，較前約長 150 公尺。」〔註 130〕1937 年，學院廣播電臺的功率改裝爲 100 瓦特，並造 140 公尺高天線一座，以增大發射效率。收音機方面，「本院最早僅有 RCA 18.七燈收音機一架，後來又購 Jackson Bell25 五燈外差機一架。實驗區方面，則南門民教館有交流五燈機一架，惠北實驗區有電池四燈機一架。」〔註 131〕從 1937 年下半年起，「我們決定擴充設備，使本院各個實驗機關均有收音機一架；現在已由教育部撥給長短波六管外差

〔註 128〕一年來之廣播電臺，〔Z〕，校聞，江蘇省立教育學院文書股，1936：18。。
〔註 129〕一年來之廣播電臺，〔Z〕，校聞，江蘇省立教育學院文書股，1936：18。。
〔註 130〕江蘇省立教育學院文書股，一年來之廣播電臺，〔Z〕，江蘇省立教育學院校聞，1936：18。。
〔註 131〕本院三年來之電播教育的實施〔J〕，教育與民眾，1937（9）：1468～1469。

收音機七架，又電池式收音機三架。此外並增加自製收音機。」〔註132〕

　　學院廣播電臺開設之初，節目主要包括教育節目和娛樂節目兩種，具體內容爲「公民常識」、「民眾教育學術講演」、「衛生、農事及科學常識」、「應用文」、「職業英語」、「兒童節目」、「國語」、「簡要新聞」等，但經過一段時間播放後發現效果不佳，故不斷更新教育節目的內容、調整節目之間的比例。1936年增加的教育節目包括：（1）學術演講——每周1次，專爲受過相當教育的聽眾；（2）常識演講——分國防、經濟、農事、家事、衛生、科學、無線電及時事常識等8種，每周各1次。（3）愛國故事——每周2次。〔註133〕1937年，電臺每天早晨（7：00～9：00）、下午（4：00～5：30）、晚間（6：30～9：10）播音，每天共播音5小時左右，播音內容分爲教育節目、娛樂節目、日用節目（分別占40%、55%、5%）三大類。教育節目包括教授節目（有國文、國語、職業英語、民眾文選等，其中有每二天教授一次者，亦有每天教授一次者，後又添唱歌一節）、常識（有無線電、科學、國防、農事、衛生、經濟、家事等，每周輪流播送一次或兩次）、教育（兒童教育，每周播音三次）、中心演講周（作爲系統的中心演講，每天播送20分鐘，一周或兩周結束）、名人演講（請本院教授擔任，每週一次，每次30分鐘）、防空防毒宣傳、時事常識。〔註134〕

　　陳汀聲於1930年入江蘇省立教育學院農事教育專修科學習，1932年畢業後留校任學院廣播電臺實驗幹事，並指導民眾教育系和農事教育系高年級學生到臺實習。1936年，他負責學院電影電播教育專修科收音、擴音、廣播等工作，並擔任專修科一年級學生的導師。1940年，他南下桂林，任桂林廣播電台臺長，廣西省教育廳電化教育處主任。另外，學院無線電教師徐朗秋也積極參與播音理論的研究。在豐富的播音實踐的基礎上，他們逐漸總結出一套教育播音的理論，並開展了相關的實踐活動。

　　首先是關於教育播音設備及其使用。在《播音設備的研究》中，陳汀聲認爲，凡聲音由傳聲器變成音波電流，再經過電力的放大，一直到喇叭放音爲止，都可以稱爲播音，根據播音設備是否依賴導電體，可以分爲無線電播音和有線電播音，即廣播機和擴音機。由於當時的廣播受到設備技術上的限

〔註132〕本院三年來之電播教育的實施〔J〕，教育與民眾，1937（9）：1469。
〔註133〕江蘇省立教育學院文書股，一年來之廣播電臺〔Z〕，江蘇省立教育學院校聞，1936：18。。
〔註134〕本院三年來之電播教育的實施〔J〕，教育與民眾，1937（9）：1475。

制，稍微使用不當便容易出現故障。〔註135〕在《收音機的管理問題》中，陳汀聲對收音機的選購、管理、設計、布置、施教方法等問題進行了考察。他認為，電化教育硬件的完備是教育課程開設的前提，針對當時的狀況，他列出下述必要的教育播音教學器材與實驗設備清單：（1）電源設備——交流電源與變壓器、交流與直流發電機、乾電池及蓄電池等；（2）電影放映設備——16毫米及35毫米有聲放映機、影片、幻燈機、銀幕、擴音機等；（3）收音機修理設備——交直流收音機、無線電零件、測量儀器、修理工具等；（5）廣播設備——收音機、廣播機、天線、傳聲用具、唱片、音機等；（6）各種參考書。〔註136〕

有了對播音與收音設備的明確認識，陳汀聲赴廣西後即著手建立桂林廣播電臺及配備收音機，在他的努力下桂林廣播電臺於1940年成立，電力約6000瓦特，足供全國及南洋等地收聽。該臺設臺長一人，由他任臺長，下設總務、工務及傳音三科。電臺呼號XGOE，頻率為680千赫，後經改善電力，於1940年年底用6000瓦特播音，在該市區可以用礦石收音機收聽。播音節目有新聞、報告、演講、音樂等。該臺收音室分中文、英文兩組，收音時間每日下午6:00～12:00，平均每天接收電臺有十餘個單位，包括世界主要國家，大部分用短波。收音設備為雙領式天線3座，ACR155超級外插九管收音機2架，RCAT5T5收音機1架及EG機一架。〔註137〕

此外，他還將72號長波七管超外差收音機350架分發給各縣中學作收音之用，遂使該省收音機配備初步臻於完善。〔註138〕陳汀聲注重在該省推廣優秀辦理經驗，對當時若干學校、縣政府的電化教育主管人員將新聞記錄下來，出版壁板，並油印收音記錄分發各鄉鎮和學校宣傳的做法大加讚賞，而對大部分機關因管理無方致使工作停頓的現象加以指責。陳汀聲分析道，大部分機關工作停頓的原因主要有：（1）有的因為每次播放時間太久，致變壓器燒毀；（2）有的因為接錯了電池，致燒毀了全部的真空管；（3）有的僅僅燒毀了受損片，但不懂得調換；（4）有的不懂裝天地線及用法。〔註139〕其解決辦法在於：（1）分期抽調各機關收音人員訓練，把要點講習清楚；（2）發給工

〔註135〕陳汀聲，收音機的管理問題〔J〕，教育與民眾，1937（9）：1431～1448。
〔註136〕陳汀聲，收音機的管理問題〔J〕，教育與民眾，1937（9）：1458～1464。
〔註137〕陳汀聲，廣西省電化教育一瞥〔J〕，公餘生活，1940（1、2）：82。
〔註138〕陳汀聲，廣西省電化教育一瞥〔J〕，公餘生活，1940（1、2）：80。
〔註139〕陳汀聲，廣西省電化教育一瞥〔J〕，公餘生活，1940（1、2）：81。

具及修理材料；（3）印發輔導刊物；（4）改造原有收音機，使損壞的可能性減少。〔註 140〕另外，巡迴播音過程中電池不足是最大的困難，針對於此他建議應考慮創辦電池製造廠，以供各縣收音機及電話機所用電池。

在廣西省電化教育工作計劃中，陳汀聲建議給每縣分配一架收音機，並完成一播音網，使廣播電臺與各區、各縣、各校收音機利用無線電成電話線聯絡成一個大規模的播音網，使新聞或政令能迅速傳送到該省各地。

其次是關於教育播音的功能和教學法。對教育播音來說，理論的應用比理論本身更為重要，然而就當時而言，全國範圍內的教育播音開創不久，其理論、方法的研究均比較薄弱，陳汀聲等的研究正填補了這方面的空白。1934年，陳汀聲在《廣播事業對於國民生活的各種影響》一文中詳述了教育播音對於國民生活的作用。該文分為無線電的社會地位、無線電的機能、無線電對於社會的影響、無線電對於政治的作用四部分，作者揭示了無線電廣播具有超越時間、空間，並具有遠播的瞬速性與普遍性等功能，故斷言它將成為推廣社會教育的重要工具，而無線電具有報告、教育和娛樂三大內容，其中報告與娛樂也多用於社會教育。總而言之，教育播音對受教育者的作用有促進科學思想的向上、擴充知識的範圍、養成高尚的音樂欣賞能力、提升家庭生活質量、改進國民衛生、養成同情心等。〔註 141〕他在《電化教育人才的培養問題》一文中認為電化教育的主要功能有：（1）電化教育利用電影與播音的活動方式，使民眾自動前來參加，不僅興趣濃厚，且受教之後不易忘記；（2）電化教育是直接的視聽教育，識字的人可以受教，不識字的也可以受教，決不受文字的限制；（3）電化教育施教範圍寬廣，一場電影可容納幾千人至萬餘人，其效果遠較教室為大；（4）同樣的教材在全國各地可同時施教，其效果在短時間內即可顯現；（5）電化教育不論在平時或戰時，對於國防有密切的關係，可視為國防教育。〔註 142〕在《廣西省電化教育一瞥》中，他寫道：「電化教育是文化界的一支機械化部隊，它具有興趣普遍迅速真實的種種特色。」〔註 143〕因為電化教育能使人們知道當日的天下事，並能使之通過耳目直接聽到或看到天下事，所以「電化教育是現代人所必需要的一種

〔註 140〕陳汀聲，廣西省電化教育一瞥〔J〕，公餘生活，1940（1、2）：81。

〔註 141〕陳汀聲，廣播事業對於國民生活的各種影響〔J〕，無線電，1934（3）：1～4。

〔註 142〕陳汀聲，電化教育人才的培養問題〔J〕，教育與民眾，1946（1、2）：37。

〔註 143〕陳汀聲，廣西省電化教育一瞥〔J〕，公餘生活，1940（1、2）：80。

教育，亦是推動社會進步的一支偉大力量。」〔註144〕

由於播音演講時演講者只對著一隻話筒，無法使用面部表情，且不能受環境的暗示和鼓勵，故心理上的壓力較大，如不注意播音演講技巧，則常會出現情緒緊張、語句不連貫等情況。當時徐朗秋在江蘇省立教育學院擔任播音教學與演講工作已歷五年，積累了許多經驗和技巧，另外，當時趙元任已發表了《廣播須知》一文，探討播音演講技巧，徐朗秋則對該文未提及或敘述不詳的部分舉例詳述。在此基礎上，徐朗秋撰寫了《播音演講的技巧》一文，文中認為：其一，播音演講需備講稿，講稿「要用純粹的國語口語文」、「要從廣泛的材料裏摘出最精彩的一段」、「要按講演時間定講稿的長短」、「要開首提示綱要」、「要多舉例證跟比喻」、「要多穿插趣語」、「多給聽眾想像的機會」、「忌用冷字冷句跟外國語句」、「忌用文藝化的語句」、「忌長句與倒裝句法」、「忌廢話與客氣話」；其二，語言方面，「要用國語話」、「要預先把講稿練習到上口很流利」、「要高低適中、快慢合度」、「說話要有情感」、「忌當眾面前講演的那種盛氣」、「忌語病」；此外，「要沈心靜氣」、「要注意時間」、「要知道傳音開關」、「要注意提示燈號」、「忌弄雜音」、「忌頭部多擺動」等。〔註145〕

再次是關於播音教育的人才培養。陳汀聲強調，電化教育人才應具有控制電化設備的技能和相當的教育經驗，〔註146〕單有了技能而沒有實際的教育經驗，僅是一個普通的技術人員，單有教育經驗而無控制機械的能力，也不能收到電化教育的效果，故電化教育人才是技術與教育混合的特種人才；這一點也適用於播音教育的人才培養，一個合格的播音教育人才既要懂得如何操作無線電播音和收音，又要懂得民眾需要知道什麼、如何才能接受等教育問題。為此，人才培養機關應設置電學基本課程（內含應用電工學、內燃機、電池製造）、無線電基本課程（內含無線電學、收音機製造與修理、廣播機的裝置與修理、速記）、教育的基本課程（包含教育概論、教育心理學、教學法、電化教育之理論與實施）以及電化教育行政、實習等課程。〔註147〕陳汀聲特別強調實習環節的重要，認為應根據社會的活動、社會的需要而擴充實習的範圍，如幫助各機關和民眾義務修理收音機、供給報社新聞等也是實習內容；

〔註144〕陳汀聲，廣西省電化教育一瞥〔J〕，公餘生活，1940（1、2）：80。
〔註145〕徐朗秋，播音演講的技巧〔J〕，教育與民眾，1937（9）：1450～1458。
〔註146〕陳汀聲，電化教育人才的培養問題〔J〕，教育與民眾，1946（1、2）：37。
〔註147〕陳汀聲，電化教育人才的培養問題〔J〕，教育與民眾，1946（1、2）：38。

並應設立若干實習組，如收音機修配組、收音與播音組等，預定範圍、輪流實習，每組配備成績良好的學生幫助指導，並充分利用課外時間。此外，他認為應該在大學電化教育專修科中設置如無線電學、收音機製造與修理、廣播機之裝置與修理、速記等教育播音專門課程，以克服無線電訓練班課程不周密之弊；〔註148〕專修科的學生還需對各個電化教育工作機關如各省市電化教育處、民眾教育館、各級學校的收音人員也予以技術上與教育上的輔導，以此推動全國電化教育的發展。

總的來說，陳汀聲、徐朗秋的教育播音理論研究主要基於民眾教育和電化教育實踐，並以媒體技術應用為核心，這與西方的視聽教育理論大相迴異，堪稱近代中國電化教育學理論本土化的一次有力嘗試。作為這一時期教育播音理論研究的重要成果，馬宗榮的教育播音理論與陳汀聲、徐朗秋的教育播音理論存在著若干異同點，相同點在於二者均在採用國外理論的基礎上根據本國國情加以改造，相異點在於前者主要是從社會教育及社會教育學的角度切入教育播音理論，其適用的領域主要是學校教育和家庭教育以外的社會教育；後者主要是從電化教育理論、設備及技術的角度切入教育播音理論，具體而言，陳汀聲、徐朗秋主要關注的是如何在民眾教育中使用這些電化教育理論、設備和技術，以期更好地提升民眾教育的效率。較之社會教育，近代中國民眾教育除了吸收社會教育學理論外，還吸收了實用主義哲學等多種理論，並將學校教育和社會教育統合為一，其範圍較社會教育擴大了，內容和方法也更加豐富和完善，教育播音理論即是其發展過程的典型體現；而且，從兩者對近代中國電化教育學發展的貢獻來看，由於前者「舶來品」色彩較濃，也沒有社會運動作為支撐，影響力不大；而後者由於本土化程度較高，注重技術引進的思路符合近代中國電化教育學發展的主流，且有 20 世紀 30 年代轟轟烈烈的民眾教育運動作為後盾，故影響力較大。

四、谷劍塵的教育電影理論研究

江蘇省立教育學院設立旨在養成江蘇省六十一縣民眾教育、農事教育服務人才，並成為全省民眾教育和農事教育研究、設計及實驗之場所。學院創辦之初，聘有一些從事電化教育學的專家任教，但通常分散在學院的各個機構中。例如，1934 年《江蘇省立教育學院一覽》教職員名單中即有時任明星

〔註148〕陳汀聲，廣播事業對於國民生活的各種影響〔J〕，無線電，1934（3）：1～4。

公司附設電影學校教務主任、上海戲劇協社劇本主任的谷劍塵。再如,同年《江蘇省立教育學院一覽》「現任教職員」名單中也包含一些有名的電化教育專家,如甘豫源其經歷為「前國立東南大學教育學士、中央大學區教育行政院課員,前民眾教育院教務部副主任、浙江教育廳科員」,校內職務為「民眾教育學系講師兼研究實驗部副主任」;谷劍塵其經歷為「上海少年宣講化裝演講部主任、明星影片公司附設電影學校教務主任、上海戲劇社劇本主任、排演主任」,校內職務為「專任講師」。〔註149〕明確的辦學宗旨和良好的師資條件為研究電化教育學理論提供了重要的基礎。

谷劍塵於 1930 年 8 月起任江蘇省立教育學院講師,他在電影及教育電影理論上頗有建樹,1934 年在《中國電影年鑒》發表《中國電影發達史》一文,出版了《電影劇本做法》(1936 年)、《教育電影》(1937 年)等著作,並發表了《電影化妝術》、《電影中的絕對導演中心論》等論文,其內容主要可分述如下:

(1)教育電影發展史考察。谷劍塵認為,世界教育電影的發明歸功於英國人邁步里奇(Edward. Muybridge),而中國電影則經歷了從外國片到國產片、有聲片到無聲片的轉變。〔註150〕電影發明之初是少數科學家和發明家研究的成果,在 1901 後的中國逐漸為娛樂的潮流所堙沒,成為純粹的娛樂電影。通過考察世界及中國電影發展史,谷劍塵總結道:電影具有成為教育電影的可能性和必要性。

(2)關於教育電影的闡釋。谷劍塵認為:「凡是含有促進人類對於自身、對於世界、或對於自身和世界的改變,以合於人生需要,或公共福利為目的之材料,而用電器電光的機械,將這些材料的形體、關係、動作或聲音、顏色表現在銀幕上,借試聽的官覺,以灌輸於人們而達到上面的目的,就叫做教育電影。」〔註151〕他主張把教育電影分為廣義和狹義兩類,廣義的教育電影「泛指一般電影中只要含有教育的意味的,也可稱教育電影(即包括娛樂電影),進一步說,凡是與社會教育有關係的一切影片,無論為國民生活的媒介,社會道德之鼓吹,宗教藝術的宣揚,通俗科學的傳播,保健衛生之指示,

〔註149〕江蘇省立教育學院一覽〔R〕,江蘇省立教育學院,1934:9~10。
〔註150〕谷劍塵,中國電影發達史〔A〕//中國教育電影協會,中國電影年鑒 1934(影印本)〔M〕,北京:中國廣播電視出版社,2008:321~346。
〔註151〕谷劍塵,教育電影〔M〕,上海:中華書局,1937:58~59。

時事問題之解釋，山川風景的描寫，以及各機關的業務宣傳等。」〔註152〕狹義的教育電影「則只限於學校內，教室裏的教材電影，像關於知識的獲得，技術的傳習以及品格和道德的指示等。」〔註153〕谷劍塵認爲，電影具有娛樂精神、社會教育、增廣見聞、輔助教學、永久保存和普遍利用六大功能。〔註154〕歸納起來，可分爲促進人的社會化和教育化兩點。在他看來，「『社會化』這一個詞根據社會學和社會心理學來的，就是一種改良社會的政策，其目標是要保存和增進好的社會的價值和態度，並予以相當的機會使個人的人格得以均衡的向上發展，增加其社會的責任，以謀社會各部的健全和人類的幸福」〔註155〕；「『教育化』這一個詞是根據教育學和教育心理學來的，就是一種改良教育的手段，並以增進個人的技能（或知識），其目標是要使個人在知、情、意三方面獲得相當的發展和結果，使其瞭解人對人的權義，共同促進社會和人類的安全。」〔註156〕而如何實現這兩點呢？「社會化」方面，包括組織電影劇本及影片檢查委員會、統制電影院訂立管理規則、舉行從業員登記並訓令組織工會、開展未成年青年及兒童與電影院隔離工作、舉行電影比賽、組織教育電影研究會；「教育化」方面，包括實施電影國策、設立國家電影製片廠、推行省市鄉鎮電影院或巡迴放映隊、開辦國立電影學院、設立兒童電影院、中等以上學校添設「電影鑒賞法」課程、以經濟實力援助國產影片公司、組織教學先鋒隊。〔註157〕

（3）電化教育學理論基礎的研究。谷劍塵嘗試將教育電影作爲一門學科加以研究，並探討其理論基礎。他認爲，教育電影作爲一門學科可以分爲理論和實踐兩種，前者在擴充智識，用演繹方法將原則釐訂爲實施方針，後者在以經驗證明原理，用歸納方法創造新的原則。教育電影理論直接包括教育學（內含教育測驗、教育哲學、教學法、教育心理、教育統計）、演劇學（內含演劇原理、導演術、表演術、劇本做法、演劇批評）、電影藝術（內含電影劇本做法和導演、製片化學、電影工場狀況、電影原理）、電影設施（電影場布置、教室布置、放映技術、社會調查、施教團組織）等，間接涉

〔註152〕谷劍塵，教育電影〔M〕，上海：中華書局，1937：59。
〔註153〕谷劍塵，教育電影〔M〕，上海：中華書局，1937：59。
〔註154〕谷劍塵，教育電影〔M〕，上海：中華書局，1937：31。
〔註155〕谷劍塵，教育電影〔M〕，上海：中華書局，1937：40。
〔註156〕谷劍塵，教育電影〔M〕，上海：中華書局，1937：40。
〔註157〕谷劍塵，教育電影〔M〕，上海：中華書局，1937：41～48。

及心理學、演說學、社會學、論理學、文學美學、倫理學、哲學、自然科學、社會科學、電影史、民眾教育概論、比較成人教育、兒童教育等。〔註 158〕可見，上述理論基礎以教育、藝術爲主，科學爲輔，這與谷劍塵本人的知識背景密切相關。

總體而言，谷劍塵的教育電影理論研究具有以下特點：

首先，力圖做到中外結合、洋爲中用。谷劍塵密切關注國內外最新的研究動態，《教育電影》一書附錄的 21 種參考文獻中 9 種爲外文、12 種爲中文，幾乎包含了當時國內外較著名的研究書刊；此外，他注意從國際和歷史的角度考察中國教育電影發展狀況，在《教育電影》一書第九章中，他梳理了政府和民間機構辦電影教育的情況，並介紹了美國、日本、蘇聯、意大利等國電影教育的情形，以利於比較和參考。

其次，明確了電化教育的內涵，初步奠定了學科的理論基礎。谷劍塵的教育電影闡釋強調在教育中運用近代媒體，又強調媒體在教育中發揮的作用，簡言之，即將媒體與教育進行聯姻。他以「大電化教育」的視角，將教育電影分爲廣義和狹義兩種，分別對應於社會教育電影和學校教育電影，有助於促進當時教育電影事業的發展。此外，他認識到電化教育的跨學科性，並初步闡明了科學、教育、藝術構成電化教育學的三大理論基礎。

第三節　金陵大學理學院的電化教育研究、教學及實踐活動

作爲美國教會組織創辦的教會大學，金陵大學在引入美國視聽教育理論方面具有先天的優勢，並率先在大學中建立電化教育機構，如前述金陵大學理學院的「教育電影委員會」。但隨著國內教育電影運動的深入，「教育電影委員會」已不能滿足大批量譯製教育電影的需要，教育電影部應運而生；另一方面，由於抗戰宣傳的需要，此期政府開始重視電化教育，並組辦電化教育培訓班培養相關人員，金陵大學與政府素有交流，加之學校具有優良的學術聲譽，政府積極與金陵大學展開闔作，聯合開設電化教育專修科以培養電化教育人才。

〔註 158〕谷劍塵，教育電影〔M〕，上海：中華書局，1937：78～79。

一、理學院教育電影部的創設與發展

如前所述，金陵大學理學院建立後的第二個學期，在院長魏學仁的帶動下成立了推廣委員會、發展委員會和交際委員會，其中推廣委員會尤其注重發展科學教育電影事業，經過幾年的努力，委員會從單純的引進影片發展成為可以自行攝製教育電影、培養電教人才的重要基地。1934 年秋，理學院院務會議決議將推廣委員會改組為教育電影委員會。由於教育電影委員會的工作量日漸增大，遂於 1936 年設置教育電影部，潘澄候為主任，孫明經為副主任，1941 年繼任主任，下設總務、攝製、編譯、流通四組。《申報》報導說：「教部（即教育部──筆者注）為推行電影教育，曾委有金大等處合作製片，現金大理學院特設教育電影部主持，以潘澄候為主任」。〔註 159〕該部各組的主任分別是：總務組主任孫明經，攝製組主任孫明經，編譯組主任裘家奎〔註 160〕，流通組主任段天煜。

20 世紀 30 年代前，國內教育電影主要通過英美等國引進，具有語言不通、風俗不同的弊病，1932 年中國教育電影協會成立後主動聯繫以金陵大學為代表的高校，並希冀其參與國產教育電影的攝製。有的學者認為，1935 年起教育電影委員會與教育部及中國電影協會等合作，社會服務量劇增，於是1936 年 9 月金陵大學理學院院務會議議決，增設教育電影部。〔註 161〕

（一）教育電影的攝製及編譯

教育電影部創辦之初，主要以攝製無聲電影為主。無聲電影與幻燈片、圖片等教學媒體類似，主要發揮呈現直觀材料的作用。1935 年，中國教育電影協會因攝製國產影片的需要而與金陵大學理學院開展合作，共拍攝西湖風景、蠶絲、陶瓷、醬油、底片之製造、開封歷史、防毒、搪瓷、首都風景、玻璃儀器等 13 部教育影片。1936 年，理學院工作人員赴日本北海道拍攝日全食畫面，該影片取名為《民國二十五年之日全食》。〔註 162〕1938 年暑假，教育電影部與四川省政府教育廳合作，派員前往川康邊境選擇區域攝製及放映教育影片，據報導，「費時三月，精製影片千餘尺，並於沿途講映抗戰事蹟，

〔註 159〕金大設教育電影部〔N〕，申報第四張，1936-9-18，（16）。
〔註 160〕裘家奎（1898～？）1921 年畢業於東吳大學化學系，1932 年獲美國普林斯頓大學哲學博士學位，曾任金陵大學化學系系主任、理學院院長、教務長。
〔註 161〕張憲文，金陵大學史〔M〕，南京：南京大學出版社，2002：275。
〔註 162〕金陵大學理學院教育電影部概況〔R〕，南京：金陵大學理學院，1937：8。

所到之地，萬人空巷，開我國教育電影有史以來未有之新紀錄，本年暑假復承管理中英庚款董事會之邀，並蒙四川省教育廳之襄助參加川康科學考察團赴西康省攝製地礦水利等工業資源之影片，聞此行共分三期，第一期可望於兩月完成雲。」〔註 163〕1941 年，孫明經將遊歷美國時所拍攝照片帶回金陵大學，有關報導稱：「該部副主任孫明經先生在美遊歷十餘州，遊歷期間曾自攝風景幻燈片數百張，均係柯達天然彩色片，炫爛奪目，孫副主任已將該片及最新式幻燈一具，隨身揣返，現正整理各片，不日可在本校各場合中公演云。」〔註 164〕孫明經回國時還帶回了大量電影機件，有關報導稱：「今夏乘孫先生考察完畢返國之便，特託購大批電影器材，計已購訂各貨，業經起運在途中有：新式十六毫米有聲放影機數具；十六毫米有聲教育片數十本；攝製幻燈片設備多種，及繪製活動畫器材若干件，各貨已於七月中旬自紐約運出，不日可由公誼會救護車運蓉云。」〔註 165〕1941 年 9 月 21 日發生之日全食，經過我國的新疆、青海、甘肅、陝西、湖北、江西、福建、浙江八省，歷時一百餘天，據天文學家推算，平均 360 年才能在同一地方見到一次。據報導，「金陵大學理學院派出胡玉璋、區永詳二先生，隨日食觀測隊西北區隊，於一月前至臨洮一帶，從事籌備，以便攝製影片。教育電影部主任潘澄候教授，亦於九月四日趕赴該處督導。近得來電云：臨洮當日氣候良好，各種工作，順利進行，該地日食於上午九時三十五分開始，全食時間共一百八十秒鐘，日食全景業由飛機上與地面上攝得五彩影片多卷，以便揣歸作科學上之詳細研究。」〔註 166〕

理學院最初購置的外國教育電影其字幕純為英文，為了將它們推廣到中小學、民眾學校，編譯組承擔起翻譯字幕的工作，截至 1937 年共翻譯 50 部外國教育電影。由於理學院擁有良好的設備和學術團隊，各地教育機關紛紛慕名前來與之協商租片、租映。

〔註 163〕理學院攝製川康教育影片〔J〕，金陵大學校刊，1939（263）：4。
〔註 164〕金陵大學教育電影部新制彩色幻燈片〔J〕，金陵大學校刊，1941（298）：4。
〔註 165〕充實電化教育本校自美購到大批器材〔J〕，金陵大學校刊，1941（294）：2。
〔註 166〕日食奇觀——本校派專員攝製影片〔J〕，金陵大學校刊，1941（293）：2。

表3-8　1936～1937年間金陵大學理學院教育電影部譯製部分教育電影一覽表

出品時間	影片中文名稱	影片英文名稱	字幕	片長	出品單位
1936年	骨骼	Body Framework	中文	400英尺	柯達公司
1936年	呼吸	Breathing	中文	400英尺	柯達公司
1936年	血之循環	Circulation	中文	420英尺	柯達公司
1936年	牛乳	Good Foods-Milk	中文	200英尺	柯達公司
1936年	蚊之生長史	Life History of Mosquitoes	中文	350英尺	柯達公司
1936年	牧羊	Range sheep	中文	400英尺	柯達公司
1936年	由花至果	From Flower to Fruit	中文	350英尺	柯達公司
1936年	微生物生活史	Microscopic Animals	中文	350英尺	柯達公司
1936年	白煤	Anthracite Coal	中文	480英尺	柯達公司
1936年	煙煤	Bituminous Coal	中文	400英尺	柯達公司
1936年	開採石油	Producing Crude Oil	中文	400英尺	柯達公司
1936年	提煉石油	Refining Crude Oil	中文	400英尺	柯達公司
1936年	食鹽	Common Salt	中文	380英尺	柯達公司
1936年	救火	Fire Production	中文	450英尺	柯達公司
1936年	自礦石至生鐵	Iron Ore to Pig Iron	中文	400英尺	柯達公司
1936年	生鐵煉鋼	Pig Iron to Steel	中文	360英尺	柯達公司
1936年	鉛	Lead	中文	370英尺	柯達公司
1936年	沙土與黏土	Sand and Clay	中文	350英尺	柯達公司
1936年	石灰石與大理石	Limestone and Marble	中文	400英尺	柯達公司
1936年	皮革	Leather	中文	350英尺	柯達公司
1936年	內燃機	Four Stroke Cycle Gas Engine	中文	350英尺	柯達公司
1936年	汽車	The Automobile	中文	400英尺	柯達公司
1936年	日光能	Energy from Sunlight	中文	440英尺	柯達公司
1936年	燈之用法	Illumination	中文	500英尺	柯達公司
1936年	透鏡	Lenses	中文	400英尺	柯達公司
1936年	電光與電熱	Heat and Light from Electricity	中文	400英尺	柯達公司
1936年	電之化學效應	Chemical Effects of Electricity	中文	400英尺	柯達公司

1936 年	電之磁效應	Magnectic Effect of Electricity	中文	360 英尺	柯達公司

資料來源：金陵大學理學院教育電影部概況〔R〕，金陵大學理學院教育電影部，1937：
29～35。

由表 3-8 可見，教育電影部譯製的影片片長在 400 英尺左右，規格明確，放映時間和節奏易於控制，故多為後續的教育電影攝製個人和團體所借鑒採納；題材主要為衛生片、科學片等自然科學類影片，受文化、地域等因素的影響較小，且字幕均為中文，易為各類觀眾所理解，所以十分適合在學校、民眾教育館等各類場所中放映。

（二）與校內外電化教育機構開展合作

教育電影部創立後，除了在校內廣泛開展電化教育活動外，還積極與其他學校、社會教育機構等校外電化教育機構開展合作，截至 1937 年，與教育電影部合作者共有南京市政府社會局、青島民眾教育館、中國教育電影協會、江蘇省立南京民眾教育館、山西省立民眾教育館、山西省立理化實驗所、江蘇省立南通民眾教育館、中央大學、金陵女子文理學院、南京青年會等十八家。〔註 167〕另外，教育電影部還應中國教育電影協會和南京市政府之約，經常前往中小學或公共劇院免費公演、巡迴放映。

教育電影部與校內外電教機構開展合作的方式主要有：（1）共享主要負責人。如教育電影委員會魏學仁、潘澄候、劉景禧、劉碩甫同時為教育電影部成員，主任孫明經不僅在教育電影部內身兼總務部主任、攝製組主任，更在電化教育專修科內任系主任。（2）簽訂合同。教育電影部通過合同方式與中國教育電影協會、教育部社會教育司等機構簽訂影片拍攝合同，合同規定：「一、乙方代攝影片，應按甲方選定之劇本或稿本代行攝製，或由乙方先將代攝影片之種類、名稱及大綱，送甲方選定，再依據大綱，草擬詳細稿本，送甲方審定後，開始攝製。」〔註 168〕（3）巡迴放映。教育電影部在各方的支持和鼓勵下，開始走出校園，到中小學和社會中開展巡迴放映，進行普及教育。教育電影部曾應南京市社會局之請，到指定地點巡迴放映，由於反響較好，巡迴放映的時間和規模都有持續增長的趨向。教育電影部又應中國教育電影協會之請，到各中小學進行物理、化學、生物三科的巡迴講座。放映的

〔註 167〕金陵大學理學院教育電影部概況〔R〕，南京：金陵大學理學院，1937：9。
〔註 168〕金陵大學理學院教育電影部概況〔R〕，南京：金陵大學理學院，1937：21。

主要設備爲當時國內較爲先進的設備，有柯達 A 型放映機一架、柯達 D 型放映機一架、柯達 E 型放映機一架、柯達 L 型放映機二架、飛而模放映機二架、敵弗來 35 毫米大型放映機一架、銀幕二面、變壓器六隻、發電機一架。此外，教育電影部還購置了外國 16 毫米教育影片、16 毫米娛樂片、美國駐上海商務參贊委託流通之 35 毫米大型教育電影等若干〔註 169〕。

　　由於教育電影部購買了美國有聲放映設備和教育電影數部，放映服務的覆蓋面大大擴展，教育電影部在校內的服務數量也隨之增多。每月至少一次，或者每兩週一次，教育電影部在廣場放映電影，還召集教職工和學生在室內放映，每月至少一次。

表 3-9　1943 年金陵大學理學院教育電影部校內放映教學電影節目表

次數	主　題	片　　名
1	科學	相對論（上下）
2	生理衛生	骨骼＊、天花＊
3	生理衛生	消化＊、呼吸＊
4	化學	從樹到新聞紙、橡皮
5	化學	分子運動原理▲、膠體化學▲
6	化學	電之化學效應▲、化學作用之速度▲
7	物理	內燃機＊、能及其轉化＊
8	物理	煤的故事▲、伯寒麥開爐冶鋼法▲
9	物理	聲波及聲源▲、技藝轉化▲
10	天文地理	地球運行▲、倫敦（上下）
11	地理	夏威夷群島、河流侵蝕
12	地質	造山運動▲、地下水
13	生物	植物生長▲、北平鴨
14	工業	汽車＊、搪瓷＊
15	氣象	水之循環＊、大氣壓力

說明：其中帶＊爲有中文字幕，帶▲爲有聲片。資料來源：金陵大學理學院教育電影部放演服務概況〔J〕，電影與播音，1943（2-1）：27。

〔註 169〕金陵大學理學院教育電影部概況〔R〕，南京：金陵大學理學院，1937：11。

表 3-10　1944 年上半年金陵大學理學院教育電影部校內教學電影節目表

日　期	次數	主　題	複　習　片　名	新　片　名	講解人
2 月 16 日	1	軍事	防空（2 本）	防毒（3 本）、防空（2 本）	孫明經
3 月 1 日	3	生理	血 * 、血之循環 *	血 * 、血之循環 *	范謙衷
3 月 8 日	4	生理	消化 * 、呼吸▲	消化 * 、呼吸▲	范謙衷
3 月 15 日	5	物理	地球運行▲、造田運動▲	地球運行▲、造田運動▲	李曉舫
3 月 22 日	6	物理	大氣壓力 * 、分子運動▲	大氣壓力 * 、分子運動	程守洙
4 月 5 日	7	物理	能及其轉化▲、內燃機 *	能及其轉化▲、內燃機 *	劉碩甫
4 月 12 日	8	物理	聲波及聲源▲、電之磁效應 *	聲波及聲源▲、電之磁效應 *	倪尚達
4 月 19 日	9	化學	電光與電熱 * 、X 射線	電光與電熱 * 、X 射線	程瀿
4 月 26 日	10	化學	電化學▲、接觸作用▲	電化學▲、接觸作用▲	李方訓
5 月 3 日	11	化學、工業	氧化與還原▲、化學作用之速度▲	氧化與還原▲、化學作用之速度▲	汪仲鈞
5 月 10 日	12	工業	生鐵煉鋼 * 、泊寒麥爐及開爐冶鋼鐵法	生鐵煉鋼 * 、泊寒麥爐及開爐冶鋼鐵法	張玉田
5 月 17 日	13	工業	提煉石油 * 、橡皮	提煉石油 * 、橡皮	戴安邦
5 月 24 日	14	工業	煤的故事 * 、開採煤礦	煤的故事 * 、開採煤礦	孫明經、劉思蘭
5 月 31 日	15	地理	陶瓷 * 、技藝轉化 *	陶瓷 * 、技藝轉化 *	段天育
6 月 7 日	16	航空工程	首都風景 * 、夏威夷群島 *	首都風景 * 、夏威夷群島 *	范謙衷
6 月 14 日	17	電影工程	無	螺旋槳（2 本）	許國樑
6 月 21 日	18	補缺	無	強光與陰影（5 本）	曹守恭

説明：其中帶▲爲有聲片，帶 * 爲有中文字幕。資料來源：三十三年春季每周教學電影〔J〕，電影與播音，1944（3-2）：16。

　　自 1944 年春起，教學影片示範放映成爲固定課程，每周於星期三下午 4 ～5 時舉行，每次有一個專題，由電化教育專修科教員主持，並邀請物理、化

學、生物、地理等學科專家具體講解，這些專家大多數是理學院的教師，如范謙衷、許國樑、曹守恭、戴安邦、劉碩甫。除此之外，理學院還專門開闢教室用作電化教學，並以班級爲形式邀請教師到場點評。

（三）電化教育學研究工作的開展：以魏學仁、裘家奎爲例

作爲金陵大學最早的電化教育機構，教育電影部包羅當時金陵大學電化教育學學者群體，這些學者的思想和活動均與教育電影部的電化教育工作有著非常密切的關係，並對推動電化教育實踐產生了不可忽視的影響。不過，從其教育背景來看，又可粗分爲兩種類型：一類以孫明經爲代表的專業型學者，如孫明經爲電影專業科班出身，對於教育電影較爲熟悉；另一類以魏學仁、裘家奎、段天煜爲代表的跨學科型學者，因爲這三人雖也到教育電影部教育電影從事教育電影拍攝的工作，但他們均非電影專業出身的學者，而是電化教育相關專業的學者，如魏學仁是研究物理學的學者，裘家奎是研究化學的學者。

魏學仁 19 歲考入金陵大學，畢業後留校任助教、講師，1925 年他獲得美國羅氏基金會獎學金赴芝加哥大學學習，憑藉刻苦、不斷鑽研的學習態度和精神，他成爲光學家邁克森（A. Michelson）和熱學家康普頓（A. H. Compton）的得意門生，並在 1928 年順利獲得博士學位，之後回國任教。1930 年，美國學者唐美森（J. G. Thomson）嘗試將科學電影用於教學環節獲得了較爲顯著的教學效果，這讓時任理學院院長的魏學仁非常欣慰地意識到具有現代傳媒特性的新傳播工具原來能夠成爲提高科學教育效率並爲教學環節提供便利的有效工具，於是他決定推廣這一嘗試。同年，在陳裕光校長的支持下，金陵大學理學院聯合了學校理科院各系教授合作成立了金陵大學教育電影委員會，並開始與柯達公司上海分公司合作，引進了大量專業教學電影，並開始將這些引進的專業教育電影用到相關課程的教學環節和過程中。教育電影起初由魏學仁親自拍攝創作，如 1936 年魏學仁以觀察員的身份參加我國日全食觀測隊，並在日本北海道觀察和拍攝到世界上第一部日全食彩色電影，這部電影經過加工後成爲一部十分完整的日全食彩色記錄影片，命名爲《民國二十五年之日全食》。後聘請了孫明經等人專門從事拍攝和製作，從此金陵大學不再完全依賴於柯達公司提供的教育電影，並爲滿足本校乃至國內各方面的實際需要組成攝製小組，分赴全國各地按照編定的拍攝內容稿本自行拍攝出品國產教育電影。總之，在魏學仁的帶領下教育電影部成立後

攝製電影成績顯著。

　　為了更好地帶動教育電影部攝製教育電影，魏學仁在教育電影部工作期間對電影教育提出了若干設想，這些設想雖不能算是十分高深的理論，卻有一定的創見。首先，魏學仁在留學美國時期就已看到美國柯達公司將教育電影推向全美所取得的良好效果，歸國後在觀看該校唐美森教授的科學電影實驗後，就認定這種現代傳播工具能夠在未來的教學中發揮極為重要的效果。他指出：「電影和播音是近代最有效力的教育工具……我們急需把它們大規模地納入我們的教育制度。」〔註170〕同時，他將「印刷出版」、「無線電」、「電影」稱為現代傳播文化的三大工具，這在當時的歷史環境中是比較恰當的。其次，雖然早期的中國電影工作者在20世紀20年代就已提出教育電影的概念及其定義，但之後由於沒有專門的教育電影製作機構，國人對於電影的理解也有偏差，到了30年代初學界關於教育電影的認識仍然比較模糊。為了提升教育電影的效用，魏學仁提出電影是普及教育科學最有利的工具，這十分符合30年代後期社會和學校對於教育電影的迫切需求。他說：「電影之中，有一種不是專以娛樂為目的，而同時卻含有教育啟示的性質的，這成為教育電影。若更將教育電影在課室內應用，以輔助教學，則成為教學電影。」〔註171〕魏學仁將教學電影單獨從教育電影中剝離出來，旨在強調教育電影在學校教學中的突出作用，其含義和學校教育電影類似。從教育電影運動推行的歷史進程來看，30年代末期隨著教育電影運動的深入，以金陵大學為代表的高校率先提出了將教育電影與娛樂電影分離以重視教育電影的觀點得到了學界的共鳴，如江蘇省立鎮江民眾教育館的宗秉新、蔣社村等人著的《教育電影實施指導》一書中，也將教育電影分為學校教育電影和社會教育電影，其中學校教育電影的定義與魏學仁教學電影的定義十分相似。再次，魏學仁在教育電影部工作期間，力求製作適合於中國國情的教育電影，以逐漸取代外國教育電影。他強調，製作教育電影有幾個因素需要著重考慮：一是經費，設備費、維修費、影片租費不能太高；二是影片，影片內容應能迎合觀眾的興趣、符合本國國情、字幕內容和長短要適當；三是要注重放映場秩序的維持、交通的疏散、電力的供給等等。〔註172〕

〔註170〕魏永康，我國電化教育事業之先驅〔J〕，物理，2010（39-6）：431～436。
〔註171〕中國教育電影協會第五屆年會專刊〔R〕，南京：中國教育電影協會，1936：14。
〔註172〕中國教育電影協會第五屆年會專刊〔R〕，南京：中國教育電影協會，1936：

　　魏學仁在積極提倡教育電影攝製的同時，由於其身兼金陵大學理學院院長，還時常關注科學教育與電化教育人才的培養問題。他認為，科學人才的培養應著力於知識、能力、習慣、動機、態度、興趣、欣賞、道德八個方面，其中知識包括程序性知識和陳述性知識兩種。具體來說，知識涉及自然界之組織、自然界各種力之認識、普通科學名詞之意義、科學之事實及原理、重要原理之證明、關於日常生活之科學原理及其應用、關於職業之基本科學知識、關於科學職業之性質及其發展性等；能力包括運用科學方法之能力、運用演繹方法之能力、運用歸納方法之能力、運用實驗技術之能力、有統制本人思想之能力等；態度包括不武斷、無成見、信證據、重誠實等；欣賞包括科學之福利、自然定律之普遍性、自然現象之美觀、研究自然之興趣、科學家之貢獻、科學研究之重要等；習慣包括科學思想之習慣、問難之習慣、觀察之習慣、眞確之習慣、獨立思想與行動之習慣、耐勞之習慣、實行之習慣等；興趣包括培養與個人特長有關係之興趣、培養與個人將來之職業有關係之興趣；動機包括求知之動機、求證明之動機、發現與發明之動機、服務人群之動機等；道德包括堅強意志、犧牲精神、服從眞理、效忠主義、服務人群等。他強調對於電化教育人才而言，其培養目標則主要包括進行電化教育各項學科背景知識的學習、具備強烈的教育民眾的崇高理想、擁有嚴謹客觀的科學求證方法和形成吃苦耐勞的刻苦習慣，除此之外，還要求學生能夠在興趣和動機等情感層面上也具備一定的素養。上述培養目標不僅體現了電化教育學知識的複雜性和交叉性，體現了電化教育學注重將理論與實踐結合、要求學生多動手實習、多嚴密審問的學科特性，同時還體現了電化教育學作為一門教育學的分支學科具有為人服務的學科本質。

　　裘家奎為美國普林斯頓大學博士，1942 年曾出版《無機定性分析原理》一書，該書為金陵大學化學專業教材。作者認為，該書主旨在於提供一種科學的分析方法，而並非純粹事實的堆徹，「要知科學教育之增值，在使學生有用實驗方法解決問題之能力，非在於直接致用。例如定性分析雖授以原理、方法與技術，但不得成為直接有用之實用藝術，因甚普通之鎢與釩，其分析方法，以耗時太長，即未採作教材，但曾習分析化學者，在需要時，固可參考專籍，而得其分析方法也。」〔註173〕全書分為原理和實驗兩篇，原理篇主

13～16。
〔註173〕裘家奎，無機定性分析原理〔J〕，重慶：正中書局，1942：序。

要涉及電解質性質的解釋，實驗篇分實驗教程與分析系統兩部分，實驗教程又分實驗通則、實驗一覽及關於實驗之習題三部分，分析系統部分陽離子分析和陰離子分析。從研究方法上看，裘家奎所倡導的科學分析方法是一種「演繹－歸納－演繹」型的方法，其步驟是先提出化學原理，後通過實驗驗證，最後再進行理論的總結，這種方法在電化教育學研究中也經常採用。

總的來說，金陵大學教育電影部的電化教育學研究有如下特色：（1）電化教育學理論與電化教育實踐相互促進，金陵大學教育電影部的主要負責人孫明經、魏學仁、裘家奎等不僅善於開展教育電影的攝製，而且在電化教育學理論上有著較為深入的研究。（2）電化教育學在近代中國的發展本身就是伴隨著許多母學科發展的腳步，這就決定了從事電化教育學的學者群體具有多元的學科背景，金陵大學齊全的學科門類為該校教育電影部輸送了一批具備過硬學科背景的學者，除了上述的幾名重要學者外，還有精通外語的段天煜、精通無線電的曹守恭，他們也經常在該校創辦的《電影與播音》上發表自己的研究論文，由此可見，電化教育學研究學者群體多元的學科背景促進了金陵大學教育電影部電化教育學研究的不斷向前發展。

二、理學院電化教育專修科的創設

1936～1938 年間，金陵大學理學院利用每年暑假連續舉辦電化教育訓練班三期，各省市保送入學的學員共 200 多人。1938 年秋，金陵大學理學院呈請教育部設電化教育專修科，後奉令與教育部電影教育委員會及播音教育教育委員會合作辦理，〔註174〕地點設在成都，該科成為了中國教育史上第一個官方與大學合作辦學的「電化教育專修科」。

《私立金陵大學理學院附設電化教育專修科章程》中規定了該科的培養目標、組織建制、入學考試等，即「第一條　本大學為培養電化技術人材適應電化事業起見，遵照大學規程第五章之規定，於本大學理學院附設電化教育專修科（以下簡稱本科）。第二條　本科關於電化教育各事項與教育部電影播音教育委員會合作辦理之，合作辦法另定之。第三條　本科暫設電影教育與播音教育兩組。第四條　本科設主任一人，電影教育與播音教育兩組各設組主任一人由本校校長聘任之。第五條（一）凡高級中學或同等學校畢業學生具有從事電化教育事業之志願者皆得報名應本科入學試驗。（二）報名手續

〔註174〕兩年來本校電化教育之近況〔J〕，金陵大學校刊，1942（306）：3。

及入學試驗課目於本大學每屆招生簡章內另定之。第六條　本科課程黨義、軍事訓練、國文、英文爲共同必修科目，學生須修業 72 學分，詳細課目分配及內容另定之。第六條　本科修業期限爲二年，學生肄業期滿修業規定課程經考試及格者由本大學給予畢業證書。第八條　本科學生應交各項費用與本大學其他各生相同。第九條　本科視本大學經費情形酌設獎學金以獎勵成績優異之學生，其名額及辦法另定之。」〔註 175〕

經費方面，教育部每學期津貼 5 千元，由魏學仁親自到重慶領取，其餘由學校經常費下開支。1941 年因物價高漲，教育部每年補助經費 32400 元，當年預算有行政費 3600 元，工薪費 15360 元，實驗消耗費 7500 元，火酒汽油等費 3000 元，宿舍費用（水電房租修理）5000 元，設備費 1 萬元，合計 44460 元整〔註 176〕，但因規模擴大仍顯不夠。1942 年，「本年度預算激增至四萬四千六百元，擬呈請教部增加補助」。〔註 177〕學生除了由金陵大學在成都和重慶自行招收外，另由當時日軍未佔領的四川、雲南、西康、廣西、貴州、陝西和甘肅七省教育廳保送，學費及其他費由各省供給，每省最多每年保送 2 名學生。

1939 年，金陵大學、金陵女子大學、齊魯大學和華西大學在成都四校聯合招生，金陵大學電化教育專修科亦在其列，並是四校中唯一的電化教育系科。

表 3-11　成都四校聯合招生院系一覽表

金陵大學	文學院	中國文學、外國文學、史學、社會學、政治經濟等五系和國文專修科
	理學院	算學、物理、化學、生物學、電機工程、工業化學等六系及電化教育專修科
	農學院	農業經濟、農業教育、農林生物、農藝學、森林學、園藝學等六系
金陵女子大學	文學院	國文、英文、社會學、哲學、音樂、體育等六系及體育專修科
	理學院	生物學、化學、數理、地理等四系

〔註 175〕《南大百年實錄》編輯組編，南大百年實錄（中）金陵大學史料選〔M〕，南京：南京大學出版社，2002：248。

〔註 176〕顧學稼、林霨、伍宗華，中國教會大學史論叢〔M〕，成都：成都科技大學出版社，1994：302。

〔註 177〕兩年來本校電化教育之近況〔J〕，金陵大學校刊，1942（306）：3。

齊魯大學	文學院	國文、外國語文、歷史社會、政治經濟等四系
	理學院	天文學、物理、化學、生物學系等四系
	醫學院	七年制不分系
華西大學	文學院	中國文學、外國語文、教育哲學、歷史社會等四系
	理學院	生物學、化學、數理、製造等四系
	醫學院	醫科、牙科

資料來源：華西大學齊魯大學金陵大學金陵女大聯合招生〔N〕，大公報第二張，1939-7-1，（7）。

　　從表 3-11 可以看出，金陵大學理學院除設置有傳統的算學、物理、化學、生物學外，還設置了電機工程、工業化學等實用性的學系，多元而豐富的專業設置也為電化教育專修科的創辦奠定了基礎。另外，四校聯合招生意味著金陵大學理學院電化教育專修科可以充分利用成都四校和金大校內各院系的師資資源和實習資源。電化教育專修科成立後分為電影教育和播音教育兩組，但兩組可互選為主輔系。〔註 178〕課程分為公共必修課程、公共必修技術課程、分組必修課程三類，分組必修課程又分為電影組分組必修課程和播音組分組必修課程兩類。當時實際負責的是金陵大學物理學教授劉碩甫，專修科的算學、物理、化學、無線電、機械製圖、金工實習、中文、外文等基礎課程由金陵大學各系教師兼任，電影、攝影、播音等專業課則由影音部門各專業人員擔任。〔註 179〕

表 3-12　1938～1942 年間金陵大學電化教育專修科課程簡表

課程類型	課　程　名　稱	學分
公共必修課程	國文、英文、算學、音樂、物理、化學、電磁學等	29
公共必修技術課程	社會教育、無線電學、電機工程、內燃機學、汽車學、有聲電影、機械畫、金工、電碼收發、放映實習、機械修理、收音機裝置及修理、影片觀覽	51
電影組分組必修	攝影學、劇本編審、電影攝製法	不詳
播音組分組必修	高等無線電學、無線電機設計	不詳

資料來源：兩年來本校電化教育之近況〔J〕，金陵大學校刊，1942（306）：2。

〔註 178〕金陵大學於 1935 年實行各學系的主輔系制，主系與輔系一般不是同一個系，但也可在同一學系中實行主輔系制，如農學院的農業經濟系也在本系中實行主輔系制。

〔註 179〕孫明經，回顧我國早期的電化教育（中）〔J〕，電化教育研究，1983（3）：74。

　　此期電化教育專修科課程設置的特點可歸納為：首先，注重夯實學生的學科基礎知識，所謂學科基礎知識既包括學科內的非應用方面的知識，如上述教育、藝術方面的知識，也包括公共必修課程所提供的知識，如國文、英文、數學、物理、化學、光學、電磁學等，這類課程幾乎佔據總學分的一半。其次，體現電化教育學學科的內在邏輯，分為技術、教育和藝術三個方面，在這三方面中尤為重視技術方面，主要原因在於專修科在開設之初就確定了培養應用科學、技術人才的目標，專修科的教師也多是理學院各系或外校的教師，其知識背景也偏向於理工科，例如，長期從事無線電物理研究的倪尚達執教「實用無線電」課程，從事物理聲學、語言聲學、建築聲學、生物聲學及非線性聲學等多學科研究的魏榮爵執教「錄音概要」課程，物理學系教授許國樑曾任金陵大學影音事業行政負責人，並為電影播音專修科講授「攝影科學」課程的物理部分。進一步來說，可分述如下：（1）技術是電化教育的必要條件，當時主要指一般物理知識、電影技術和無線電播音技術，一般物理知識課程包括物理學、電機工程、內燃機學、汽車學、機械畫、金工，電影技術課程包括有聲電影、影片觀覽、攝影學、電影攝製法，無線電播音技術包括無線電學、電碼收發、收音機裝置及修理、高等無線電學、無線電機設計等。（2）教育是電化教育的最終目標，主要指專修科所開設的社會教育等教育課程，但總的來說，當時這類課程較少。（3）藝術是電化教育的實施保障，主要指專修科所開設的音樂、影片觀覽、劇本編審等課程。

表 3-13　金陵大學理學院電化教育專修科教職員一覽表

金陵大學理學院	化學系	李方訓、唐美森、戴安邦、裘家奎、潘澄候、李恕先、汪仲鈞
	物理系	吳汝麟、劉碩甫、倪尚達、許國棟、程守誅、程潛、胡玉章
	生物系	陳納遜、范謙衷
	電機工程系	楊簡初、曹守恭
	化學工程系	張玉田、王國賓
金陵大學農學院	植物系	焦啓源、李揚漢、朱培仁
	植物病理系	魏景超
	農藝系	吳紹驥、顧元亮
	森林系	陳宗一、周蓄源

	農業經濟系	崔毓俊
	園藝系	胡昌熾、李家文
	土壤系	黃瑞采
	蠶桑系	單壽文
	昆蟲系	司可堪
	農業教育系	章之汶、林禮銓、章元瑋、幸潤棠
金陵大學文學院	教育系	袁伯樵
	社會系	柯象峰、史邁士、徐益棠
	社會福利系	陳文仙、李美筠、吳楨
	中文系	張守義、丁廷洧
	英文系	葉意賢、林福美、陳竹君、田浩然、李鑄晉
華西大學	教育系	劉之介
	化學系	陳普儀
	物理系	吳國璋、羅元念
	天文專業	李曉舫
金陵女子文理學院	地質物理專業	劉恩蘭
	教育系	張蘅蘭
	外文系	潘耀琮
	化學系	陳世棕
齊魯大學	醫學院	侯寶璋
	外文系	誠冠怡
燕京大學	化學系	賈伊箴
	新聞系	蔣蔭恩

資料來源：孫明經，回顧我國早期的電化教育（下）〔J〕，電化教育研究，1983（3）：
67～68。

　　表 3-13 中所列出的教授並不固定，有的甚至是短期的，其中貢獻較大的教師，除了上文提及的外，還有一些人可謂「名不見經傳」。例如，賈偉廉早年在金大醫學預科學習，據其回憶，在上課時看過一部教學電影《海膽受精卵的發育》，片中有許多延時攝影鏡頭，情節細膩生動，此事對他以後的工作頗有影響，後入北京協和醫學院就讀，1938 年畢業獲醫學博士學位，在北平當了一年的外科大夫，由金陵大學理學院聘請，遠道跋涉，經河內輾轉到重慶，參加教育電影部的電影拍攝活動，並在電化教育專修科講授電影攝製課

程，後長期在衛生系統開展衛生電化教育。再如，曹守恭是電機工程系教師，多次義務兼任放映技術、機械製圖等課程，代修設備（放映機、擴音機、各省送來的收音機），主持大規模放映，安排展覽，編譯教材；胡玉章係金陵大學物理系講師，此期擔任電化教育專修科物理課程的教學工作，也曾參與拍攝教育電影，並擔任教育電影部重慶部主任；區永詳是金陵大學電化教育專修科第一屆畢業生，最早的留校助教，除教學外曾擔任多種工作，如 1941 年參加天文學會組織的日全食觀測隊到甘肅臨洮拍攝彩色電影。

為了提升師資質量，電化教育專修科積極派員赴國外留學取經。1942 年《金陵大學校刊》發文寫道：「電化教育為新興事業，此項專門人才，國內殊感缺乏，爰訂定派送教員赴國外研究之計劃，除劉井西先生業經返國外，去秋赴美者有該科攝影學教員孫明經先生，刻在美明尼蘇達大學研究，並撥款萬元，由孫君購買電化教育圖書及器材。」〔註 180〕這批圖書雜誌和器材中最急需者用航空由香港轉寄四川，其餘由仰光進口，電化教育專修科的發起者魏學仁特別重視縮微膠捲，後哈佛大學著名漢學家費正清訪渝，帶來許多微縮膠捲，但重慶沒有縮微閱讀機，金大電化教育專修科立即製造一臺，後又開設了一家專門製造縮微閱讀機的工廠。〔註 181〕

設備方面，除了物理實驗室、化學實驗室、金工實驗室、汽車修理廠屬物理學系、化學系、電機工程系及汽車專修科公用外，電化教育專修科還設有無線電學實驗室、無線電修造廠、機械畫室、沖洗照相室、攝影室、影片攝製工作室、電影放映室、電池製造廠等。此外視情形需要，可利用理學院的電機試驗室、電機製造廠以及教育部和四川省教育廳的電化教育設備，還可利用中國製片廠的有關設備以及冠龍照相材料行之沖洗及放大設備。〔註 182〕在此基礎上，電化教育專修科不斷提升自身開發、修理、維護設備的水平。1939 年，魏學仁與教育部簽訂合同合辦乾電池廠，由於乾電池耗費極大，且鋅皮來源困難，故最終停止生產，但研究蓄電池的工作已經完成，所用材料全為國貨，電池的蓄電量和蓄電性能均較充足耐用。1941 年，乾電池廠停辦，但仍繼續製造無線電和播音機，教育部委託的收音機和擴音機製造均獲成功，並製成長短波收音機數臺。截至 1942 年，放映電影應用之變壓機、接片器、接片藥

〔註 180〕兩年來本校電化教育之近況〔J〕，金陵大學校刊，1942（306）：3。
〔註 181〕顧學稼、林霨、伍宗華，中國教會大學史論叢〔M〕，成都：成都科技大學出版社，1994：302。
〔註 182〕兩年來本校電化教育之近況〔J〕，金陵大學校刊，1942（306）：3。

水均能製造，各式放映機、照相機及無線電收音機均可代人修理。正因爲有了較豐富的電影拍攝設備，1938～1942 年間金陵大學理學院電化教育專修科攝製電影《西康》7 部、《教會事業》4 部、《救急法》1 部、《瘧疾》1 部、《眼及其保健》1 部、《桐油》1 部、《柑橘》1 部、《新縣制》2 部、《中國女子體育》2 部、《民國三十年之日蝕》1 部等多部教育電影。據報導，1942 年 9 月 21 日日全蝕，「本校理學院教育電影部將準備派出三隊觀測，第一隊擬往天水，第二隊擬往漢中，第三隊擬利用空中攝製日蝕影片雲。本年日全蝕發生於中亞細亞，經我國而終於太平洋，日影在我國境內者長達四千公里歷時八十分鐘，日全蝕帶，經過我國庫車、都蘭、西寧、隴西、天水、寶雞、南鄭、襄陽、武昌、鄱陽、霞甫等地。」〔註 183〕

電化教育專修科的學生除了專業學習之外，還有充分的機會參與電化教育實踐，他們不但可在教育電影部各工作室進行實踐操作，還可利用理學院物理、化學、金工等各系公用的實驗室，另外還有無線電學實驗室、機械畫室、無線電修造廠、電池製造廠等實習場地。據相關統計，畢業生的就業情況良好，除了留任學校電化教育專修科之外，大部分前往四川省電化教育服務處、教育廳、中央無線電製造廠等重要部門工作。

表 3-14　1940～1941 間電化教育專修科畢業生就業簡況表

姓　名	畢業時間	工　作　情　況
常能慶	1940	金大電化教育專修科幹事
區永詳	1940	美國總統府遠東研究部檔案軟片室技術員
黃石鍾	1940	國際宣傳處攝影師
蒙佐臣	1940	四川教育廳電化教育服務處
孫良錄	1940	中央無線電製造廠
孫千元	1940	四川省科學儀器製造廠
杜長春	1940	四川教育廳電教服務處
秦昌藝	1941	廣西教育廳電教服務處
張洪鑫	1941	四川教育廳電教服務處
姜贈璜	1941	金大電化教育專修科幹事
戴坤義	1941	未詳
繆鑫源	1941	中央無線電製造廠

〔註 183〕兩年來本校電化教育之近況〔J〕，金陵大學校刊，1942（306）：3。

毛景倫	1941	金陵大學電機工程系肄業
蕭恒璋	1941	金大電機工程系肄業
謝迁裏	1941	金陵大學化學系
盧額書	1941	廣西教育廳電教服務處
彭望泰	1941	雲南教育廳電教服務處

資料來源：李金萍、辛顯銘，我國綜合性大學早期培養電化教育專業人才的先例和經驗（下）——金陵大學推行電化教育 30 年系列述評之一〔J〕，電化教育研究，2005（8）。

　　綜上所述，此期電化教育專修科創辦有兩大特點：（1）在專業和課程設置方面，注重應用科學、專門技術等國家當前和未來發展十分需要的課程，因爲全面抗戰爆發後政府及社會各方均認爲要發展電化教育，以喚起民眾，提高其抗戰覺悟，因而培養電化教育人才實爲當務之急。（2）在人才培養方面，在強調學校教育的同時注重教學、科研和生產之間的聯繫，使人才培養、科學研究及其成果的應用盡可能相結合，以便直接服務於抗戰期間社會生產的發展。爲了使培養的電化教育專業學生畢業後能活躍在全國各地，理學院除在成都、重慶兩地自行招生外，還訂有保送辦法呈請教育部通令各省市教育廳局保送學生入校學習，畢業後由教育部分派至各省市地方擔任播音及放映工作。

三、孫明經的教育電影實踐活動及其意義

　　1927 年，孫明經考入金陵大學物理系，1934 年畢業後留校任助教並積極參加教育電影拍攝工作。1934～1936 年間，他共拍攝或參與拍攝了 54 部影片。〔註 184〕

表 3-15　1934～1936 年間孫明經拍攝或參與拍攝的部分影片一覽表

出品時間	類別	片名	英尺	本數	合作機構	參與方式
1934 年	地理片	上海即景	400	1	中國教育電影協會	助手
1934 年	地理片	蘇州名勝	400	1	中國教育電影協會	助手
1934 年	教育片	湘繡與紙傘	400	1	實業部、長沙繡華麗湘繡公司菲菲紙傘廠	助手

〔註 184〕陳景亮主編，回顧與展望：中國電影 100 週年國際論壇文集〔C〕，北京：中國電影出版社，2007：483。

1935 年	地理片	牯嶺	400	1	無	編、製
1935 年	教育片	陶瓷	400	1	中國教育電影協會、中央工業試驗所	編、製
1935 年	地理片	廣東省	1200	3	教育部	編、製
1935 年	地理片	西湖風景	400	1	中國教育電影協會	編、製
1935 年	教育片	牛肉	450	1	上海工部局衛生處	編、製
1935 年	教育片	玻璃儀器	400	1	中國教育電影協會、中央研究院化學研究所	編、製
1935 年	教育片	調味粉	400	1	中國教育電影協會、上海大一味母廠	不詳
1935 年	教育片	漆器	300	1	實業部	編、製
1936 年	地理片	煙台及其手工業	400	1	煙台德中公司	編、導、攝、製
1936 年	地理片	福建省	400	1	教育局	編、製
1936 年	地理片	黃山	400	1	無	編、導、攝、製
1936 年	地理片	廣西省	400	1	無	編、製
1936 年	地理片	嶗山	350	1	無	編、導、攝、製
1936 年	地理片	醉翁亭記	350	1	安徽滁州中學	編、導、攝、製
1936 年	地理片	首都風光	400	1	中國教育電影協會、首都航空機關	編、導、攝、製
1936 年	地理片	青島風光	400	1	無	編、導、攝、製
1936 年	地理片	無錫風光	350	1	無	編、製
1936 年	教育片	防毒	1000	3	中國教育電影協會	編、導、攝、製、演
1936 年	紀錄片	廣西民團	400	1	廣西省政府	編、製
1936 年	紀錄片	民國二十五年之日全食	400	1	中國教育電影協會、中國日食觀測委員會、天文研究所	編、製
1936 年	紀錄片	民國二十五年之日全食彩色片	100	1	中國教育電影協會、中國日食觀測委員會、天文研究所	編、製

1936 年	教育片	無錫泥人	400	1	實業部	編、製
1936 年	教育片	燈泡製造	400	1	實業部、上海亞浦耳燈泡製造廠	編、導、攝、製
1936 年	教育片	搪瓷	400	1	中國教育電影協會	編、製
1936 年	教育片	髮網	400	1	實業部、煙台憶中公司	編、導、攝、製
1936 年	教育片	紫砂器	400	1	中國教育電影協會、宜興縣立陶瓷職業學校	編、製
1936 年	教育片	造紙	400	1	中國教育電影協會、上海大章造紙廠	編、導、攝、製
1936 年	教育片	印刷	400	1	教育部、商務印書館生產部	編、導、攝、製
1936 年	教育片	地毯工業	400	1	實業部、北平仁立實業公司	編、製
1936 年	教育片	中國柑橘	400	1	中國教育電影協會	編、製
1936 年	教育片	中國羊毛	400	1	財政部貿易委員會	編、導、攝、製
1936 年	教育片	童子軍	530	1	安徽省立滁州中學	編、導、攝、製
1936 年	教育片	國術	200	1	中央國術館	編、製
1936 年	教育片	健身運動	400	1	東吳大學	編、導、攝、製
1936 年	教育片	女子體育	400	1	金陵女子文理學院	編、導、攝、製
1936 年	教育片	書法奇觀	150	1	無	編、導、攝、製
1936 年	紀錄片	景德鎮	不詳	1	無	編、導、攝、製
1936 年	紀錄片	大學之聲	不詳	1	無	編、導、攝、製
1936 年	紀錄片	校園生活	不詳	1	無	編、導、攝、製

資料來源：史興慶，民國教育電影研究──以孫明經為個案〔M〕，北京：中國傳媒大學出版社，2014：203～212。

　　表 3-15 中所列影片大多為紀錄片、風景片和教育片，教育片所佔比例最高。總的來講，這些影片內容豐富且生動，表現力強，具有相當的教育價值

和歷史價值。例如，《蘇州名勝》記錄了蘇州火車站、蘇州園林、靈巖山等處的風景，該片由魏學仁和郭有守拍攝，孫明經被聘為助手參與拍攝，這是孫明經第一次拿起攝影機並登上銀幕〔註185〕；《童子軍》記錄了安徽省立滁州中學童子軍一日訓練的各項內容，該片以中學生為主角，彌補了當時中學生題材教育電影的不足；《健身運動》係理學院同東吳大學合作拍攝，影片記錄了男子鞍馬、單雙槓等體育項目成套動作的表演，以及由十個女生組成的女子團體做健身表演；《女子體育》係理學院與金陵女子文理學院合作拍攝，影片記錄了女生的體育表演，如體操、拔河、擊劍、練劍、跳舞、鞍馬、棒球、網球等，生動再現了金陵女子文理學院豐富的女子體育項目；《防毒》係理學院與中國教育電影協會合作攝製，由孫明經負責編導和製作，影片主要傳授毒氣對於人體的影響、個人和團體防禦方法、急救的措施等知識，該片為孫明經的成名作；《紫砂器》強調了宜興紫砂器的珍貴價值，並再現了它的工藝流程，包括「採紫砂」、「製作紫砂泥」、「燒窯」等過程，影片對 20 世紀 30 年代的中國手工業生產有參考價值，並對當今手工藝生產的歷史研究也有研究價值；《中國柑橘》描述川西南柑橘種植的歷史和現狀。

1936 年，孫明經任金陵大學理學院教育電影部副主任兼攝製組組長。從當年起，國民政府教育部與金陵大學連續三年合辦「全國電化教育人員訓練班」，9 月，訓練班第一期招收學員 146 人，〔註186〕由教育部社會教育司司長陳禮江任第一屆班主任，第一期課程有無線電學、物理學、原動力、教育學、教育電影、電影放映及剪輯、金工實習、無線電實習、原動力實習等，訓練班分電影教育與播音教育兩組，訓練「放映電影人員」92 名以及「無線電收音技術人員」54 名。〔註187〕1937 年，訓練班第二期招收學員 110 人學習電影教育。1938 年，在重慶舉辦第三期訓練班，招收學員 66 人。三期共招收學員 322 人。〔註188〕孫明經是培訓課程的主要設計者和主講教師之一。

1937 年，孫明經搶在抗日戰爭爆發前夕，趕赴華北、華東、西北等地，用 16 毫米攝影機記錄了淪陷前的景象，製作了《徐州》、《連雲港》、《開採煤

〔註185〕孫健三，中國電影：你不知道的那些事兒〔M〕，北京：世界圖書出版公司，2010：編者序。

〔註186〕教育部電化教育人員訓練班第一期畢業同學錄〔Z〕//南京：中國第二歷史檔案館，金陵大學歷史檔案，全宗號：649，案卷號：0281。

〔註187〕教育部電化教育人員訓練班第一期畢業同學錄〔Z〕//南京：中國第二歷史檔案館，金陵大學歷史檔案，全宗號：649，案卷號：0281。

〔註188〕吳在揚，中國電化教育簡史〔M〕，北京：高等教育出版社，1994：29～30。

礦》、《綏遠省》、《北平鴨》、《雲岡石佛》、《故都北平》、《灤州皮影戲》、《淮北海鹽》等 9 部紀錄片，並計劃將沿途考察書信和照片結集出版，後因時局維艱而未能付梓。1938 年，他任金陵大學理學院講師，參與創建電化教育專修科，並實際負責專修科的工作，曾講授攝影學、電影攝製法等課程。1939 年，他隨同「川康科學考察團」前往西康拍攝電影，用六個月的時間拍攝了《西康》一片，該片共 8 部，包括《西康一瞥》、《雅安邊茶》、《川康道上》、《省會康定》、《金礦銀礦》、《草原風光》、《康人生活》、《喇嘛生活》，清晰地記錄了 1939 年西康建省後的民眾生活與宗教活動，再現了大量民俗場景和自然風光，堪稱這一時期關於西康最豐富的活動影像。

　　1940 年，孫明經赴美國考察教育電影，在紐約美國影片中心社和明尼蘇達大學視覺教育中心學習，他在明尼蘇達大學視覺教育服務處工作了三個月，完成考察報告《大學推行電影教育舉例：美國明理速達大學（即明尼蘇達大學——筆者注）視覺教育服務處概況》。孫明經還兩次考察了坐落在好萊塢的迪士尼攝影場，並拜訪了迪士尼本人，他目睹了當時美國電影在社會各個領域中運用的成就，說道：「我感觸最深的是紀實電影所採用的獨到的技術，和洗印技術的新發展。」〔註 189〕紐約世界博覽會也給他留下了深刻的印象，他說：「那種高度活動化的表演展覽，引人的說明，有系統的指導，使人無法逃避他的誘惑力，而充分的看出所表演的事理來，他對於影音工具應用得十分到家，而且與其他方面的演出組成一片，幾百個展覽館都有映影和播音聯合的應用，我曾經去過五個十五小時的整天（原文如此——筆者注），沒有一天有機會吃一頓安閒飯，似乎捨不得多用一分鐘糟蹋在吃飯上。」〔註 190〕此外，孫明經還利用申請到的洛氏基金為金陵大學購買了 1 噸重的設備和器材。1942 年，他回國任金陵大學副教授，兼電影部主任。總之，作為金陵大學理學院電化教育的代表人物，孫明經從事教育電影實踐活動具有不可忽視的意義和作用。

　　首先，大規模自製教育電影，滿足當時學校教育和社會教育的需要。20世紀 20～30 年代，國內教育電影的製作幾乎出現了真空期，可以說直至孫明經拍攝教育電影的出現才打破了這一局面。孫明經製作的教育電影題材豐

〔註189〕孫建秋、孫建和，孫明經手記：抗戰初期西南諸省民生寫實〔M〕，北京：世界圖書出版公司北京公司，2013：24。

〔註190〕彭驕雪，民國時期教育電影發展簡史〔M〕，北京：中國傳媒大學出版社，2009：105。

富，且具有較高的藝術表現力和精妙的攝製技巧，廣泛受到當時教育管理部門、學校、社會教育機構、教育研究單位的歡迎，如《防毒》一片在廣東省放映 16 次，觀眾達 40000 人，〔註 191〕1936～1937 年間教育部、廣東省教育廳、江蘇省教育廳、山西省立理化實驗室、山東青州第二民眾教育輔導區、浙江寧波民眾教育館、山東濟南民眾教育館、福建省立科學館等單位均購買了該片，該片共賣出 18 部，收入 5400 元。〔註 192〕而且，由於他擅長在遊歷過程中從事電影製作，故其電影較爲眞實地記錄了 20 世紀 30～40 年代中國地理、農業生產、民情風俗等，具有空前的社會廣度和歷史深度，不僅創造了一批當時的教育電影代表作，而且將中國早期電化教育事業推向高峰。

其次，在金陵大學理學院開創電化教育系科並開設相關課程，促進了金陵大學理學院電化教育學學科的發展和繁榮。雖然金陵大學並非國內最早開設電化教育課程和系科的大學，卻能在這方面後來居上，並自創特色，這離不開孫明經的努力和貢獻。作爲中國第一個具有物理、化學、電機等多方面背景知識、電影專業科班出身的電化教育教師，孫明經在金陵大學創辦電化教育專修科，並按照自己的理解來設計專修科的課程；在專修科的教學中，他強調學生動手實踐能力的培養，他稱之爲「計劃師徒制」，即教師不過是組織和指導影音教學的人員，學生可以隨時觀察教師如何應用電化教育理論、設備和技術，藉此掌握相關知識並用於實踐，這在當時是可行且高效的人才培養方式。他的這些活動使得金陵大學成爲 20 世紀 30～40 年代中國大學電化教育人才培養的重鎮，他也因此被有的學者譽爲「高校電化教育專業的開拓者和奠基人。」〔註 193〕

第四節　南京國民政府電化教育管理舉措的實施

抗日戰爭爆發後，民族危機空前加深，僅靠民營電影機構、少數高校攝製的電影無法滿足向民眾宣傳抗戰精神、普及戰時教育的需要。有鑒於此，作爲統領全國電化教育工作的首腦，南京國民政府增強了對電化教育的管理

〔註 191〕史興慶，民國教育電影研究——以孫明經爲個案〔M〕，北京：中國傳媒大學出版社，2014：139。
〔註 192〕史興慶，民國教育電影研究——以孫明經爲個案〔M〕，北京：中國傳媒大學出版社，2014：139。
〔註 193〕朱敬、辛顯銘、桑新民，解讀孫明經教授——中國電化教育的開拓者與奠基人〔J〕，電化教育研究，2006（11）：69。

力度，並力圖使之成爲號召民眾抗戰的有力工具。

一、官營電影攝製機構的建立及其攝製活動

（一）官營電影攝製機構建立之背景

20 世紀 30 年代初，南京國民政府建立了統一的、較爲規範的電影檢查制度，並藉此審查進入國內電影市場的外國片和國產片。出於灌輸政治意識，統制教育、文化和完善「電影國策」的需要，南京國民政府開始意識到設立官營電影機構的重要性，正如《如何抓住電影這武器》一書指出：「中國的影業，至今還在一種幼稚的狀態中，只要政府在經濟上有著相當的計算，那是很可以從另一形式上去實現更合於中國自己的『電影國策』的。這形式的第一步便是由國家先組織一規模較大的國營的影業機關。」〔註 194〕書中認爲，國民政府官營電影機構不應製作以營利爲目的的影片，而應多攝製兒童教育電影和農村教育電影，此外也應拍攝一些弘揚中華民族精神、指導社會建設、灌輸科學知識、提倡衛生、養成國民高尚道德和激發國民愛國熱情的影片。〔註 195〕對於民營電影公司，除了例行電影檢查以外，南京國民政府基本上採取抓緊政治思想指導，通過國營電影機構與之開展合作，並積極運用獎勵扶助的辦法，鼓勵它們積極攝製滿足官方需求的電影，「此外國營的影業組織，還應與它們（指民營電影公司——筆者注）發生一種特別密切的關係。在製片、攝影、收音種種的技術問題，很可以彼此互相研究、討論，以互相交換意見。」〔註 196〕

在此形勢下，1933 年國民黨中央宣傳委員會成立電影股，下設攝製組、編審組、設計組、中央電影攝影場和國際攝影新聞社，主要攝製時事新聞類影片、國民教育類影片以及戲劇戲曲影片。在當時，電影股的日常工作爲攝製大量反映社會時事的新聞片，並且在全國範圍內巡迴放映。招集電影技術人才，訓練他們成爲電影專家。抗戰爆發前，電影股在聯華影片公司、明星影片公司的協助下，還拍攝了反映當時政治、軍事現狀的紀錄片，其中最爲

〔註 194〕鄭峻生，如何抓住電影這武器〔M〕，南昌：軍事委員會南昌行營政治訓練處，
　　　　 1933：37。

〔註 195〕鄭峻生，如何抓住電影這武器〔M〕，南昌：軍事委員會南昌行營政治訓練處，
　　　　 1933：44。

〔註 196〕鄭峻生，如何抓住電影這武器〔M〕，南昌：軍事委員會南昌行營政治訓練處，
　　　　 1933：39。

有名的是《孫中山逝世記》。

　　1937 年後，隨著抗戰的形勢日趨嚴峻，以市場爲依賴、以贏利爲目的的民營電影公司舉步維艱，資金來源及發行市場嚴重萎縮，一些電影公司的攝影場所被戰火摧毀，影片生產難以爲繼。另一方面，隨著民族危機的上升，抗戰前民營電影公司拍攝的戲劇片等漸遭國人的反感，抗戰宣傳片逐漸受到國人的歡迎，電影界意識到這一點並迅速作出反應。1937 年 7 月 28 日，上海文化界成立救亡協會，電影界人士也參加了該會的工作；同年 7 月 31 日，上海又成立「電影界工作人協會」並下設「中國電影界救亡協會」。上述兩個協會一致號召電影工作者以實際行動爲抗戰服務，積極創作抗戰劇本，協助攝製抗戰影片。

　　受此形勢影響，民營電影公司紛紛向政府請示收歸國有，如上海民營電影公司的部分老闆聯合召開兩次緊急會議，上書南京國民政府請求接收他們的公司以便爲抗日服務，許多創作人員和職工也在請求書上簽名，表示願意「以整個電影界的力量爲國家做一點實際工作。」〔註197〕南京國民政府在認眞考慮上述要求後，派羅學濂〔註198〕赴上海洽談以庚款接收在滬電影公司，並於 1937 年 8 月 12 日由國民黨中央宣傳部經國民黨第五屆中央常委會第五次會議通過《戰時電影事業統製辦法》，規定：「中央電影攝影場會同軍委會政訓處電影股聯合上海各影業公司合組一總機關，由中央電影事業處負責總其成，指揮及分配全部工作。」「爲目前安全計，分別商由上海各公司自動於最短期間遷移內地或設臨時總工場，由中央指揮繼續工作。」「製片標準重在宣傳，停拍一切與國防及非常時無關之戲劇長片，即短片成本亦須減至最低限度，側重於戰事新聞紀錄片之攝製。」〔註199〕對於統製後的技術人員和設備，除小部分留於攝製短片外，其餘由中央編爲攝影隊、放映隊分赴前方和

〔註197〕楊燕，徐成兵，民國時期官營電影發展史〔M〕，北京：中國傳媒大學出版社，2009：58。

〔註198〕羅學濂（1902～），廣東順德人，燕京大學政治系畢業。1925 年年加入國民黨，任職於中央社和黨政機關。1929 年任中國國民黨中央檔案整理處主任，1930 年任國民政府外交部總務司編管科科長，1933 年任中國國民黨中央組織部設計委員，1934 年後任國民政府司法院法官訓練所總務處主任，1937 年任中國國民黨中央宣傳部電影事業處處長，1943 年 12 月 28 日任國民政府中央圖書雜誌審查委員會委員，1945 年 9 月 5 日派爲國民政府還都接收委員會委員，1945 年任中央電影企業有限公司總經理。

〔註199〕中國第二歷史檔案館編，中華民國史檔案資料彙編第五輯第一編·文化（一）〔M〕，南京：江蘇古籍出版社，1994：375～376。

後方工作，並服從當地軍政長官指揮；攝製的影片由中央統一分送到國內外以及前方後方作為宣傳之用，一切製作原材料由中央統一向國外訂購並核准需求進行分配。

由於「八一三」上海戰役的爆發，《戰時電影事業統製辦法》實際上並沒有得到很好的實施，但由於吸收了內地和逃亡後方的大量民營電影公司的電影人並獲得政府穩定的經濟和政治支持，官營電影攝製機構開始將抗戰前因資金和人才各種限制無法擴大的官營電影業迅速發展起來，並在全國電影界扮演重要角色。

（二）中央電影攝影場的建立及其電影攝製活動

1934 年，中央電影攝影場在南京正式成立，它是國民黨中央宣傳部直屬電影機構，廠長羅學濂利用其早年任國民黨中央宣傳部電影事業管理處處長的背景到處網羅人才，先後召集到著名導演程步高、徐蘇靈、潘刁農、高占非等，1938 年後為了加強創作力量，聘請了上海業餘實驗劇團的電影工作者，如沈西苓、趙丹、施超、顧而已、孫瑜、白楊等。此外，中央電影攝影場也擁有攝製電影的技術實力，1938 年初遷到重慶時已有職工 140 多名。〔註 200〕

表 3-16　1936～1941 年間中央電影攝影場重要出品影片一覽表

影　片　名　稱	出　品　時　間	類　　別
獻機祝壽	1936 年	紀錄片
戰士	1936 年	有聲故事片
密電碼	1937 年	有聲故事片
盧溝橋事變	1937 年	新聞紀錄片
淞滬前線	1937 年	新聞紀錄片
空軍戰績	1937 年	新聞紀錄片
愛國歌唱	1937 年	歌曲片
前進	1937 年	歌曲片
教我如何不想他	1937 年	歌曲片
農人之春	1937 年	紀錄片

〔註200〕楊燕、徐成兵，民國時期官營電影發展史〔M〕，北京：中國傳媒大學出版社，2009：69。

東戰場	1938 年	新聞紀錄片
克服臺兒莊	1938 年	新聞紀錄片
抗戰第九月	1938 年	新聞紀錄片
蘇聯大使呈遞國書	1938 年	新聞紀錄片
武漢專號	1938 年	新聞紀錄片
中原風光	1938 年	紀錄片
抗戰建國一週年	1938 年	新聞紀錄片
敵機暴行及我空軍東征	1938 年	新聞紀錄片
劉甫澄上將移靈	1938 年	新聞紀錄片
重慶的防空	1938 年	紀錄片
黃自教授遺作選集	1938 年	紀錄片
活躍的西線	1938 年	紀錄片
重慶專號	1938 年	紀錄片
勝利的前奏	1939 年	新聞紀錄片
廿八年一月十五日敵機濫炸重慶	1939 年	新聞紀錄片
廿八年五月三、四日敵機濫炸重慶	1939 年	新聞紀錄片
成吉思汗移靈	1939 年	新聞紀錄片
孤城喋血	1939 年	故事片
中華兒女	1939 年	故事片
抗戰中國	1940 年	紀錄片
西藏巡禮	1940 年	紀錄片
長空萬里	1940 年	紀錄片
新階段	1941 年	紀錄片
第二代	1941 年	紀錄片

資料來源：楊燕、徐成兵，民國時期官營電影發展史〔M〕，北京：中國傳媒大學出
版社，2009：150～151。

此期中央電影攝影場以拍攝抗戰新聞紀錄片為主，如《空軍戰績》記錄
1937 年 8 月 14 日中國空軍出征上海戰役，《淞滬前線》記錄了防守上海的軍
隊英勇作戰的實況，《東戰場》記錄南京撤退時江南戰場的情況，《克復臺兒
莊》記錄臺兒莊大捷的實況，《抗戰第九月》記錄抗戰第九月前線和後方的動
態，《活躍的西線》記錄 1937 年 9 月 11 日太原失陷後西線的戰況，該片放映
後受到了當時媒體的極大讚譽，有評論說：「該片的剪輯技巧圓熟而活潑，是

破紀錄的成功，同時音響方面，也做到了與畫面融合的程度，尤其是前奏《義勇軍進行曲》，單以卡通工作而論，在貧困的中國電影界，也就很可觀了。」〔註201〕另外，中央電影攝影場攝製的抗日歌曲片《前進》、《教我如何不想他》和《愛國歌唱》通過巡迴放映隊在國內各地放映並送到海外放映，激勵了軍民及華僑的愛國熱情。

（三）中國電影製片廠的建立及其電影攝製活動

1933年，國民政府軍事委員會政治訓練處電影股成立於南昌，1937年，中國電影製片廠脫離該電影股在武漢正式建廠，下設編導委員會、新聞影片部、教育電影部，鄭用之〔註202〕為廠長，羅靜予〔註203〕為副廠長，陽翰笙任編導委員會主任。翌年，中國電影製片廠遷往重慶後規模獲得了極大的擴充，首先編導委員會的規模擴大，史東山〔註204〕、司徒慧敏、應雲衛、陳鯉庭〔註205〕、孫瑜等任編導委員；其次，過去在上海從事電影工作的成員被

〔註201〕江兼霞，評《活躍的西線》與《我們的南京》〔N〕，國民公報，1938-3-27。

〔註202〕鄭用之（1902～1982），黃埔三期畢業生，在校時曾參與《黃埔畫刊》編輯工作，1932年出版《淞滬抗日大畫冊》，後負責成立南昌行營電影股，在農村和軍隊進行宣傳工作，1935年南昌成立電影股，後改為武漢電影製片廠，該廠以拍攝新聞片為主。1937年，武漢電影製片廠改為中國電影製片廠，他任廠長，集結一批撤退到武漢的文藝界人士，拍攝了《熱血忠魂》、《保衛我們的土地》、《八百壯士》等抗日影片。1938年中國電影製片廠遷往重慶，他組織了「中國萬歲」劇團，兼任團長，連續上演了《為自由和平而戰》、《國家至上》、《霧重慶》、《蛻變》和歌劇《秋子》等大型舞臺劇。

〔註203〕羅靜予（1911～1970），1932年畢業於上海無線電工程學校，1933年後任中國電影製片廠錄音師、副廠長，編輯紀錄片《抗戰特輯》；1939年出任香港大地影業公司經理、製片人，拍攝反映上海市民同漢奸作鬥爭的影片《孤島天堂》，轟動一時；1941年赴美國考察，1945年回國後任中國電影製片廠廠長。

〔註204〕史東山（1920～1955），1921年參加上海影戲公司，1924年擔任導演，次年拍出了第一部影片《楊花恨》。後結識了夏衍、田漢，陽翰笙等共產黨的文藝工作者，受無產階級文化思想的影響，參加了「左聯」。1932年與蔡楚生聯合拍出電影史上最早的一部以抗日為主題的故事片《共赴國難》，同年還編導了表現青年走上愛國抗戰道路的影片《奮鬥》。「七七」事變前夕，由田漢編劇，他執導，拍攝了一部以反侵略反漢奸為主題的影片《青年進行曲》。1937年11月上海淪陷後到武漢，他在中國電影製片廠工作，後到重慶，連續拍出《保衛我們的土地》、《好丈夫》、《勝利進行曲》、《還我故鄉》4部以抗戰為題材的影片，這些影片富有時代信息，較好地反映了人民群眾的抗戰熱情和愛國行動。抗戰勝利後，受周恩來委託到上海籌建進步電影公司。1946年他編導影片《八千里路雲和月》。

〔註205〕陳鯉庭，又名陳思白，1930年畢業於上海大夏大學高等師範系，在學期間參

調入中國電影製片廠，極大地充實了中國電影製片廠的技術力量，當年春中國電影製片廠演員、職員猛增到 126 人，工友有 94 人，總共 220 人。〔註 206〕從經費方面來看，中國電影製片廠的經費來源於國民黨中央軍事委員會政治部，伴隨著軍費的大幅增加，中國電影製片廠獲益匪淺，也正因如此，1937～1941 年間，其發展比其他官營電影機構都要好，據載，「在漢口的一年裏，雖然裝備不能和最後撤到重慶的情況相比，但也可以做到三組戲日夜輪流開拍了。」〔註 207〕

表 3-17　1936～1941 年間中國電影製片廠出品電影一覽表

影 片 名 稱	出 品 時 間	類　　別
抗戰標語卡通第 1～2 集	1937 年	卡通片
抗戰特輯第 1～2 集	1937 年	新聞紀錄片
電影新聞第 41～43 號	1937 年	新聞紀錄片
抗戰特輯第 3～5 集	1938 年	新聞紀錄片
電影新聞第 44～47 號	1938 年	新聞紀錄片
抗戰號外第 1～3 號	1938 年	新聞紀錄片
七七事變週年紀念	1938 年	新聞紀錄片

加「大夏劇社」，導演了根據愛爾蘭作家格雷高利夫人的劇本《月亮上升》翻譯、改編的舞臺劇《三江好》。1931 年在南匯大團鎮小學任教期間，創作短劇《放下你的鞭子》，後經改編，廣為流傳。1932 年在上海新亞中學任教期間，加入中國左翼戲劇聯盟，組織並主持「駱駝演劇隊」，從事進步的學校劇運和工人劇運，曾在上海《晨報》、《民報》發表戲劇、電影評論文章，並翻譯介紹蘇聯的電影理論，如普多夫金的《電影演員論》、伊埃也托夫的《蘇聯電影藝術史》等。1936 年任上海業餘劇人協會理事、業餘實驗劇團理事、編導部副主任，參與協會工作，演出《石達開的末路》等劇。1936～1942 年間，歷任上海救亡演劇隊第四隊隊長、旅川上海業餘劇人協會理事兼導演、山西文藝界抗敵協會話劇隊隊長兼導演、重慶中國電影製片廠編導委員、中央電影攝影廠編導委員、中華劇藝社理事兼導演等職，期間導演舞臺劇《夜光杯》、《魔窟》、《欽差大臣》、《結婚進行曲》、《復活》等。1942 年導演的《屈原》是中國話劇藝術史上的重大成果，同年出版電影理論著作《電影軌範》。1946 年後相繼任中央電影攝影場二廠導演、上海崑崙影業公司藝委會主任兼導演，編導影片《遙遠的愛》、《幸福狂想曲》（與陳白塵合作編劇）、《麗人行》（與田漢合作編劇）等，藝術風格清麗、細膩、流暢，受到好評。

〔註 206〕楊燕、徐成兵，民國時期官營電影發展史〔M〕，北京：中國傳媒大學出版社，2009：63。

〔註 207〕楊燕、徐成兵，民國時期官營電影發展史〔M〕，北京：中國傳媒大學出版社，2009：64。

和平之應聲	1938 年	新聞紀錄片
南京專號	1938 年	新聞紀錄片
抗戰言論集 1～2 集	1938 年	新聞紀錄片
郝軍長哀榮錄	1938 年	新聞紀錄片
天主教徒爲抗戰祈禱的大彌撒	1938 年	新聞紀錄片
精忠報國	1938 年	新聞紀錄片
保衛我們的土地	1938 年	故事片
熱血忠魂	1938 年	故事片
八百壯士	1938 年	故事片
最後一滴血	1938 年	故事片
抗戰標語卡通第 3 集	1938 年	故事片
抗戰歌輯第 1～4 輯	1938 年	歌曲片
電影新聞 48～50 號	1939 年	新聞紀錄片
抗戰標語卡通第 4 集	1939 年	卡通片
抗戰歌輯 5～7 輯	1939 年	歌曲片
保家鄉	1939 年	故事片
好丈夫	1939 年	故事片
民族萬歲	1939 年	新聞紀錄片
電影新聞第 51～56 號	1940 年	新聞紀錄片
東亞之光	1940 年	故事片
勝利進行曲	1940 年	故事片
火的洗禮	1940 年	故事片
青年中國	1940 年	故事片
塞上風雲	1940 年	故事片
越南風雲	1940 年	紀錄片
白雲故鄉	不詳	故事片
華北風雲	不詳	紀錄片

資料來源：楊燕、徐成兵，民國時期官營電影發展史〔M〕，北京：中國傳媒大學出版社，2009：155～158。

　　此期中國電影製片廠大量出品以宣傳抗日爲主題的故事片，如《保衛我們的土地》、《熱血忠魂》、《八百壯士》、《保家鄉》、《好丈夫》、《東亞之光》、《塞上風雲》等，其中《保衛我們的土地》由鄭用之製片，史東山編導，從正面角度宣傳抗日；《八百壯士》由鄭用之製片，應雲衛導演，時人稱之爲「最

偉大的悲壯歷史劇」〔註208〕；《熱血忠魂》由鄭用之製片，袁叢美導演，側重暴露了日軍侵略暴行，同時旨在宣傳國民黨軍官的愛國精神；《最後一滴血》由鄭用之製片，洪深、金山編導。上述戲劇片主要在電影院中放映，當時的上海大戲院和世界影戲院曾每周連映，並在《新華日報》等報紙中廣爲宣傳。

抗戰題材的紀錄片與新聞紀錄片的數量也不少，如《抗戰特輯1～5集》、《抗戰號外第1～3號》、《七七事變週年紀念》、《抗戰言論集1～2集》、《民族萬歲》等。該廠也投入了大量人力進行拍攝，如廠長鄭用之以及編輯羅靜予、錢筱章，攝影師吳蔚雲、羅及之、黃紹芬、楊霽明、陳晨、韓仲良、王士珍等人參與了《抗戰特輯》的攝製，其中羅靜予參加編輯，錢筱章負責剪輯。該影片相繼報導了盧溝橋事變後抗戰的動態和形勢，如淞滬抗戰、太原傷兵醫院、敵機轟炸武漢、南京撤退、臺兒莊戰役、武漢紀念抗戰一週年、武漢的宣傳運動和獻金運動、武漢大會戰等。具體來說，《抗戰特輯第4集》即由富有經驗的戰地攝影師十餘人，奔赴各戰場前線實地攝影，並加以系統、完整地計劃編製而成，該片主要內容爲：湖南大學圖書館被焚、陝西婦女參加特殊訓練班、廣西民眾數萬人參加軍訓、廣東唐家灣敵兵企圖登陸、潼關激烈炮戰敵進退維谷、江南戰場敵掃蕩粉碎、臺兒莊殲滅暴敵、俘虜敵軍及敵人之毒瓦斯、炮彈坦克車等堆積如山、臺兒莊婦女被姦殺等。〔註209〕《民族萬歲》主要報導各民族參加抗戰建國工作實況、介紹各民族風俗人情，影片分三部分：第一部分介紹民族遺跡，第二部分報導日人離間各民族的行徑，第三部分報導各民族經濟生活、社會活動及抗建工作，第四部分報導政府的民族總動員。〔註210〕

此外，中國電影製片廠還拍攝了標語卡通片、歌唱片等多種影片，大都頗具特色。例如，《抗戰標語卡通》由萬古蟾、萬籟鳴等人編輯繪製，以卡通形式展示抗日標語，這種方式在當時十分新穎。另外，萬氏兄弟還繪製《抗戰歌輯》第1～4輯，配合歌曲的卡通影片有《馬兒好》、《滿江紅》、《長城謠》、《打回老家去》、《保家鄉》、《巾幗英雄》、《朝鮮進行曲》、《瀋陽花鼓》等。

中國電影製片廠製作的影片放映後取得了良好的反響。故事片富含「全

〔註208〕抗戰特輯號外新聞〔N〕，新華日報，1938-5-23，（1）。
〔註209〕今日開映中國電影製片廠最新榮譽貢獻《抗戰特輯第四集》〔N〕，新華日報，1938-1-11，（1）。
〔註210〕民族團結的影片《民族萬歲》〔N〕，大公報，1940-10-24，（5）。

方位立體式」的視角，既有農民視角的《保衛我們的土地》、《保家鄉》、《好丈夫》，也有軍人視角的《熱血忠魂》、《勝利進行曲》乃至敵人視角的《東亞之光》、《火的洗禮》，從不同的視角反映了不同的觀察者對於戰爭理解的區別，可以使觀眾更加多元地瞭解到戰爭的眞實圖景，故而收到媒體和觀眾的歡迎和追捧。新聞紀錄片無論在內地還是香港、澳門都受到觀眾的熱烈歡迎，在國際上也產生了很大影響。據《新華日報》報導，1938 年 9 月 20 日反侵略中國分會接到日內瓦訊息稱：「此間各國人士對中國抗戰的眞實情況，亟欲明瞭，前由朱學範代表，由中國帶來之一部《抗戰特輯第 2 集》影片（中國電影製片廠出品），曾先後在歐洲各國大小城市如日內瓦、瑞京伯爾尼、巴爾城、巴黎（公映二次）及英國之利物浦等地映出，備受熱烈歡迎。其中有國際勞工代表、世界和平會議代表、世界文藝作家、新聞記者、各國名流、工商界及華使館均曾觀該片。八月一日在利物浦放映時，該地華僑觀眾即時獻金二百九十四磅，已匯寄中央。國際反侵略總會已將該片重印，備廣宣傳。昨並函中國分會，盼能多量供給該項有價值有意義之影片，使歐洲人士，更能了然於敵人暴行，藉以加強對我國之同情與援助。」〔註211〕《新華日報》曾發文評論影片《民族萬歲》道：「它已經擺脫了一般新聞電影式的死板的剪輯，已經揚棄了新聞電影一般陳舊的講白。它經過了良好的『蒙太奇』，已經整個的成爲有血有肉的東西，把很多的材料容納在『爲民族解放而鬥爭』的偉大主題下了。」〔註212〕

（四）官方電影攝製活動的作用和意義

　　此期中央電影攝影場、中國電影製片廠等官營電影機構創立對近代中國電化教育學研究及學科建設產生重要作用。

　　一方面，官營電影攝製機構的電影攝製活動及其作品爲推廣電化教育提供了生動的素材，有助於加深國人對廣義教育電影內涵及其特徵的理解，並引導學界深化對廣義教育電影的探討和研究，從而形成近代中國電化教育學發展的特色之一。抗戰期間，官營電影機構配合政府的各項電化教育法令，並爲政府推行電化教育提供大量的影片。不同於以營利、娛樂大眾爲主要目標的民營電影公司，官營電影攝製機構主要拍攝時事要聞、政治文化活動、普通民眾生活百態爲主要內容的新聞紀錄片，並加強了電影的宣傳和教育功

〔註211〕抗戰特輯影片在歐備受歡迎〔N〕，新華日報，1938-9-20，（3）。
〔註212〕徐昌霖。《民族萬歲》觀後感〔N〕，新華日報，1943-3-1。

能，這類電影影音兼備、敘事清楚、故事飽滿，生動地展現了戰爭實況和現實生活，而且大都於教育電影巡迴施教區免費映演，一般民眾均可以較爲方便、經濟地得以觀賞，故受到其熱烈歡迎。此外，官營電影攝製機構利用與中國教育電影協會、商務印書館、大學電化教育專業的關係，聯合上述機構的政府、電影界、教育界各類人士共同參與廣義教育電影的探討和研究，營造出注重廣義教育電影，而相對忽視狹義教育電影的社會氛圍，進而促進形成近代中國電化教育「大電化教育」的研究取向。

另一方面，官營電影機構吸引電影界、教育界人士參與攝製活動，從而利用並發揮他們的專業特長，同時也爲電化教育專業的學生提供了實踐、實習的大好機會。官營電影機構利用地利之便，邀請上海、無錫等地的電影界、教育界人士和電化教育專業的教師前來參與電影攝製和演員培訓，並給予優厚的職位和待遇，其中大多數人參與電影的編劇、導演、音樂及美術指導、負責演員培訓班的課程講授等工作，這些工作充分利用了他們的專業特長、提高了其積極性。此外，一些高校本身比較重視學生實習環節，加之西遷過程中路途、經費、機遇等原因的影響，一部分大學電化教育專業的學生參與到官營電影機構廣義教育電影的攝製等技術類工作，保障了這些影片的拍攝質量，也磨練和提升了他們的專業技能。

二、政府電化教育機構規模的擴展

20 世紀 30 年代中期至 40 年代初期，國內從事電化教育工作的機構大致可以分爲官辦和民辦兩種，兩種機構通常處於合作和互動的狀態。國民政府直接管轄的電化教育機構主要包括各類民眾教育館、電化教育服務處和民眾學校等。

表 3-18　1936～1941 年官辦電化教育機構數量統計表

年度	民眾教育館	電化教育服務處	民眾學校	各類補習學校
1936	1509	89	67803	2342
1937	828	165	63489	2096
1938	774	159	52403	558
1939	836	179	79550	613
1940	909	1137	67621	466
1941	995	858	40377	1995

說明：（1）社會教育機關共有三十餘種，本表所列係較為重要者。（2）1940 年頒佈國
民教育實施辦法後，施行國民教育之省市即照此規定將失學民眾補習教育納入
國民學校、中心國民學校辦理，故 1940 年後民眾學校總數逐漸減少。

資料來源：教育年鑒編纂委員會編，第二次中國教育年鑒（六）〔G〕，臺北：文海出
版社，1986：1470。

　　由表 3-18 可見，20 世紀 30 年代中期至 40 年代初期官辦電化教育機構數
量雖然在具體年份中有所波動，但總體而言呈現穩定而增長的趨勢。隨著政
府的西遷和戰爭的破壞，較之抗戰前，官辦電化教育機構的基數有較大幅度
的下降，但卻能保持相對穩定的數值，如民眾教育館保持在 1000 家左右，電
化教育服務處等保持在 800 家左右。這說明此期官辦電化教育機構不僅在類
型上較為豐富，包括電化教育服務處、電影場、民眾教育館、民眾學校等，
而且在數量上也相對穩定。此期教育部對各類官辦電化教育機構的硬件進行
了詳細的登記和統計，同時經常通過下發機件和給予補貼等方式予以資助。
例如，據教育部統計，1936 年各省市教育電影巡迴放映區 81 區中，裝設無線
電 1895 架，並由教育部補助乾電池 1130 套；1937～1941 年間，教育電影巡
迴施教區共有 149 區，1937～1939 年間裝設無線電收音機計 693 架，1937～
1940 年補助乾電池計 2351 套。〔註213〕這些設備雖並不多，但確實促進了各
省電化教育機構的發展。

　　1935 年教育部協助各民教館、中等學校裝設無線電收音機時，陝西省各
中等學校及各級民教館均領到七燈超外差式無線電收音機一架，裝設收聽，
遂成為該省創辦電化教育的開端。教育部令各校每次收聽教育新聞一小時，
視同正式課程，學生必須筆記，學期終了須加以考試。各級民教館須將教育
播音的程序、講題、綱要、時間、教材等事先通告或印發民眾，設法吸收聽
眾並引起其繼續聽講的興趣；每次收音完畢，即將播音的內容摘要揭示於館
內外適當地點，引起民眾的注意。1936 年，教育部令飭辦教育電影，曾以半
價發給陝西省電影放映機及發電機共 3 套，並由教育廳將全省劃分為關中、
陝南、陝北三個施教區，派員組織施教團巡迴施教。此係該省電化教育萌芽
時期。1941 年，陝西省已經劃定電化教育施教區 61 縣，每縣前往施教三、四
次或一、二次不等，每場觀眾最少 1000 人以上，最多 5000～6000 人。〔註214〕

〔註213〕行政院，國民政府年鑒（1）〔G〕，南京：青年書店，1943：163～165。
〔註214〕王捷三，陝西省的社會教育〔J〕，教育與民眾，1941（7）：12。

－233－

時人曾描述當時電化教育巡迴施教團施教情況道：「放映影片時初銀幕上備與說明外，施教員利用擴音器講解影片的內容；放映前講述民族英雄故事、抗戰新聞、時事報告、新生活運動、科學常識等，並播放國歌及各種音樂唱片；地方行政長官及地方教育行政長官亦利用播音機講述地方要政、傳達政府命令。鄉村民眾偕老扶幼，踴躍參加，一面娛樂，一面施教，收效甚大。電教團工作完畢將巡迴他處時，民眾誠懇挽留，要求繼續放映。但因汽油缺乏，於預定放映次數以外，不便加映，有時駐紮地方部隊或機關由甲地派員到乙地接引電教團前往講映，情況熱鬧，應接不暇。」〔註215〕放映的影片大多是教育部按期寄來的影片，如《我們的首都》、《玻璃製造法》、《蔣公誕辰》、《好勇鬥狠》、《五十年痛史》、《潔水法》、《獻機祝壽》、《醉翁亭》、《白雲廟之役》、《天是》、《供獵鳥》、《新生活運動》、《凱歌》、《西湖風景》、《中國新聞三十一號》、《中國新聞三十七號》、《陶瓷》、《地毯》、《沐浴與理髮後之清潔》、《防空》、《綏戰前線軍容》、《中國新軍人》、《農人之春》、《國貨年》、《海底生物》、《抗戰中上海童子軍》、《童子軍救護術》、《上海抗戰》、《抗戰續集》、《抗戰特集新聞》等片，此外自購的還有《民族痛史》、《抵抗》、《中國新建設》、《空軍表演》、《塞外風光》、《國防前線》等片。這些影片主要來自於中央電影攝影場、金陵大學理學院、中國電影製片廠。據稱，「中央攝影場之《獻機祝壽》短片，於月前由中央宣傳部派員攜滬，分交各影院放映，乃迄今日久，大光明南京等戲院，尚未見映出，中宣部吳科長，因此特來函查詢，嗣羅市長政府科長李大超從中接洽，現開南京、大光明兩戲院，已定於本日（五日）日夜各場加映該片，而次上海、國泰兩戲院，則定明日（六日）放映。」〔註216〕「最近，卜萬蒼導演的《凱歌》，劇情之悲慘曲折，實可稱得上無上佳構，而且以旱災做背景，又能引起國人的同情心……《凱歌》已完成三分之二，各處戲院，探詢函件，已紛至沓來，曾聞某片商言：『年頭不景氣，然我尚有一線希望，即卜萬蒼之《凱歌》一片也。』」〔註217〕但陝西省實施電化教育的主要困難在於，「最使人焦慮的是電影放映機件發電機使用時間過久，各部分均有殘缺，機件損壞，無法添配，所以往往發生滯礙。播音亦有根本困難，電料缺乏，機件損破無力修復，邊遠縣份尤感困難。」〔註218〕

〔註215〕王捷三，陝西省的社會教育〔J〕，教育與民眾，1941（7）：12。
〔註216〕兩戲院今日放映《獻機祝壽》影片〔N〕，申報，1936-12-5，（17）。
〔註217〕萬人空巷看《凱歌》〔N〕，申報，1935-7-6，（5）。
〔註218〕王捷三，陝西省的社會教育〔J〕，教育與民眾，1941（7）：13。

　　甘肅省電化教育始於 1937 年，在籌辦期間即受戰時影響，機件、電教人才及經費均十分困難，直至 1939 年才籌措經費 5000 元成立 3 個電影施教區和 3 個播音指導區，開始工作。按原定計劃，應各增 2 個，但由於省款困難，教育部補助的機件又無法運達，只能暫停添設，對於原有事業，設法改善，基礎既臻完善，期望推進各項事業順利實現。截至 1941 年，「蓋本省播音教育，各校館僅有收音機 50 餘架，而所需乾電池以價值昂貴，來源缺乏，教部亦不能按期供給，致收音工作時斷時續，施教效率難期增進，因此呈准教育部在蘭州籌設電池製造廠，以合西北各省電化教育之實施，設廠計劃甫定，以中央資源委員會到省籌設蘭州電池廠，原議作罷，但從此電池供給問題，可以解決。」〔註 219〕又與省黨部蘭州廣播電臺及建設廳等機關，商訂推廣本省播音教育具體辦法。至於電影教育，除涼山第一施教區人員機件及特種教育巡迴教學團在隴東之平涼等縣巡迴教學外，第二、第三兩區，因教育部補助機件尚未運到，故工作暫行停頓。〔註 220〕

　　1937 年，河南省奉教育部令發放映機 3 架，立即轉發第一、二、三電影放映區開始放映，抗戰爆發後，「第三區放映員及機件未及退出；第二區相繼淪陷，放映員攜帶機件遷移後方，現已參加特教股巡迴團工作，正在豫南廣川一帶巡映；第一區以機件損壞，寄都修理，尚未發還；其他各區亦以機件無從購得，迄未展開工作。」〔註 221〕至於播音教育之設備，1936 年河南省曾訂定中等學校及民教館裝置無線電收音機辦法，並令各校、館分期普裝。1937年，河南省向教育部購領收音機 120 架，均經轉發裝設，連同各校、館自行購置者共 190 多架。抗戰爆發後，機件損壞及遺失嚴重，截至 1941 年僅有 108架，亦多不堪應用，以電池缺乏，收音工作多未能照常進行。〔註 222〕

　　1940 年，廣西省擁有電影教育巡迴施教隊六隊，每隊 2 人，共有 12 人，放映設備六套，經常派往各縣作巡迴宣傳工作，此外有小規模的攝製設備。其中每支電影隊有施教員 1 人，助理員 1 人，工役 1 人，設備有發電機一架，放映機一架，擴聲機一套，幻燈機一套，影片、唱片若干。「電影隊除派往各縣巡迴放映作種種宣傳外並派往湘桂黔桂鐵路及桂穗公路幫助動員民眾，提高工作效率實施路工教育等，此外如派往苗瑤區域作感化工作等，成績亦頗

〔註 219〕鄭西谷，甘肅省的社會教育〔J〕，教育與民眾，1941（7）：2。
〔註 220〕鄭西谷，甘肅省的社會教育〔J〕，教育與民眾，1941（7）：2。
〔註 221〕陳大白，河南省的社會教育〔J〕，教育與民眾，1941（7）：16。
〔註 222〕陳大白，河南省的社會教育〔J〕，教育與民眾，1941（7）：16。

良好。」〔註223〕放映過程中得到觀眾的積極響應，「電影隊的汽油與運輸，由縣府負責，旅費由省府開支，每縣放映日期，約十天至十五天，每場電影的觀眾，平均在城市方面，約二三千至近萬，在鄉村約千餘人，觀眾來自四鄉，遠者由五十里路趕來，可見電影的號召力量了。」〔註224〕廣播方面，有廣播電臺一座，電臺呼號爲 XGOE，周率爲 680 千周波，合波長 440 公尺，電力約 6000 瓦特，可供全國及南洋等地收聽，此外有超外差收音機 350 架，分發於各縣中學作收音之用。〔註225〕據載，配發到中學的收音設備爲「本省各中學及少數小學，均免費收音機一架，這種收音機發在先者，大都爲建電的 72 號長波七管機，發在後者大都爲建電 74 號三 E 牌環球牌等長波七管收音機，現在廣播電臺另有一百八十架，大部已發給各縣府應用，總計共有收音機三百五十架，故本省收音機普遍設置已達到了初步目的。」〔註226〕

安徽省於 1939 年設置電化教育工作隊一隊，由皖南、皖北而鄂東，行程數千里，受教民眾約達 50 萬左右，截至 1941 年仍在淮南鐵路附近各縣施教。該隊內分教導、歌劇、電影三組，以宣傳力量啓發民眾識字的興趣，以識字爲目的而樹立培養健全公民的基礎。時人評價安徽省推廣電化教育的利弊道：「電影教育在游擊地區，確是社會教育最有力的工具，收效之宏，超過任何社教設施。不過游擊地區推行電影教育所最感困難的，是汽油的缺乏、影片的缺乏和技術人員的缺乏，這三種困難無法解決，則電影教育時時有中斷或永遠停頓的危險。至播音教育方面，本省社教機關及中等學校已裝設收音機者，約達 30 餘處，其因電源供給困難，或因機件損壞無法修理，以致形同虛設，這也是在游擊地區推行播音教育最大的阻礙。」〔註227〕此外，已裝設收音機的社教機關與中等學校，不僅電池費未列專款，而且眞空管及零件的配置亦無救濟方法可想，所以要使已裝設的收音機能常年收聽節目，或使所有省縣社教機關、中等學校及規模較大的中心學校能達到專設收音機的要求，需要請省政府增設電化教育經費，由教育廳依照教育部辦法成立電化教育服務處，設置技術人員，專司電化教育的技術指導、電化教育機件的製造裝配與修理，以及電化教育器材的購置分發等等；省縣社教機關、中等學校

〔註223〕陳汀聲，廣西省電化教育一瞥〔J〕，公眾生活，1940（3-1、2）：80。
〔註224〕陳汀聲，廣西省電化教育一瞥〔J〕，公眾生活，1940（3-1、2）：80～81。
〔註225〕陳汀聲，廣西省電化教育一瞥〔J〕，公眾生活，1940（3-1、2）：80。
〔註226〕陳汀聲，廣西省電化教育一瞥〔J〕，公眾生活，1940（3-1、2）：81。
〔註227〕朱立餘，安徽社會教育的過去與未來〔J〕，教育與民眾，1941（10）：28～29。

及縣地方預算均應專列播音教育經費，作購置電池裝設及修理收音機等用途，應請省政府籌設小型乾電池製造廠，以最低價格經常供給學校機關所需用的電池。〔註228〕

三、政府其他相關舉措的實施及其意義

為了適應抗戰形勢的需要，政府有關電化教育法規的頒行及其若干管理舉措的實施有力地推動了全國電化教育事業的發展，同時也對電化教育學學科的建設和發展提出了更高的要求；此外，教育部還通過刊印《播音教育月刊》、編纂出版《電化教育》和組辦電化教育培訓班等形式來開展電化教育理論研究和人才培養，進而直接促進了電化教育學學科的建設和發展。

（一）刊印《播音教育月刊》

《播音教育月刊》刊印的原因主要是為了彌補當時播音後續工作中存在著的不足之處，教育部自1935年10月聘請專家到中央廣播電臺演講後，就開始將其講稿公之於眾，主要採用兩種方式：一是在南京、上海等各大報逐日發表，主要是《中央日報》和《申報》；二是到每學期末彙編集刊，每學期發表一集，但由於上述兩種方式比較零碎，影響十分有限，教育部遂決定刊印《播音教育月刊》，以供未聆聽教育播音者閱讀，同時備已聆聽播音者參考。因此，《播音教育月刊》的內容以當時教育部聘請專家到中央廣播電臺演講的講稿為主，但作為一個教育播音的專門雜誌，也發表某些專門探討教育播音的研究性論文。例如，祝星輝在《播音教育之檢討》一文中認為，無線電具有迅速、普遍的優勢，可以用來宣傳主義、傳播教育、播放新聞、播送音樂戲劇以及開展國際宣傳，為了為國內教育播音實施提供借鑒，作者還梳理了各國教育播音和中國教育播音實施和發展的狀況；落實到具體實施上，作者認為應該從節目問題、提供民眾教育播音指導小冊子、與學校聯絡使有充分準備、自製收音機四個方面進一步做工作。〔註229〕可見，作者對於無線電本著強烈的工具主義的看法，這無疑與時代潮流互相契合；並且，作者努力將教育播音與教育電影的製作和普及過程聯繫起來，認為國人應自製教育播音節目、自製收音機，教育播音開始之前須向民眾分發小冊子，以收視聽結合之效，這些建議在當時國內的電化教育界堪稱首創。再如，馬宗

〔註228〕朱立餘，安徽社會教育的過去與未來〔J〕，教育與民眾，1941（10）：28～29。
〔註229〕祝星輝，播音教育之檢討〔J〕，播音教育月刊，1937（1-3）：1～9。

榮在《理想的播音教育行政》一文中，針對政府的播音教育工作提出了若干建議：（1）應將播音教育工作的對象由淺學者拓展向一般民眾，內容上宜脫離一般常識及修養的舊框架模式，而拓展至科學知識以及人文知識等方面；（2）應對所播放的內容進行收集整理，最好將之整理成書籍出版；（3）宜提升教育播音人員的水準和素質；（4）應提供視覺輔助教具，如統計圖、掛圖、標本、儀器、實物等；（5）提供物美價廉的收音機。由於其留學日本和長期從事社會教育研究的經歷，馬宗榮對於播音教育的探討呈現成某些顯著的特點。首先，以日本播音教育爲藍本來構建中國播音教育發展規劃，如他在提出中國播音教育教材不宜注重片段的演講，而應注意系統知識的灌輸時，就以 1933 年日本教育播音廣播節目爲參照，其內容廣包國際講座、滿蒙特別講座、華中特別講座、選舉講座、自然科學常識講座、通俗病理學講座、通俗醫學講座、通俗電氣講座、救濟事業講座、家庭教育講座、建築常識講座、農村更生講座、水產常識講座、林業講座、農業講座、圖藝講座、機械工業講座、產業講座、產米改良講座、商店講座、商工促進講座、宗教講座、佛教講座、溫泉講座、競馬講座、山與海講座、青少年文學講座、聲樂講座、留聲機講座、鋼琴講座、名曲鑒賞講座、名留聲機片鑒賞講座、名詩鑒賞講座、謠曲講座、運動講座、水泳講座、圍棋講座等〔註230〕。其次，將教育播音視爲社會教育的手段和工具，作爲一名以研究社會教育聞名的學者，馬宗榮一貫將教育播音視爲社會教育的一項重要的手段和工具，如其在論述教育播音的對象應由淺學者向一般民眾拓展時即依據社會教育包含的對象是一切民眾，而非只是智識較淺的人群的觀點。此外，《怎樣可以推進播音教育》和《我國播音教育的幾個重要問題》對當時播音教育也提出了若干有益的建議。

抗日戰爭爆發，播音由於具有受眾廣、傳播快速等特點受到政府的重視。《播音教育月刊》刊載了蘇步青、竺可楨、黃國璋、戴運軌等著名科學家的演講稿，這些人均爲當時科學界的權威，受到一般民眾和學生的敬仰，故頗能起到一呼百應的效果，加之演講稿彌補了播音不易保存、轉瞬即逝及只能聽不能看的缺點，使受眾更易於接受，從而大大提升了播音教育施行的效果。《播音教育月刊》上的文章涉及戰時防空、防毒、戰時動員、中國地理、中國交通、物理學、科學史、家庭生產、農事活動、家畜飼養、衛生知識等，

〔註230〕馬宗榮，理想的播音教育行政〔J〕，播音教育月刊，1937（1-4）：2。

幾乎涵蓋學校教育和社會教育各方面的內容。此外，《播音教育月刊》還專門刊登了播音教育文章，探討播音教育問題，有助於促進 20 世紀 30 年代播音教育理論的發展。

（二）編纂出版《電化教育》

據教育部粗略統計，20 世紀 30 年代全國社會教育機關數量大約為 10 年前的 11 倍，而社會教育機關工作人員約為 10 年前的 14 倍，教育部編纂出版《電化教育》一書主要是為了滿足社會教育工作人員的需要，使其能夠更加熟練地運用電化教育這一利器來提升社會教育工作的效率。關於編纂出版該書的宗旨，書中寫道：「凡百事業，端在人為，本書印行後，社教工作人員，均得人手一篇，對其自身所負之責任及所辦之事項與夫應採之方法與步驟，不難獲有明確之認識。」「尤盼社教人員，能創新法，驗實效，不為斯書所限，而使斯書續有增益，社教事業，日有進步，則幸甚矣。」〔註231〕該書共五章，第一章為「我國電化教育現狀」，第二章為「電影主要機件使用與管理法」，第三章為「收音主要機件使用與管理法」，第四章為「電化教育實施法」，第五章為「國內重要教育影片目錄」，另附錄「重要法令」和「參考書目」。前三章主要對我國電化教育現狀和電化教育工具的使用做簡要的介紹，書中最具價值的部分為第四章「電化教育實施法」。該章指出電化教育實施步驟為：（1）準備階段，包括機件之檢查、影片之選擇、會場之布置、秩序之維持、補充教材之準備五個方面，其中機件的檢查之所以必要，主要是因為各地教育電影巡迴放映的機件數量有限，所以有的民眾從外地前來，如放映中途出現問題，必然會引起他們的厭惡情緒；影片的選擇則要考慮「時間」、「地點」、「人物」三方面的因素，題材上應選擇教育電影，抗戰電影亦應積極提倡；會場可分為室內外兩種，室內可借用工廠、學校、祠堂、廟宇，室外可借用廣場、放影臺，放映材料應該事先準備妥當，補充教材應在影片放映之前發放。（2）施教階段，包括講解影片內容、講演、展覽。講解影片內容應注意使講解的時間與畫面移動相配合，並按照觀眾教育程度講解辭應簡潔明瞭，放映故事片時應適時傳授一些必要的歷史常識；講演應在電影放映前後進行，其內容應力求簡明扼要，並能切合當時當地之需要；展覽也同樣在放映前後進行，由於視覺的直觀性，其教育效果比講演更大，其內容作者推薦抗

〔註231〕教育部，電化教育〔M〕，教育部社會教育司，1940：序。

戰圖畫展覽、醫藥衛生展覽、農村物產展覽及其他地方文物展覽。關於播音教育，書中認爲最重要的是播音技術，其次是播音方法，而該章主要論述播音方法，其中包括講述不可太快、講述宜極其自然、口齒應清楚動聽、講述宜明白淺顯，內容應按照對象教育程度不同而變化、避免空洞抽象的演講辭、避免使用外國語，講辭應能引起觀眾持續的注意，講演者應有充分準備。播音教育必須在施教者和受教者兩者共同配合之下完成，對於作爲受教者的收音一方，也應有許多方法值得研究，書中認爲，對於民眾教育館而言，應積極研究民眾聽講之方法、收音設備及聽講場所之添置或改善、預備有關播音講題之教材教具以供民眾教育隨時取用、指定指導員等；對於中等學校而言，另需將教育播音內容列入考試科目之中，限製播音時間爲一小時等。分析上書的特點，可歸納如下：（1）主要以電化教育實施方法爲論述重點。與大學電化教育系科等注重研究電化教育學理論的機構不同，教育部作爲負責統籌全國電化教育工作機關，對其而言如何實施電化教育比研究電化教育更具備現實的意義和價值，況且當時教育部中負責電化教育的人員並非屬於直接從事電化教育學研究的學術群體，而多是從事社會教育實施的人員，他們的相關理論素養較爲缺乏。（2）注重電化教育實施的因地制宜。30 年代後期，中央電化教育行政剛剛建立，地方電化教育系統尚未建立，教育部認識到這種情況，並試圖積極發揮地方的財力以彌補中央財力的不足。《電化教育》一書曾多次強調電化教育材料應切合民眾需求，包括電化教育教材方面應針對民眾感興趣的內容選擇電影和播音題材，根據民眾的教育程度選用講演的語調和語速等，或將廣播電臺播音整合成教育唱片，作爲教育播音的輔助教材。另外，針對 30 年代中國農村的具體情況，該書建議電化教育放映場所可暫時借用工廠、學校、祠堂、廟宇、廣場等。

20 世紀 30～40 年代，國內電化教育讀物尚較缺乏，《電化教育》記載了教育電影名稱及片長、電化教育法令、電影與播音設備和技術、電化教學法等大量內容和信息，爲廣大電化教育工作者選購教育電影、瞭解電化教育情況、操作電化教育設備、實施電化教育提供了理論和實踐的指導，故成爲當時電化教育工作者人手一冊的必備參考書。

（三）組辦電化教育培訓班

1935 年 7 月 20 日至 8 月 20 日，教育部組辦全國中等學校及民眾教育館

無線電播音指導員訓練班，這是一次專門針對無線電廣播的訓練班，主要爲了解決各省市中等學校和民眾教育館播音指導人員缺乏的問題，學員有各省市教育廳局在職人員及開展播音教育工作的在職人員，由於各種原因該班正式學員僅 25 人，分別來自 14 個省市，其中包括甘肅省 4 人，南京市及四川省、河北省、安徽省各 2 人，上海市、青島市及陝西省、福建省、山東省、江蘇省、河南省、寧夏省、察哈爾省各 1 人。培訓的課程有聲學、無線電學、裝置及修理、收音機性質之測定、收音機設計、直流收音機實習、交流收音機實習等，教師是中央廣播無線電臺具有實際播音經驗的技術人員。該期學員畢業後，分別返回派遣機關服務，分配到各地民眾教育館及中等學校，按時開機收聽教育節目，指導各地中等學校和民眾教育館關於收音機裝置修理，並撰寫工作報告向主管機關呈報備案。1936 年 7 月，教育部電影教育委員會協助金陵大學開展短期培訓活動，於當年 9 月開辦電化教育訓練班，「各省市保送學員已報到者有一百二十八人，該班定於十一日正式上課。」〔註 232〕該班於 1936 年、1937 年、1938 年、1945 年開辦四期，每期爲時兩個月，學員均由各省推介，學成後分配到全國各地推廣影音技術和教育電影，四期短訓爲我國培養了 400 多位初級影音技術人才。此外，受教育部的影響，有的省份也舉辦本省電化教育培訓班。據載，1940 年廣西省教育廳派省電化教育服務處主任陳汀聲及電化教育督導員葉運升等人分赴全省各區視察，「並另撥三千餘元，擬在梧州、玉林等區，輪流籌辦巡迴收音人員訓練班，調訓各該區中、小學校收音人員，限期一月結束，梧玉二區辦竣，再遷往他區舉辦，預計全省收音人員，至遲一年內，即可訓練完畢云。」〔註 233〕

　　教育部組辦的電化教育訓練班係國內最早的電化教育培訓班，與國內最早開辦的電化教育專業——江蘇省立教育學院電影播音教育專修科幾乎同時。一方面，它鍛鍊和提升了一批電化教育師資的專業和教學能力，爲其後續在大學中開設電化教育學課程作了充分準備。當時教育部社會教育司司長陳禮江親自任電化教育訓練班第一屆班主任，金陵大學物理系和電機系教師楊簡初、吳汝麟、孫明經等人是主要的師資，教育部分管電化教育的工作人員及專家如鍾靈秀、顧良傑、譚玉田、馬宗榮等也擔任相關科目的教學，還有當時中央大學倪尚達教授、江蘇省立鎮江民眾教育館館長趙鴻謙也被聘請

〔註 232〕教部電化教育訓練班今日開課〔N〕，益世報第二張，1936-9-11，（6）。
〔註 233〕桂教廳推進電化教育〔N〕，大公報，1940-9-13，（5）。

來講學，這些人中大多數隨後參與創建或執教於金陵大學理學院電化教育專
修科和國立社會教育學院電化教育專修科。因此，從某種意義上講，教育部
電化教育培訓班的教學經歷有助於他們日後成為大學電化教育教學、研究的
骨幹力量。另一方面，它培養了當時急需的電化教育初級人才，保證政府得
以順利推行電化教育。20世紀30年代，政府逐漸意識到電化教育的重要性，
並決心加強這方面的工作，鑒於當時尚無專門的電化教育人員培訓機構，教
育部電化教育訓練班的開設可謂彌補了這方面的空白，這些學員一畢業便赴
民眾教育館、民眾學校、電化教育巡迴工作隊工作，成為這些單位電化教育
的首批專業人才。

本章小結

　　大學開始較大規模地介入電化教育的理論研究、人才培養和社會服務，
進而促進了電化教育學學科的建立，成為這一階段電化教育學發展的主要特
徵。這一階段私立大學、教會大學、獨立教育學院等不同類型的大學紛紛創
設電化教育專業並開設相應的課程，但比較零散和薄弱。其課程有的附設在
教育系科中開設，有的則在電化教育系科中開設，課程與講座等常相混雜，
不加區分；教師多由留學生擔任，且大都為電化教育相關專業出身；教材也
不統一，有的僅口頭傳授，並無紙面教材，有的則採用教師的手稿、講義等。
此外，這一階段各大學的電化教育課程已具備一定數量，分類也較明顯，按
類別可分為通識課程、專業必修課程、專業選修課程等，按學科內在邏輯可
初分為教育、技術和藝術三類，但均較注重將學科知識與社會實踐密切聯繫，
注重其技術性，力求使學生畢業後即有操縱電化設備的能力。

　　教育電影和教育播音構成電化教育學的兩大學科領域，並初步形成社會
教育研究路徑、電化教育研究路徑、教育電影和教育播音藝術研究路徑，成
為這一階段電化教育學發展的又一主要特徵。有了發展早期的鋪墊，這一階
段教育電影理論研究進入了高潮，多種教育電影著作相繼問世，有的成為近
代中國教育電影理論研究的標誌性成果，內容涉及教育電影內涵、作用、管
理、教學法、設備、技術等理論和實踐層面，探討的問題也比較深入。20世
紀30年代，西方國家、尤其是美國嘗試將無線電播音運用於社會教育及學校
教育，並獲得了巨大的成功，馬宗榮、陳汀聲、徐朗秋、祝星輝等學者重視

這一趨勢，積極譯介教育播音理論，其內容僅涉及教育播音的內涵、作用、管理等方面，表明這一階段教育電影和教育播音已初步構成電化教育學的兩大學科領域。

電化教育學學科是一門新興的交叉學科和應用學科，這一階段不同學科背景的專家、學者紛紛從不同切入點著手電化教育學的研究工作，並初步形成了社會教育研究路徑、電化教育研究路徑、教育電影和教育播音藝術研究路徑。徐公美、谷劍塵等人是這一階段教育電影藝術研究路徑的主要代表人物，而以馬宗榮、陳友松為代表的歸國留日、留美學生通過移植國外的社會教育學及電化教育理論，並結合本國現實形成了社會教育研究路徑和電化教育研究路徑。當然，三種研究路徑之間並不存在鴻溝，而是緊密相聯的。

由於全面抗戰的爆發，政府通過創辦電影攝製機構、拓展電化教育機構規模等方式加強了對電化教育的指導、管理和掌控，從而為電化教育學的發展創造了有利的整體環境和空間。